русское безрубежье

# ГОСТИНАЯ

**ЮБИЛЕЙНЫЙ ВЫПУСК**

HC Publishing
Philadelphia, 2015

На обложке использована работа
Ирины ФРЕНКЕЛЬ

ISBN 978-0-9861106-1-0
ISSN 1076-691 X

Юбилейный выпуск Гостиной посвящается светлой памяти одного из её зачинателей профессора Пенсильванского университета Арона КАЦЕНЕЛИНБОЙГЕНА

**Арон КАЦЕНЕЛИНБОЙГЕН (1927-2005)**

## СОДЕРЖАНИЕ

**Проза**



**Философская эссеистика**



**Критика**



**Литературоведение**

**Публицистика**



**Рецензии**



**Интервью**



**Страницы памяти: к 70-летию Победы**

## 20 ЛЕТ СПУСТЯ…

Дорогой Читатель!

Ты приходишь из мира переполненных электричек, каменных мешков, улиц с подвешенными светофорами вместо звёзд, открываешь двери и… ты в Гостиной. Двери – это журнал, который ты держишь в руках, чтобы снять с себя: (1) хмурость нелюбопытного к тебе города («А кто ты вообще такой?»), (2) конвейерность целевого, но бессмысленного во многом существования (цель не есть смысл, как ты понял для себя однажды) и (3) ещё что-то, что знаешь только ты сам.

Мы тебе рады. Это первое. Самое первое и самое главное. Может быть, именно этого ты и искал, когда открыл двери в Гостиную.

Журнал «Гостиная» возник в результате наших бесед с профессором Пенсильванского университета Ароном КАЦЕНЕЛИНБОЙГЕНОМ, и сегодня, 20 лет спустя, мы продолжаем эту традицию диалога между участниками в скрытой или явной форме.

Забросил сети ум-ловец. С утра
Чего уже в них только не бывало!
Продолжилась старинная игра
Фантазии, не знающей начала.
Забавы вечности, придумавшей эскиз,
Которому все жизни изоморфны,
Чтоб разворачивать свой мощный смысл
Сквозь самопорождающие формы.
И что в них ум, и что они уму?
Необозримость он связать в запале
Идёт, не приближаясь ни к чему,
Лишь отдаляясь от себя в начале.

А начиналось всё так (из предисловия к первому выпуску 1995 г.):

*Мы долго выбирали место поуютней для нашей Гостиной. Вашингтон, Нью-Йорк, Филадельфия... Нами дружбы всё чаще воплощаются лишь в голосах и имеют разветвлённость телефонной сети.*

*Мы звоним из осени, из зимы, из лета, в течение дня, чаще в сумерках. Мы звоним из времени, загазованного пространством, прикладываясь к трубкам, как к кислородным подушкам.*

*А где-то в воздухе расцветают купола наших аур, образуя прекрасные воздушные замки, те самые, которые нам с детства не рекомендовалось строить*

*Так мы жили, пока кто-то не предложил однажды приспособить эти воздушные замки под что-то дельное, например, под Гостиную, где все могут беспрепятственно встречаться, невзирая на время и расстояние.*

*Поначалу эта мысль была встречена с некоторым холодом, поскольку стоял ноябрь. Но нашлось несколько энтузиастов (говорят, в их числе были Ирина Френкель, Евгения Гейхман, Елена Дубровина и Арон Каценелинбойген), которые обследовали пространство замков изнутри и сообщили об их полной пригодности к подобного рода занятиям. После чего замки решили занять.*

Постепенно идея «Гостиной» так сжилась с её участниками, что интеллектуальная жизнь без неё стала немыслимой. Шли годы, бурь порыв мятежный менял состав и облик «Гостиной», которая превратилась в толстый журнал, включающий в себя разделы поэзии, прозы, критики, эссеистики, литературоведения и философии. Список её авторов достаточно велик и весом. В их числе Лиана АЛАВЕРДОВА, Рита БАЛЬМИНА, Алексей БЕРЕЗИН, Инна БОГАЧИНСКАЯ, Ольга ЗБАРСКАЯ, Андрей ГРИЦМАН, Владимир ГУБАЙЛОВСКИЙ, Олеся НИКОЛАЕВА, Галина КЛИМОВА, Марина КУДИМОВА, Ирина РОДНЯНСКАЯ, Михаил ЭПШТЕЙН… Их имена, биографии и произведения помещены на сайте журнала http://gostinaya.net/

«Гостиная» выходит в бумаге и в сети, и примерно 10 тыс. читателей ежемесячно посещают её. Всё это возможно благодаря стараниям нашего вэб-директора Вадима ЗУБАРЕВА. Наша редакция работает без выходных и отпусков. Мы постоянно в процессе отбора и обсуждения рукописей, подготовки новых выпусков и организации чтений и встреч с читателями по обе стороны океана. Елена ЛИТИНСКАЯ (отдел прозы) и Ефим БЕРШИН (отдел поэзии) – строги, доброжелательны и неустанны в поиске новых интересных авторов.

Предлагаемый юбилейный выпуск выстроен тематически, в соответствии с основным принципом «Гостиной». В нём один круг бесед сменяется другим, подготавливая появление новой темы.

Этот год стал юбилейным для всего мира, празднующего победу над фашизмом. Тема войны – одна из наиболее волнующих тем нашей юбилейной «Гостиной». Она связана не только с прошлым, но и с будущим, которым мы обязаны освободителям. Победа несёт в себе память о том, как побеждать зло, и что зло, хоть пока что неискоренимо, но *победимо*.

И завершу своё вступительное слово цитатой из предисловия ко второму выпуску 2000 года:

> *Ну вот уж и новый день за окном, а ум всё решает свои вчерашние задачки, поставленные перед ним тем, кто знает, как скоротать вечность наилучшим образом. Участник наших бесед, заходивший к нам в прошлом тысячелетии, добро пожаловать и в этом! Все окна и двери открыты для тебя – влетай из своего космоса, поведай, чем он отличается от нашего и, тем самым, расширь пределы нашей Гостиной.*

Вера ЗУБАРЕВА

Ирина РОДНЯНСКАЯ

# ГОД 2014-Й

*Добавление для «Гостиной»*

В своём отрывочном «годовом отчёте» я забыла упомянуть вещь, меня поразившую и задевшую за живое. Это поэма «Мазепа» ярославца Ивана Волкова, изданная «ОГИ». Как я узнала уже после ее прочтения, она первоначально называлась «Батурин» – по имени столицы украинского гетманата в годы войны Петра I со шведами. Батурин, если во всем доверять автору, страстно (не смею сказать: «пристрастно») работавшего с историческими источниками, был зверски порушен и вырезан русскими войсками. «Батурин» – это «Анти-Полтава», поэма Волкова супротив поэмы Пушкина. И что ж? Написана она блистательно: совершенное владение ямбом, разговорным и гимническим, свобода лексики, в которую деликатно вплетается украинская мова, где используются с большим тактом старинные речения, соответствующие старинным понятиям, где анахронизмы, актуализирующие тему как сегодняшнюю, столь же не нарочиты, где самый рассказ увлекает и лирик (см. его предыдущий превосходный сборник «Стихи для бедных») выдерживает труднейший экзамен на повествователя. Всё это побуждает к восхищению. Вместе с тем это – гражданский поступок. И любой гражданский поступок заслуживает уважения – даже со стороны оппонентов, одним из каковых безоговорочно являюсь я. Но где гражданский поступок, там уж не чистое искусство, а искусство тенденциозное. И, очнувшись от впечатления эстетического, я почувствовала себя не только не убежденной, а, напротив, ощетинившейся. Чудовищный Пётр, который сообщает всё еще верному Мазепе, что в военных целях собирается превратить цветущую Украйну в выжженную землю, – так вот где корни благой измены? Не верю! Эта сцена не вычитана из источников, а выдумана сообразно идеологической задаче. Гетманат как козацкая выборная республика, как истинная народная демократия в противовес антинародному самодержавию «помазанника Божия» – знаем мы эти республики и их наследников, хоть бы в «Тарасе Бульбе» (читаемом мной без всякого умиления), в «Гайдамаках» Шевченко и далее – вплоть до малого холокоста времён Гражданской войны и Бабьего Яра. Я, харьковчанка, влюбленная в мову, чтущая украинскую культуру, очень редко вспоминаю о таких вещах, но Иван Волков заставил меня вспомнить – от противного. Нет, остаюсь с Пушкиным, «певцом империи и свободы» (Г.П. Федотов), тоже по-своему тенденциозным, но этически несравненно более чутким. Не мне судить несчастного Мазепу, окончившего свою жизнь мирно, но проклятого Церковью (впрочем, Петр мог «протащить» любую анафему, пусть ее снимут, ради Бога). Но я за поэзию, возвышающуюся «над схваткой» даже в гневе инвективы, оплакивающую невинных, скорбящую о виновных и, в конечном счете, «льющую примирительный елей».

Всё же таланту автора захотелось воздать должное, я ведь критик, а не публицист…

# ПОЭТЫ-ПОДВИЖНИКИ – 2014

*Список поэтов, активно участвующих в литературном процессе Русского Безрубежья*

Идея отметить поэтов, стоящих у руля литературного процесса РБ, возникла в результате обсуждения другой идеи, принадлежавшей главному редактору журнала «День и ночь», Марине Саввиных, решившей составить список 100 лучших поэтов РБ, с которыми ДиН хотел бы сотрудничать. «По долгом размышлении», – писала Марина на ФБ, – «нарочно не включаю в список поэтов, которые широко известны как организаторы литературного процесса». Себя она, естественно также не включила. Абсолютно разделяя критерий, которым она руководствовалась, мы, тем не менее, посоветовавшись, решили отдельным списком отметить труд этих поэтов.

В наш список вошли поэты-главные редакторы толстых и известных сетевых журналов, поэты-президенты крупных литературных организаций и поэты-организаторы крупных литературных фестивалей. Все они подвижники, многие годы сочетающие участие в литературном процессе с творчеством. Благодаря им, были услышаны голоса многих достойных писателей. В течение 2015 года мы намереваемся помещать публикации о каждом из них в журнале «Гостиная». Жанр публикаций произвольный.

Условия номинации будут меняться каждый год при составлении списка поэтов-подвижников. Это даст возможность охватить разные сферы участия поэтов в литературном процессе. Отбор проводится совещательной комиссией Русского Безрубежья (имена участников комиссии не разглашаются).

- Акс, Ирина – организатор, устроитель фестиваля Поэтфест.
- Алёхин, Алексей – главный редактор поэтического журнала «Арион».
- Бяльский, Игорь – главный редактор «Иерусалимского журнала».
- Василевский, Андрей – главный редактор журнала «Новый мир».

- Главацкий, Сергей – Председатель Южнорусского союза писателей, Председатель Одесской областной организации Конгресса литераторов Украины, член Президиума Конгресса литераторов Украины, главный редактор толстого журнала «Южное сияние», координатор международного арт-фестиваля «Провинция у моря».
- Гранцева, Наталья – главный редактор журнала «Нева».
- Грицман, Андрей – главный редактор журнала «Интерпоэзия».
- Зубарева, Вера – президент проекта Русское Безрубежье, объединения ОРЛИТА, главный редактор журнала «Гостиная».
- Литинская, Елена – президент Бруклинского Клуба русских поэтов.
- Машинская, Ирина – редактор журнала «Стороны света».
- Мельник, Александр – Президент некоммерческой ассоциации «Эмигрантская лира».
- Минин, Евгений – Председатель Международного Союза Писателей Иерусалима, главный редактор журнала, «Литературный Иерусалим».
- Пушкин, Александр – главный редактор журнала «Слово-Word».
- Романов, Андроник – Президент фонда АРК. Учредитель проекта «Лиterrатура».
- Саввиных, Марина – главный редактор журнала «День и ночь».
- Степанов, Евгений – генеральный директор Холдинговой компании «Вест-Консалтинг», президент Союза писателей XXI века, член Президиума МГО СП России и Правления Союза литераторов России.
- Сутулов-Катеринич, Сергей – главный редактор сетевого журнала «45-я параллель».
- Шарга, Людмила – главный редактор сайта Творческой Гостиной Diligans.
- Шульпяков, Глеб – главный редактор журнала «Новая Юность».

*Комиссия Русского Безрубежья*

# Наталья ГРАНЦЕВА: 60-летие журнала «Нева»

*Интервью ведёт Вера Зубарева.*

*Русское Безрубежье в этом году опубликовало в Гостиной список поэтов, стоящих у руля литературного процесса, отметив их как поэтов-подвижников.*

*Творчество само по себе отнимает много времени и сил у пишущего. У многих просто не хватает времени взглянуть на то, что делают коллеги по перу. Тут бы со своими рукописями разобраться! Поэтому особого внимания заслуживают те, кто не только читают произведения других авторов, но и способствуют их дальнейшей жизни, движению навстречу к читателю. Мы хотели бы, чтобы не только имена этих поэтов-подвижников, но и их деятельность была неформально представлена читателю на страницах «Гостиной».*

**– Дорогая Наталья, читатели Гостиной хорошо помнят интервью с Вами «Прирастать Сибирью», в котором Вы делитесь тем, что делаете для литературного процесса не только своего края, но и русского безрубежья в целом. У Вас публикуются авторы с разных континентов и читают «Неву» в разных уголках русскоязычного мира. Расскажите нам о том, что происходит сегодня в плане Вашей литературной деятельности. Вы по-прежнему часто разъезжаете? Где были за последнее время и что впечатлило?**

– Мы публикуем авторов независимо от их фактической прописки и места проживания, благодаря всемирной паутине теперь стерлось различие между литературой, созданной в метрополии и вне ее. Иной раз более быструю и более острую художественную реакцию на события современности читатель получает от поэта или писателя, живущего за тысячи километров от места события. Дело не в физическом присутствии автора, хотя роль самоочевидца, как утверждал Петр Великий, является основополагающей для истории. А вот для литературы важно другое — интуиция, способность к сопереживанию, мастерство. Гомер не был участником и свидетелем Троянской войны,

Пушкин не участвовал в Полтавской битве. Современные авторы тоже умеют это делать — с помощью мастерства и воображения воссоздавать реальность в убедительных образах, маркирующих современность. Я ценю и достоверный художественный репортаж с места события — теперь это можно назвать и планшетной прозой быстрого реагирования, и документальным травелогом, – и собственно художественный текст в чистом виде, что встречается ныне реже, чем прежде: слишком много событий, слишком велика скорость впечатлений, времени для масштабного размышления физически не хватает... Дай Бог успеть объять необъятное, зафиксировать, складировать, отсортировать зерна от плевел, факты от фейков... Ныне писателю невозможно быть одновременно во всех географических точках, где происходят интересные события, хотя, думаю, современному автору прямо показано как можно чаще погружаться в жизнь, находящуюся вдали от Садового кольца или Невского проспекта, дышать подлинной атмосферой жизни, не чураться живого общения с разными людьми — чтобы скорректировать искривленную оптику, неустанно и навязчиво формируемую ТВ и Интернетом. Подобная модель поведения, разумеется, требует от писателя дополнительных усилий, зато способна избавить от ложных представлений и приблизиться к правде исторического момента. Думаю, и в этом кроется залог успеха пишущего. Тем более это касается поэтов, которые воспринимают окружающее скорее чувственно, эмоционально, а общую картину способны воссоздавать из совокупности нескольких выразительных деталей, увиденных собственными глазами. И особенно в тех случаях, когда актуальное событие внезапно обретает большую историческую глубину...Я пользуюсь любой возможностью, чтобы передвигаться по просторам нашей необъятной страны. Из самых ярких впечатлений последних месяцев — поездка в Крым. Участвуя в работе литературного фестиваля «Славянские традиции», я не только познакомилась с интересными авторами, но и обменялась живыми впечатлениями с теми, кто приехал из Сибири, с Урала, из Белоруссии, Украины, Калининграда, Лондона...Удалось побывать в нескольких городах Крымского полуострова, встретиться с руководителями местных писательских организаций, выступить перед читателями библиотек и музеев, поговорить с самими крымчанами, услышать впечатления и размышления самых разных людей, прочувствовать атмосферу и настроение жителей... Крым — значительная часть русской культуры, связанная с именами Пушкина, Толстого, Цветаевой, Ахматовой, Волошина, Куприна, Грина, Паустовского — всех не перечислить. Отрадно, что память об этих авторах бережно хранится и сейчас. На протяжении всей истории России властные элиты Тавриды были добрыми союзниками Москвы: и на Куликовом поле — о чем так выразительно написал отец русской поэзии Михаил Ломоносов, и в эпоху Ивана Грозного — что засвидетельствовал наш Российский Гомер Михаил Херасков... И именно Россия в конце XVIII века вернула крымским чингизидам законные права на власть... И вот — новая драматическая коллизия истории...

**–Помимо поездок и встреч с писателями Вы ещё ведёте прекрасный альманах «День поэзии». Расскажите немного об этом.**

–В нынешнем году выйдет десятый по счету выпуск возрожденного альманаха «День поэзии. XXI век». Этот просветительский проект был запущен усилиями группы энтузиастов и благодаря организационной и финансовой поддержке Ассоциации «Лермонтовское наследие» и Литературного фонда «Дорога жизни». Безусловно, альманах не в состоянии объять всех талантливых авторов, но и те 100-200 имен поэтов, которые ежегодно попадают на страницы издания, способны показать творческое многообразие российской поэзии и утолить жажду читателя по прекрасному. Альманах — издание не коммерческое, оно распространяется через библиотеки. Я рада, что мне выпала честь работать в составе редактората и представлять на страницах альманаха авторов «Невы». Нужность и ценность этого проекта отметило и государство: инициаторы и бессменные руководители в 2013 году были отмечены премиями Правительства Российской Федерации.

**–В каких ещё проектах Вы участвуете и что запомнилось больше всего?**

–Литературная жизнь многообразна, приходится себя

ограничивать. На протяжении нескольких лет я с удовольствием участвую в работе Форума молодых писателей, который собирает в подмосковных Липках Фонд Сергея Филатова. Это площадка консолидации творческих сил нового литературного поколения, интенсивная школа мастерства, питомник новых сил.

Эта системная работа дает возможность отслеживать профессиональный рост молодых авторов, работать с ними индивидуально — лично и дистанционно. Сейчас уже стартовал 15-й сезон, и на очереди — рецензирование конкурсных работ в течение всего лета. Хочу отметить и еще один новорожденный проект: недавно завершился первый сезон Международной литературной премии «Писатель XXI века», коллективным учредителем которой стали несколько писательских организаций и литературных изданий, а вдохновителями, организаторами и координаторами — Евгений Степанов и Игорь Харичев. Мне же выпала честь возглавить жюри премии и вручить медали и дипломы первых лауреатов замечательным авторам книг, изданных в 2014 году и признанных лучшими.

**–Когда же Вы находите время на стихи?**

–Вы ведь знаете, что «стихи растут, как звезды и как розы», то есть сами по себе, по своей программе, заложенной в генах. Наша задача — заботиться о плодородии почвы и вовремя оберегать растущее в душе. А вообще я заметила для себя такую закономерность: чем больше загруженность и насыщенность жизни, тем больше идей и вдохновения... Вот такой удивительный «закон звезды».

**–И наконец, этот год объявлен Годом Литературы. Есть ли у Вас какие-то специальные планы в связи с этим?**

–Само по себе объявление 2015 года Годом литературы ничего существенным образом не меняет в реальности. Скопившиеся за последние десятилетия проблемы, связанные с организацией журнального дела, остаются неразрешенными, а далее ситуация будет только усугубляться, несмотря на наши планы, пожелания и мечты. Думается, не за горами то время, когда всем станет очевидна необходимость системного решения. Что ж, подождем... Единственный специальный план, связанный для меня с Годом литературы, – это план отметить 60-летие журнала «Нева». Да, в апреле 1955 года вышел первый номер, поэтому нынешний год для нас юбилейный — и возвестить об этом мы намерены полуденным выстрелом из пушки Петропавловской крепости. В связи с юбилеем журнала мы запланировали и уже осуществляем ряд встреч с читателями петербургских библиотек, готовимся к мероприятиям Книжного салона и выездным встречам, работаем над изданием своеобразного коллективного портрета молодого писателя: несколько крупных прозаических произведений, впервые опубликованных на страницах «Невы», войдут в антологию «Молодая ‘’Нева’’». Добавлю к сказанному еще один специальный план — личный. Хотелось бы издать две книги историко-литературных эссе, работу над которыми завершаю... Если удастся осуществить эти планы, можно будет сказать: Год литературы удался!

# Наталья ГРАНЦЕВА

## *Из книги «Золотое решето» (2013, СПб)*

* * *

На краю телефонной подземной версты,
Затаившись, как крот, меж корней темноты,
Он сказал: не пора ль перейти нам на «ты»?

Не пора ль перейти нам границы миров?
Заглянуть в кладовую забытых даров?
Наломать невзначай упоительных дров?

Не пора ли взглянуть прямо правде в глаза,
Не пора ли облечь диалог в голоса?
Мы и так сквозь друг друга летим в небеса.

И чего тут бояться,  никак не пойму!
Мы упрячем решение это во тьму,
Мы не скажем про этот секрет никому.

Мы тайком перейдем в театральный туман,
Разыграем старинный невинный обман,
Метонимию вспомним и анжамбеман.

Нас никто не услышит, никто не поймет.
Мы незримо уйдем в автономный полет,
Облачимся в притворства волнующий лед.

Не страшись! Эта тайна не стоит стыда,
Нас никто не увидит насквозь никогда,
Нас не выдаст ни слово, ни хмель, ни вражда.

Я смогу проскользнуть по стальным проводам,
По глубоким траншеям, по медным следам,
Даже вздохом доверье твое  не предам.

Перейдем мы по водам подводной волной,
Перейдем на песчаный язык, земляной,
В ультразвук погрузимся, глубинам родной.

Соглашайся! Молчанье умеет звучать,
На обете его — золотая печать...

Но до света нельзя этой тьме отвечать!

* * *

В начале века было страшно,
да и теперь еще, чуть-чуть...
Душа с дозорной телебашни
следит времен туманный путь.

Из века в век одно и то же:
рассвет столетья — русский крах,
Пожар души, мороз по коже,
мечта о сладостных мирах,

И мятежей гнилых святыни,
и к неизвестному любовь,
И новой миссии во имя
погром отеческих гробов.

...Летят коней троянских лавы
в шелку знамен чужих полков,
И ложью блещет лязг кровавый
братоубийственных клыков.

Как страшно ждать потоп свинцовый
и узнавать небес закат!
*Высоких зрелищ зритель* новый
не хочет пить бессмертья яд.

Он слеп, как смертные раденья
в координатах лжи земной,
Как дождь из мертвых птиц в паденье,
как зимний ливень ледяной...

* * *

Вышел месяц из тумана,
Осенил себя крестом.
Вынул ножик из кармана,
Спел о веке золотом.

И отточенным железом
Прочертив земной эфир,
Жизни яблоко разрезал,
Обнажив червивый мир.

Проклял племя молодое,
Тьмы прожорливый клубок,
Пир ночного козодоя,
Страха винный погребок.

Разметал как хлам ненужный
Мертвой плоти образцы
И под светом звезд жемчужных
Тучу вывел под уздцы.

Видит месяц пред собою
Тень небесную воды,
И тропинку к водопою –
Серебристые следы.

Подорожник изумрудный,
Зверобой, полынь, осот...
От реки с бадейкой чудной
Богородица идет.

Вышел месяц из тумана,
Волчий лоб перекрестил.
Вынул ножик из кармана...
Всех зарезал — всех простил.

* * *

В этом городе больше не живет Ленинград,
Он рассеялся будто болотный смог,
Он не знал, что станет забвенью брат,
Намывной истории островок.

Сын утопии дряхлой, он вел в поводу
Жеребца красногривого календаря,
Коммунальный рай в золотом аду,
Классицизм увядающего октября.

Он ковал воинственных гроз фронты
В исступлении мужественных знамен,
Трудовые армии нищеты,
Робеспьеров гипсовых легион.

Искупительной жертвой неправых отцов
Отпадал от души, небесный изгой.
Он гордыней аскезы терзал мертвецов,
Слепотой, дислексией, цингой.

В несчастливое имя угодил под замок,
Проржавел, как в море забитый гвоздь,
Врос как столп, минувшего поперек,
В европейском горле застрял, как кость.

Ленинград испарился, и  теперь он нигде,
Он покинул время бытийных пут,
Утонул в полынно-свинцовой воде,
Превратясь в искусственный изумруд.

Он лежит во мне как придонный хлам,
Притворяется, что чужой.
Полигон отходов, столетья спам —
Рядом с матерью и душой.

## ДИВА

Россия сошла с исторической сцены
Под слезы восторгов и грохот оваций
И скрылась осмеянной жертвой измены
В кругу умирающих цивилизаций.

Богиней погасшей, звездой помертвелой
За складчатый бархат кулис удалилась,
Как будто душа из разбитого тела,
Из памяти века легко испарилась.

И толпы пророков, былое поправших,
Кричат спецэффектами низших эмоций:
«Осталось ей в ящик сыграть, отыгравшей!
Она проиграла! Она не вернется!»

Расплатой за гордость и блеск своенравья
Пусть будет возмездье рабе откровенья!
Пусть корчится, тварь, в закулисье бесславья,
В музейной пыли, в преисподней забвенья.

Пусть лжи примадонна с разбитым корытом
Исчезнет с афиш и билбордов базарных!
Комедия гордой судьбы — ля финита!
Все сыты по горло притворством коварным!

Конец представленью! Безумства иссякли!
Высоких светильников меркнет блистанье.
Всемирное общество суперспектакля
Выходит из зала во мрак мирозданья.

Где звезды играют на сцене глобальной
Краплеными картами новых мистерий,
Приветствуя жизни обман триумфальный
И троллинг утопий, и гибель империй.

Где новые роли эпох неизвестных
Слагают погибшие, прячась во мраке,
Как дети, познавшие в школе небесной
Божественный замысел кибератаки.

И я вместе с малыми сими играю,
И плачу сквозь хохот победный финала,
И фениксом веры в ночи умираю
В костре интерьеров театра Ла Скала....

* * *

Смотри — надев пуховые сапожки,
Июнь на хрупкой парковой дорожке
Стоит как маг светящейся страны.
И как во власти сильного гипноза,
Закрыв глаза, рассказывают розы
Свои метафизические сны.

И сонные, под арками ворота
С чугунным скрипом вспоминают что-то —
Такое ж неживое, как они,
Когда со стен в лепной листве щербатой
Старинные без стрелок циферблаты
Глядят на нас, как прожитые дни.

А дальше, дальше, там где плеск любимый —
Беззвучно, чьей-то силою незримой
Вздымаются пролеты — и тогда
Безлюдные, с таинственным гуденьем,
Подобные железным привиденьям,
Проходят сухогрузные суда.

И тихо, как сомнамбулы по крыше,
По набережной бродим мы, не слыша,
Где жизни край, где юности карниз,
Не помним мир, в котором очутились,
Мир, где мы грусти вовсе не учились,
А просто вместе с нею родились.

Арон КАЦЕНЕЛИНБОЙГЕН

# ОБ ОДНОЙ ИЗ ВОЗМОЖНЫХ ИНТЕРПРЕТАЦИЙ ЗАМЫСЛОВ И ДЕЛ ТВОРЦА

Центральным моментом в моей интерпретации Торы является гипотеза о развивающемся Творце. По моему мнению, авторы Торы говорили о мире, развивающемся в определённом направлении (индетерминистском), а не раз и навсегда заданном.

Бог в Торе – не создатель жёсткой программы, но воплощение меняющегося и развивающегося творческого начала. Творец сам не знает в процессе творения, каковы будут последствия его действий. Он не может полно и непротиворечиво связать процесс сотворения с отдалёнными результатами. Этим объясняется наличие в Торе множества мест, свидетельствующих о поисках Творца, его способности пересмотреть прежние решения и даже раскаяться в некоторых поступках. Разумеется, подобное поведение не свойственно тому, кто знает всё наперёд. Чтобы заострить внимание на моментах поиска и совершенствования Творца в процессе сотворения и принятии решений, я сформулировал следующие вопросы:

1. *Почему Бог не создаёт мир мгновенно, а действует поэтапно?*
2. *Почему Бог заранее не объявляет всю подробную программу создания и развития мира, объявляя каждый раз цель отдельного этапа?*
3. *Если Богу понадобилось творить мир даже в течение нескольких дней, то почему он не сократил их число за счет параллельного творения?*
4. *Зачем Богу понадобилось в первые шесть дней творения так часто оценивать результаты актов творения?*
5. *Каков был глобальный критерий Творца при оценке созданного?*
6. *Почему Бог готов был бороться с человеком (Яковом) и соглашаться с критикой со стороны человека (Моисея)?*
7. *Может ли Творец, способный все предвидеть (а) допускать*

*появление зла и (б) уничтожать свои собственные творения в силу их непредвиденного пагубного влияния на вселенную?*

*8. Если Бог увидел коварство змия и в целом выявил чистую и нечистую плоть, то зачем он приказывает Ною взять в ковчег чистых и нечистых?*

*9. Зачем Богу понадобилось устанавливать безусловные требования к поведению евреев, включая 10 заповедей, и, вместе с тем, конкретизировать эти требования с соответствующим поощрением или наказанием?*

Ответ на первый и второй вопросы связан с представлением о мире как постоянно меняющемся и совершенствующемся. Невозможно заранее составить целостную связную картину мира, поскольку он изменяется, развивается и не имеет иной цели, кроме постоянного совершенствования.

Это индетерминистский взгляд. В соответствии с ним можно говорить только о направленности развития, но не о жёсткой программе. Избрав направление, индетерминистский творец начинает постепенно воплощать свой замысел в конкретные формы, не зная при этом, как именно свяжутся все концы и начала в процессе творчества. Бог в Торе творит по этой схеме. Поэтому он заранее не объявляет программы сотворения и творит поэтапно. Индетерминистский творец – это творец, имеющий в качестве плана не жёсткую программу, а направленность. А поскольку творец этого типа не может создать полной и непротиворечивой программы действий, способной охватить все происходящее в мире, приходится говорить о его ограничениях.

Исходя из того, как Тора рисует действия Бога, можно предположить, что речь идёт о творце именно такого, индетерминистского (непрограммного), типа. Однако вопрос ограничений Творца не ставится как «или-или». Речь идёт о диапазоне возможностей Бога, мере его ограничений. Поскольку Бог не может программно связать всё, Он вынужден заниматься усовершенствованием своего непрограммного метода творчества. Таким образом, ограничения толкают Его на самоусовершенствование. Материалы Торы подтверждают эти предположения, поскольку акцент делается на длительном, а не мгновенном сотворении мира (вопрос третий), а также на последовательности, а не параллельности творения (вопрос четвёртый).

Ответ на пятый вопрос. Индетерминистский Бог способен, в силу своей мощи, влиять на меру упорядоченности изменяющегося мира. Для индетерминистского развития отнюдь не требуется формирования конечной цели и критерия по её достижению. Для индетерминистского мира достаточно найти *направление* развития.

Наиболее важное следствие связано с ответом на шестой вопрос. Бог создал человека по своему образу и подобию, дал ему ум, заключил с ним контракт и считается с его физической и умственной силой. Всё это усиливает мощь Бога. Передавая часть своих дел человеку, Бог получает возможность сосредоточиться на решении глобальных вопросов. (Аналог этой идеи отражен в Торе при изложении причин создания Моисеем иерархической системы управления евреями в пустыне.) Вместе с тем, взаимодействие с такой активной силой, как человек, позволяет Богу быстрее самосовершенствоваться.

Ограниченность и самосовершенствование Бога оказываются условиями для ответа на седьмой вопрос.

Бог не всегда может предвидеть последствия своих действий. Действительно, если бы Бог мог предвидеть результаты творения на сколь угодно длительные интервалы, то он бы не допустил уничтожения созданного, включая животных и растительность. Бог в Торе ограничен в своей предсказующей мощи. Он не может до конца мысленно выверить весь процесс сотворения и его последствия. В этих условиях приходится симулировать развитие лишь на конечные ограниченные интервалы времени, идти на риск непредвиденных результатов и корректировать их по ходу процесса творчества.

Именно с этим обстоятельством связан ответ на вопрос о целесообразности указания Бога сохранить во время потопа представителей всех чистых и нечистых животных (восьмой вопрос). В пределах класса отдельные объекты или даже их группы могут оказаться нецелесообразными. Но в целом класс должен быть сохранен, поскольку будущее неопределённо, и неизвестно, что окажется важным для дальнейшего развития.

Дифференциация далее отражается не только в наличии множества различных объектов. В каждом объекте, особенно, если это человек, созданный по образу и подобию Божьему, также присутствует многообразие. Отсюда ответ на вопрос, почему в человеке сосредоточено и добро, и зло.

Ответы на четвёртый и девятый вопросы. Именно в условиях индетерминизма и нужны категории красоты-добра для оценки результатов локальных действий. При этом в первые шесть дней Сотворения структура оценки красоты создаваемых объектов не раскрывается, а лишь объявляется; тот же принцип сохраняется и в начале функционирования мира при оценке поведения праведников (к примеру, Ноя). Позднее уже раскрываются отдельные составляющие добра и зла, характеризующие поведение человека, но не объявляется суммарная оценка этого поведения. Можно полагать, что такая суммарная оценка и была бы выражением красоты поведения человека. К числу составляющих добра и зла в Торе принадлежат безусловные оценки, отражённые также и в десяти заповедях. Они предназначены для того, чтобы решать стратегические задачи. Напротив, условные оценки предназначены для решения тактических проблем в рамках найденных стратегий. На них базируются законы, оговаривающие конкретные условия, которые должны быть приняты во внимание при вынесении того или иного приговора.

## Незавершённость и несовершенность созданного мира

В самом первом приближении можно отметить, что авторы Торы рассматривают создание мира и его функционирование как незавершенный процесс. Из чтения Торы можно явным образом заключить, что Бог стремится к развитию, а не к сохранению *статуса кво*. И сотворение мира, и участие в организации жизни на земле говорит в пользу этой точки зрения.

Вместе с тем, и сам Бог предстает как Творец, продолжающий развиваться в процессе своего творчества. Можно выделить следующие комбинации между мерой завершенности Творца и мерой завершенности мира (при условии, что мера задается дихотомично).

**Таблица 1. Комбинация мира, Бога и меры их завершенности**

| Мир | Бог | |
|---|---|---|
| | Завершенный | Незавершенный |
| Завершенный | Ислам | Буддизм |
| Незавершенный | Христианство | Иудаизм |

Классифицируя мировые религии с этой точки зрения, можно интерпретировать иудаизм, как религию, совмещающую представление о незавершенном мире, т.е. о мире, в котором создается новое, с представлениями о развивающемся Творце. Возможно, ислам представляет собой религию, в которой мир завершен – его можно познавать, но не сотворять. В христианстве мир незавершён, но завершен Бог. Буддизм, представляя внешний мир завершенным, считает незавершенным Бога. Я нахожу метафизическое представление о незавершенном и несовершенном мире весьма плодотворным. Вместе с тем, я понимаю, что может быть иная метафизика, как, скажем, у Лейбница, исходящая из того, что мир, созданный Богом, совершенен. Задача ученого при такой метафизике заключается в том, чтобы раскрыть это совершенство.

На основе подобной концепции ученые-богословы сумели построить физические теории, которые оказались весьма плодотворными. Примером может служить концепция подхода к механике движения планет, выдвинутая великим французским ученым Мопертюи. Он исходил из того, что Бог сотворил небесный мир совершенным, руководствуясь критерием оптимальности, основанным на принципе наименьшего действия. Математическое развитие этой оптимизационной теофизической концепции выразилось в создании вариационного принципа механики.

Итак, я предполагаю, что общая метафизическая концепция, из которой исходили создатели Торы, основана на представлении о продолжающемся творении несовершенного мира несовершенным творцом. По мнению авторов Торы, Бог всемогущ. Так, согласно Торе, Бог сам говорит о себе Аврааму: «...Я Бог всемогущий...» (Бытие, 17:1) или: «Есть ли что трудное для Господа?» (Бытие, 18:14). Однако из текста Торы можно заключить, что ее создатели предполагали, что мощь и знания Творца не являются абсолютными и раз и навсегда данными. Величие Бога в том, что Он способен усиливать свою мощь и знания, а равно и моральность. Делает Он это двумя путями: как за счет создания различных структур, помогающих ему в этом, так и за счет собственного совершенствования. Если бы у составителей Торы было иное представление о творчестве Бога, то возникло бы много парадоксальных вопросов. Часть из них – те девять вопросов, которые я привожу выше.

Можно наметить путь разрешения этих вопросов, если предположить, что авторы Торы в огромной мере владели индетерминистским методом мышления. Это был неосознанный, стихийный метод, и к тому же эксплицитно не выраженный, а спрятанный в интуиции интерпретаторов.

## Усиление мощи Бога за счёт внешних средств

В Торе встречаются существа более совершенные, чем обычные люди. Имеются в виду сыны Божии (Бытие 6: 2,4). Правда, об их интеллектуальных способностях ничего не говорится. Упоминается только, что дочери человеческие рождали от них исполинов (Бытие 6:4). Не приходится уже говорить об ангелах. Однако о путях формирования такого рода свехчеловеческих объектов в Торе нет никаких упоминаний. Одним из важнейших усилителей мощи Бога является, по представлению авторов Торы, человек, созданный по образу и подобию Божьему (Бытие 1:26). Именно посредством человека Бог реализует развитие мира. Он возвышает людей над всеми живыми существами, благословляя их, говоря:

> ...плодитесь и размножайтесь, и наполняйте землю, и обладайте ею, и владычествуйте над рыбами морскими и над птицами небесными, и над всяким животным, пресмыкающимся по земле.
>
> И сказал Бог: вот, Я дал вам всякую траву, сеющую семя, какая есть на всей земле, и всякое дерево, у которого плод древесный, сеющий семя: вам сие будет в пищу.
>
> А всем зверям земным, и всем птицам небесным, и всякому пресмыкающемуся по земле, в котором душа живая, дал Я всю зелень травную в пищу. И стало так (Бытие 1:28-30).

Однако человек смог доминировать лишь над частью созданного множества: им являлись известные в то время живые организмы – скот, рыба и т.п. Неорганическая природа (моря, светила, звезды, небо) не была подчинена человеку. Это намечает конфликт между человеком и неживой природой и ограничивает его господство. Тем не менее, Бог заключает контракт с избранными представителями человечества, ставя их, тем самым, на одну ступень с Собой (контракты заключаются только с равными). Бог, с одной стороны, обязуется размножить народ, идущий от Авраама, сделать Авраама отцом многих народов, дать ему и его потомкам всю землю Ханаанскую во владение вечное; с другой стороны, еврей должен соблюсти завет, идущий от Бога и выражающийся в том, что все мужчины должны быть обрезаны.

Заключение контракта между всесильным Богом и человеком может оказаться пустой формальностью, преследующей лишь демагогические цели. Для того, чтобы контракт между Богом и человеком был реальным, по-видимому, необходимо положить в основе контракта между ними, с одной стороны, признание Богом своего несовершенства, а, с другой, величие человека, т.е., чтобы последний самодействовал, а, еще лучше, обладал способностью к самостоятельному творчеству. В этом случае развивающемуся Богу-Творцу может оказаться целесообразнее ставить человеку лишь некоторые условия развития и в целом разрешать ему самодействовать.

Другими словами, по мнению авторов Торы, более совершенная система функционирования мира предполагает равноправие Бога и человека. Бог усиливает свою мощь и власть над миром в целом, поступаясь полнотой своей власти над частью, а, именно, разделяя ее с людьми. Более прямолинейная схема управления миром основывалась бы на предположении, что Бог имеет абсолютную власть над всем миром и ему нет надобности делить эту власть с кем бы то ни было.

Равноправие при заключении договора между Богом и человеком в еще большей мере усиливается, если имеются возможность сравнить мощь Творца и творения, как физическую, так и интеллектуальную. Авторы Торы приводят доказательства такого рода сравнительной мощи. Прежде всего, это касается физической мощи в поединке Якова с Богом (Бытие 32:24-32), где Бог не мог одолеть Якова, но лишь «повредил состав бедра» его. И сказал далее Бог Якову: «отныне имя тебе будет не Иаков, а Израиль, ибо ты боролся с Богом, и человеков одолевать будешь» (Бытие 32:28). «И нарек Иаков имя месту тому: Пенуэл; ибо говорил он, я видел Бога лицом к лицу, и сохранилась душа моя» (Бытие 32:30).

Как бы ни интерпретировать этот поединок Бога и человека, в том смысле, что там был не Бог, а лишь ангел, человек оказался сравним по своей физической мощи с превосходящей его неземной силой. Уже в характеристике Адама вкусившего запретный плод, проступают знаки его интеллектуальной мощи, и Бог высылает его из сада Эдемского: «И сказал Господь Бог: вот Адам стал как один из Нас, зная добро и зло; и теперь как бы не простер он руки своей, и не взял также от дерева жизни, и не вкусил, и не стал жить вечно. И выслал его Господь Бог из сада Едемского...» (Бытие 3:22-23).

Авторы Торы приводят также конкретные примеры, подтверждающие сказанное о сравнимой интеллектуальной мощи Бога и человека. Когда Бог прогневался на непослушание еврейского народа во время его пребывания в пустыне и пришёл к решению уничтожить его, заменив новым народом, идущим от Моисея, последний склоняет Создателя к сохранению народа.

> И сказал Господь Моисею: доколе будет раздражать Меня народ сей? И доколе будет он не верить Мне при всех знамениях, которые делал Я среди его? Поражу его язвою и истреблю его. и произведу от тебя народ многочисленнее и сильнее его. Но Моисей сказал Господу:

> услышат Египтяне, из среды которых Ты силою Твоею вывел народ сей. И скажут жителям земли сей, которые слышали, что Ты, Господь, находишься среди народа сего, и что Ты, Господь, даешь им видеть себя лицом к лицу, и облако Твое стоит над ними, и Ты идешь перед ними днем в столпе облачном, а ночью в столпе огненном; и если Ты истребишь народ сей как одного человека, то народы, которые слышали славу Твою, скажут: «Господь не мог ввести народ сей в землю, которую он с клятвою обещал ему, а потому и погубил его в пустыне.» Итак, да возвеличится сила Господня, как ты сказал, говоря: «Господь долготерпив и многомилостив, прощающий беззакония и преступления, и не оставляющий без наказания, но наказывающий беззаконие отцов в детях до третьего и четвертого рода». Прости грех народу сему по великой милости Твоей, как ты прощал народ сей от Египта доселе. И сказал Господь Моисею: прощаю по слову твоему (Числа 14:11-20).

Системы, которые медленно меняются, как фауна и флора, подчинены человеку (Бытие 1:26-28). Что же касается систем, цель развития которых привносится извне (земля, небо, моря, небесные светила), то в Торе рассматривается лишь их образование с «запаянным механизмом» функционирования. Для искусственных объектов, типа орудий, одежды, жилищ и т.п., цель задаётся и воплощается человеком.

## Самосовершенствование Бога

Процесс творчества не происходит плавно, монотонно. Он протекает резко, изменяя ситуацию в одном направлении, а, затем, корректируясь и балансируясь через возвратные действия. Проиллюстрируем сказанное применительно к самосовершенствованию Бога, как это представлено в Торе.

Согласно авторам Торы, Бог в самом начале представлен как творец, который не уверен, что сотворенное им будет в соответствии с Его замыслом. Он должен поначалу выполнить часть задуманного и по сегменту решить окончательно завершать ли задуманный объект. Возьмём описание первого дня Сотворения. Бог сотворяет свет, даёт ему оценку, и только после этого продолжает процесс сотворения, направленный на создание первого дня.

> Земля же была безвидна и пуста, и тьма над бездною; и дух Божий носился над водою. И сказал Бог: да будет свет. И стал свет. И увидел Бог свет, что он хорош; и отделил Бог свет от тьмы. И назвал Бог свет днем, а тьму ночью. И был вечер, и было утро, день один (Бытие 1:2-5).

Описание последующих дней творения даёт возможность говорить об использовании полученного опыта в сотворении самостоятельных объектов. В начале каждого периода сотворения Бог говорит о том, что должно быть сделано и в конце сотворяет намеченное. И, хотя, по мнению авторов Торы, Бог каждый день полностью творит в соответствии с задуманным, у него нет полной уверенности в том, что реализация задуманного будет в точности соответствовать первоначальному замыслу. Поэтому он вынужден оценивать результаты творения к концу дня или части дня. Подробнее об этом я буду говорить ниже.

Если при описании сотворения мира результаты совпадали с задуманным, то совершенно иное происходит после сотворения мира. Бог обнаруживает, что некоторые творения плохи и требуют ликвидации. С точки зрения индетерминизма, речь идёт не об ошибках, а непредвиденном результате. Ошибка предполагает, что метод действия должен быть известен творцу, что существует правило, которым творец либо пренебрёг, либо просто запамятовал. Непредвиденный результат означает, что правил нет и могут иметь место неожиданные повороты. Сталкиваясь с ними, творец обогащает свой опыт, что помогает ему выработать более изощренные методы действий. Именно с этой точки зрения можно проинтерпретировать потоп. Развратное поведение людей могло оказаться непредвиденным результатом для Создателя. Он раскаивается в создании человека и устраивает потоп (Бытие, 6:6-7). Разрушения были столь сильны, что заставили Бога задуматься о наказании и пересмотреть свои действия на будущее.

> ...и сказал Господь в сердце своем: не буду больше проклинать землю да человека, потому что помышление сердца человеческого – зло от юности его; и не буду больше поражать всего живущего, как Я сделал (Бытие 8: 21).

И во исполнение этого поставил Бог завет с Ноем и его

потомством (Бытие 9:8-17). Другими словами, я хотел бы подчеркнуть, что и справедливость Бога не статическая категория, заложенная в Боге по максимуму. Бог в начале менее справедлив, точнее, более произволен в своих решениях. На собственном опыте Он постигает возможные последствия своих действий и меняет модель поведения. Не случайно авторы Торы подчеркивают, что после потопа Бог, перед тем, как производить сильные разрушения, обсуждает целесообразность этого с людьми, чтобы не допустить несправедливости. В частности, я имею в виду обсуждения с Авраамом разрушения Содома и Гоморры (Бытие 18:17-33) и с Моисеем – уничтожение еврейского народа (Числа 14:11-20).

С учетом сказанного, вернемся к вопросу о природе оценки «хорошо» в течение первых шести дней Сотворения. Как могло случиться, что положительно оцененные Богом результаты его действий в период творения оказались впоследствии во многом отрицательными? Простейшее объяснение: Бог ошибался, оценивал результаты своих творений лишь с точки зрения настоящего, так как не знал будущего и не мог представить себе возможности сотворенного. Не взирая на это, Он был всемогущ, поскольку мог успешно исправлять непредвиденные результаты своих действий.

Существует также более сложное объяснение, связанное с вероятностным характером оценки результатов творения. Однако для такого рода оценок нужен опыт, из которого можно было бы вывести частоты появления тех или иных событий. Но в Торе подобных намеков на прошлый опыт Бога в сотворении других миров нет.

Между тем, если, в соответствии с Торой, Бог обладал огромной творческой мощью, то это позволило ему создавать такие структуры, которые могли бы благоприятно воздействовать на будущее без конкретно разработанной программы. В пользу сказанного говорит то, что Бог качественно сохранял и развивал многообразие, необходимое в условиях, когда будущее неизвестно и любой вид может оказаться важным для развития и выживания. В процессе развития Он менял лишь пропорции созданного: изменение в связи с Потопом пропорций чистых и нечистых животных, сохранение только Ноевой популяции и т.п.

## О направлении творческой деятельности Бога

Если Творец ограничен, и, вместе с тем, система такова, что имеет степени свободы в неопределенном будущем, то возникает вопрос о механизме отбора решений из множества возможных. В принципе, в любой изменяющейся системе, если в ней имеются степени свободы, происходит отбор возможностей изменения. Механизм отбора может быть построен на двух противоположных принципах – случайности или полного знания. Тора даёт третий принцип на примере принятия решений Творца.

Прежде всего, у Него нет конечной глобальной цели в смысле конечного равновесного состояния, к которому надо стремиться. Также отсутствует конечная глобальная цель и для людей (т.е. отсутствует эсхатологическая структура). Однако это не означает, что действия Бога случайны (при таком понимании в равной мере должны быть случайны и действия людей). В Торе есть указания на необходимость глобального, упорядоченного, направленного взаимодействия с миром.

В чем же конкретно видели авторы Торы направленность творчества Бога? Прежде всего, в идее *расширения многообразия и его упорядочения*. Этот принцип становится эстетическим критерием при Сотворении мира и его дальнейшем развитии.

## Ефим БЕРШИН

* * *

Мир уже не рифмуется. Бог
не рифмуется с небом бездонным.
Так в волнах заблудившийся бот
не рифмуется с портом и домом.

Над землей прокатившийся смерч
не рифмуется с солнцем весенним,
как сугробы – с капелью,
как смерть
не рифмуется с воскресеньем.

Я уже не рифмуюсь с тобой,
как диван и вчерашние куклы.
Слышишь, вою фабричной трубой
из окна опостылевшей кухни?

Только бездна струится из дыр –
из дивана, из кресла, из пола.
Мир уже не рифмуется. Мир –
пустота опустевшего поля.

Я собою закрою дыру,
прилипая к воскресному креслу.
И уже никогда не умру.
И уже никогда не воскресну.

* * *

Господи, вспомни, ведь это же я –
в новой матроске.
Рядом со мною мама моя
на перекрестке.

Так и стоим под ослепшим дождем
южного полдня.
Словно чего-то по-прежнему ждем.
Господи, вспомни!
Сам меня выбрал и сам не узнал,
и никогда не узнаешь, похоже.

Я ничего Тебе не доказал.
Ты мне – тоже.

* * *

Опять горнист исход трубит,
подталкивая к землям дальним.
Но тополем пирамидальным
я насмерть к берегу прибит.
Пространство – фикция. Оно
к себе притягивает страстно
лишь тех, которым не дано
перемещаться вне пространства.
И лист тускнеет, как медаль,
в грязи родного бездорожья.
Но он не улетает вдаль–
он умирает у подножья.

* * *

Беспокойный выблядок пустынь,
камень человеческого рода –
Господи, я тоже чей-то сын.
Просто затерялся средь осин
в чреве персонального сугроба.
Из-под рук уходит ремесло.
Жили-были. Выжили. Но вместо
Озера – разбитое стекло,
голая равнина из асбеста.
Господи, куда нас занесло?
За какой случайный поворот?
По какой затейливой спирали?
Я украл или меня украли –
кто его сегодня разберет?
И свистят за лесом поезда,
словно стрелы из тугого лука,
в никуда уходят, в никуда.
На хвосте оставленного звука
одиноко плещется звезда.

Михаил ЭПШТЕЙН

## БОГ И ЖИЗНЬ

*(из книги "Религия после атеизма. Новые возможности теологии", М., АСТ-пресс, 2013, сс. 223 – 233)*

Противопоставление Бога и жизни имеет давнюю традицию, но яснее всего она обозначилась в 19 в., в философии А. Шопенгауэра и Ф. Ницше. Для А. Шопенгауэра отрицание жизни и той всемогущей, слепой, стихийной воли, которая втолкнула нас в нее, составляет достоинство христианства (как, впрочем, и буддизма). "Для того, в ком воля обратилась и отринула себя, этот наш столь реальный мир со всеми его солнцами и млечными путями – ничто". Это "'ничто'… в качестве последней цели стоит за всякой добродетелью и святостью".[1]

Ф. Ницше, следуя Шопенгауэру, тоже противопоставляет жизнь и христианство, но при этом превозносит ту самую "всемогущую волю", которую призывает подавить Шопенгауэр. Для Ф. Ницше христианство – это отвратительный нигилизм, завороженность царством "ничто", отрицание всего могучего и красивого, вырождение инстинкта жизни.

Вот вкратце ницшевское кредо:

"Что хорошо? – Всё, что повышает в человеке чувство власти, волю к власти, самую власть.

Что дурно? – Всё, что происходит из слабости". [2]

Для Ницше сама идея Бога противоречит жизни и ведет к ее опустошению и угасанию:

"Христианское понятие о божестве (Бог как Бог больных, Бог как паук, Бог как дух) – это понятие есть одно из самых извращённейших понятий о божестве, какие только существовали на земле… Бог, выродившийся в противоречие с жизнью, вместо того чтобы быть её просветлением и вечным её утверждением! Бог, объявляющий войну жизни, природе, воле к жизни! Бог как формула всякой клеветы на «посюстороннее», для всякой лжи о «потустороннем»! Бог, обожествляющий «ничто», освящающий волю к «ничто»!.." [3]

Как видим, при всей противоположности оценок Шопенгауэр

и Ницше сходятся в том, что христианство есть отрицание жизни и устремление к ничто. Для Шопенгауэра это великое "ничто", "ничто" подвижников и мудрецов. Для Ницше – это презренное "ничто", которое вот уже две тысячи лет обескровливает жизнь, лишает ее вкуса, страсти, силы.

Но если мы вчитаемся в Евангелие, то найдем в нем утверждение власти жизни, причем столь мощное и последовательное, что она перерастает свои временные пределы и претворяется в жизнь вечную, неиссякающую. И буквально, и переносно, в притчах, Иисус освящает рост, плоды, восхождение семян, претворение воды в вино, умножение хлебов, исцеление больных, воскресение мертвых.

Иоан. 10:10. Я пришел для того, чтобы имели жизнь и имели с избытком.

Евангелие, буквально "благая весть", – это весть о непрестанном возрастании жизни, от горчичного зерна до Царствия Небесного, которое само уподобляется горчичному зерну, ибо оно – наименьшее из зерен, а превращается в наибольшее дерево. Жизнь понимается в Евангелиях иначе, чем у Ницше: это жизнь не столько властвующая, присваивающая, вожделеющая, сколько дающая и способная к бесконечной жалости, снисхождению и умилению, т.е. постижению силы в слабом, величия в малом, благодати в униженном и обиженном.

Достаточно перечитать Евангелие после чтения Ницше, так сказать, в обратном порядке, чтобы обнаружить глубину этой дальней перспективы, открывающейся за более близким, привычным планом.

Ницше:

"Слабые и неудачники должны погибнуть: первое положение нашей любви к человеку. И им должно ещё помочь в этом.

Что вреднее всякого порока? – Деятельное сострадание ко всем неудачникам и слабым – христианство".[4]

Евангелие от Матфея (гл. 5):

3 Блаженны нищие духом, ибо их есть Царство Небесное.

4 Блаженны плачущие, ибо они утешатся.

5 Блаженны кроткие, ибо они наследуют землю.

6 Блаженны алчущие и жаждущие правды, ибо они насытятся.

7 Блаженны милостивые, ибо они помилованы будут.

8 Блаженны чистые сердцем, ибо они Бога узрят.

9 Блаженны миротворцы, ибо они будут наречены сынами Божиими.

10 Блаженны изгнанные за правду, ибо их есть Царство Небесное.

Для Ницше сила побеждает, власть торжествует, удача всегда права. И наоборот, слабое и неудачное умирает, больше того, оно заслуживает смерти. Здесь предикат суждения совпадает с его субъектом: сила – сильнее, власть – властительнее. В заповедях блаженства, наоборот, предикат противоречит субъекту. "Нищие духом" (т.е. нищенствующие по своему духовному выбору) наследуют главное богатство – Царство Небесное. Плачущие – утешатся. Кроткие – наследуют землю. Малое и незащищенное, открытое и болящее оказывается живее, чем крепкое и несокрушимое, потому что вмещает в себя тайну и противоречие жизни, которое Ницше стремится сгладить, превратить в борьбу за власть и уничтожение слабых. Но в том и состоит жизнь живого, что она не сводится к тождеству, к силе сильных и слабости слабых, но, напротив, утверждает себя самоотдачей и жертвой, и слабейший оказывается сильнейшим. "Сила Моя свершается в немощи" (2 Кор.12:9).

Та жизнь, которая выступает образцом величия и мощи у Ницше, в евангельском свете представляется мертвенной: она наращивает себе мускулы, но при этом не чувствительна к бедности, к голоду и болезни, она только приумножает себя и попирает жизнь вне себя. Это идеал кесаря, это Калигула и Сталин, объединенные ниже одной строкой Пастернака, который в "Докторе Живаго" выступает как теолог жизни:

"А что такое история? Это установление вековых работ по последовательной разгадке смерти и ее будущему преодолению. Для этого открывают математическую бесконечность и электромагнитные волны, для этого пишут симфонии. Двигаться вперед в этом направлении нельзя без некоторого подъема. Для этих открытий требуется духовное оборудование. Данные для него содержатся в Евангелии. Вот они. Это, во-первых, любовь к ближнему, этот высший вид живой энергии, переполняющей сердце человека и требующей выхода и расточения, и затем это главные составные части современного человека, без которых он немыслим, а именно идея свободной личности и идея жизни как жертвы. Имейте в виду, что это до сих пор чрезвычайно ново. Истории в этом смысле не было у древних. Там было сангвиническое свинство жестоких, оспою изрытых Калигул, не подозревавших, как бездарен всякий поработитель. Там была хвастливая мертвая вечность бронзовых памятников и мраморных колонн. Века и поколенья только после Христа вздохнули свободно. Только после него началась жизнь в потомстве, и человек умирает не на улице под забором, а у себя в истории, в разгаре работ, посвященных преодолению смерти, умирает, сам посвященный этой теме." (выделено мною – М. Э.)[5]

Жизнь понимается в христианстве тоньше и красочнее, чем "воля к власти", она состоит не из торжества и права сильного, но из терпения и надежды. Именно в годы жесточайшего гонения на христианство Пастернак и Мандельштам, совсем не церковные люди, нашли самые глубокие слова для выражения его животворящего духа. У О. Мандельштама есть удивительное прозрение в христианскую наполненность жизни: проникнутой ожиданием, надеждой, вниманием к чужому, нежной, кроткой и именно поэтому углубленной в тайну вечно, непобеждаемо живого.

Немного тёплого куриного помета
И бестолкового овечьего тепла –
Я всё отдам за жизнь: мне так нужна забота,
И спичка серная меня б согреть могла.
Взгляни – в моей руке лишь глиняная кринка,
И верещанье звёзд щекочет слабый слух,
Но желтизну травы и теплоту суглинка
Нельзя не полюбить сквозь этот жалкий пух.
Тихонько гладить шерсть и ворошить солому,
Как яблоня зимой, в рогоже голодать,
Тянуться с нежностью бессмысленно к чужому,
И шарить в пустоте, и терпеливо ждать.

Вот образ жизни в ее наименьшем остатке, прорастающем через смерть, через пустоту, через голод и холод, через невозможность выжить. Христианство есть наука и искусство выживания в мире, обреченном смерти. Это скорая помощь для терпящих жизненное крушение. Это узкий путь спасения для тех, кто хочет выжить вопреки всему равнодушию мира к себе и себя к миру. Тепло помета – но все-таки тепло; остывающая жизнь, но и она может согреть кого-то. Овечье тепло – бестолковое, все бредут кучей, стадом, неизвестно куда – но все-таки тепло. Желтизна травы, теплота суглинка, жалкий пух – таковы эти остаточные и необходимые признаки жизни у Мандельштама. "Тихонько гладить шерсть и ворошить солому… И шарить в пустоте, и терпеливо ждать". Подчеркивается бессмысленность, бестолковость этого ожидания – и его неистребимость, упорство самых малых долей и ростков жизни.

Вот чего Ницше не охватывает своей концепцией жизни. Ему ведом только абсолютный максимум и неведом абсолютный минимум, та немощь, в которой свершается сила. Неведома сила всех тех блаженств, которые обещаны кротким, алчущим, нищим. Мир Ницше исполнен мощи и великолепия, но лишен выхода в другое измерение, в "Царство Небесное", и поэтому вращается в колесе вечного возвращения. Для Ницше нет источника благодати и чуда, потому что жизнь производится только из самой себя, из биологических оснований, и никакой дух свыше не идет ей навстречу, не совершает чудес исцеления и воскрешения.

2 Кор. 12:9 "Но Господь сказал мне: «довольно для тебя благодати Моей, ибо сила Моя совершается в немощи». И потому я гораздо охотнее буду хвалиться своими немощами, чтобы обитала во мне сила Христова".

Христианство настолько одержимо жаждой вечной жизни, что пренебрегает многими дарами жизни земной, – но не потому, что оно не ценит ее, а потому, что хочет ее полного торжества за пределом времени и смерти. Как замечает Г. К. Честертон, "настоящая смелость – почти противоречие: очень сильная любовь к жизни выражается в готовности к смерти. /…/ Солдат, окруженный врагами, пробьется к своим только в том случае, если он очень хочет жить и как-то беспечно думает о смерти.

Если он только хочет жить – он трус и бежать не решится. Если он только готов умереть – он самоубийца; его и убьют. Он должен стремиться к жизни, яростно пренебрегая ею…"[6]

Христианство идет на штурм вечности, а где штурм – там и жертва:

11 Я есмь пастырь добрый: пастырь добрый полагает жизнь свою за овец.

Иоан, 11:25 Иисус сказал ей: Я есмь воскресение и жизнь; верующий в Меня, если и умрет, оживет.

Иоан. 12:24 Истинно, истинно говорю вам: если пшеничное зерно, пав в землю, не умрет, то останется одно; а если умрет, то принесет много плода. 25 Любящий душу свою погубит ее; а ненавидящий душу свою в мире сем сохранит ее в жизнь вечную.

Но попробуем дальше распространить эту парадоксальную логику христианства на самого Ницше. В его лице христианство проходит через жесточайшее интеллектуальное испытание, страдает, умирает – чтобы возродиться в постницшевской теологии жизни, теологии воскресения. Ницше яростно обличал христианство, христиан и самого Христа, назвав свою итоговую книгу "Антихрист. Проклятие христианству". И тем не менее очень многое в его речах против христиан напоминает слова самого Христа, обличающие книжников и фарисеев. В какой-то степени Ницше проникнут христианским духом – в ту эпоху, когда само христианство, после столетий господства в качестве официальной религии, стало приобретать некоторые черты фарисейства. Матф. 23:27: "Горе вам, книжники и фарисеи, лицемеры, что уподобляетесь окрашенным гробам, которые снаружи кажутся красивыми, а внутри полны костей мертвых и всякой нечистоты". Ницше – низвергатель христианства и вместе с тем свидетель и даже воскреситель его творческой правды, которая была вытеснена законом и буквой, как снова и снова происходит в истории.

Вот краткий символ ницшевской веры из его "Воли к власти" (фрагмент 1033): "Утверждающие аффекты: – гордость, радость, здоровье, половая любовь, вражда и война, благоговение, красивая повадка, манеры, сильная воля, дисциплина высокой духовности, воля к могуществу, благодарение земле и жизни – все, что изобильно и хочет отдавать, и дарует жизнь, и облагораживает, и увековечивает, и обожествляет – вся мощь преображающих добродетелей… всякое согласие с жизнью, да-сказание, да-деяние”.[7]

Из 36 знаменательных слов я выделил 24, т.е. две трети, – именно те, где ницшевское утверждение совпадает с христианским. Можно ли усомниться, что тот, кто исцелял больных и воскрешал мертвых, утверждает радость и здоровье не меньше, чем хронически больной Ницше, страдающий от множества ведомых и неведомых недугов: головных болей, несварения желудка, ломоты в костях… наконец, одиннадцать лет клинического безумия. Тридцатишестилетний Ницше сообщает о себе: “Непрекращающаяся боль; многочасовые приступы дурноты, схожие с морской болезнью; полупаралич, во время которого у меня отнимается язык, и для разнообразия жесточайшие припадки, сопровождаемые рвотой (в последний раз она продолжалась три дня и три ночи, я жаждал смерти). [8] И таких дней в каждом году у Ницше было около двухсот. Неудивительно, что из подобных недугов рождается философская галлюцинация: сверхчеловек, сверхздоровье и сверхмогущество. Но она не подкреплена личным опытом. Здоровому человеку свойственно сочувствие к больным и слабым, а не стремление столкнуть их в пропасть (“падающего подтолкни”). Здоровый любит жизнь в ее мельчайших и ускользающих проявлениях и, по крайней мере, чтит бытие. Будущий Мессия, по словам пророка Исайи, трости надломленной не переломит и льна курящегося не угасит.

Гордыня – один из смертных грехов, а многие теологи толкуют ее как корень человеческой греховности. Но гордость, если понимать под этим высокое представление о своем предназначении, божественной миссии, вовсе не чужда христианам. Человек, дерзающий говорить о себе, что он Сын Божий и послан выполнять волю своего Небесного Отца, вовсе не страдал от избытка скромности. И к ученикам своим он предъявляет требование “быть совершенными, как совершенен ваш Отец Небесный”. Такие устремления предполагают высоту самосознания, волю к святости как образу Бога в человеке. Бог очеловечился, чтобы человек обожился, – в этом есть гордость, если понимать под последней не утверждение своих личных заслуг, а сознание своего высшего предназначения, радостное чувство избранничества, которое никак не исключает готовности положить душу свою за други своя. Само смирение Иисуса, который "смирил себя до смерти", есть проявление этого высокого избраннического служения. Гордость определяется в словарях как "чувство собственного достоинства, самоуважения", а "гордыня" – как "непомерная гордость". Гордыня тем и отличается от гордости, что человек приписывает все лучшее себе, тогда как гордость берет на себя самое трудное. Человек не может не гордиться тем, что Бог верит в него и поручает ему владычествовать над всей землей, а потом посылает своего Сына в человеческом облике, чтобы спасти этот гибнущий род.

"Когда взираю я на небеса Твои – дело Твоих перстов, на луну и звезды, которые Ты поставил, то что есть человек, что Ты помнишь его, и сын человеческий, что Ты посещаешь его? Не много Ты умалил его пред ангелами; славою и честию увенчал его; поставил его владыкою над делами рук Твоих; всё положил под ноги его…" (Псалом 8:4-7).

Это и есть самооценка верующего, Божьего избранника, в которой гордость слита со смирением, – и они нерасторжимы. Ты вознес меня, недостойного, над всей тварью, и поставил выше всех во вселенной, сделал образом своим и подобием. Гордыня – это омертвевшая гордость, которая превращает свою избранность в некую субстанцию превосходства, тогда как гордость – это живой мотив действия, устремления, надежды. Я горжусь тем, что мне вручены таланты, и стараюсь приумножить их, чтобы оказаться лучшим работником на Твоем поле, Господи.

"Вражда и война". Христос провозгласил: "…не мир пришел Я принести, но меч", и сказал о разделениях, которые войдут в народ и в семью: между родителями и детьми, братьями и сестрами. Но он же заповедал и миротворчество. "Блаженны миротворцы, ибо они будут наречены сынами Божиими" (Матф., 5:9). Это одно из тех противоречий Евангелия, которые укрепляют его жизненность. Мир – это благо, миротворчество – добродетель.

Но само учение миротворчества, призыв к миру разделяет людей; одни принимают, откликаются на этот зов, другие – не приемлют. Таким образом, сам мир, сам призыв к смирению и к Царству Небесному становится мечом, разделяющим людей.

И наоборот, то, что у Ницше не совпадает с христианскими ценностями, переоценкой которых он всю жизнь занимался, не совпадает – вот удивительно – и с реальным обликом самого Ницше. Воля к могуществу? Современники отзываются о Ницше как о кротком, благовоспитанном человеке невзрачной наружности, с тихим нравом и деликатными манерами. Половая любовь? Известно лишь об одном случае влюбленности Ницше (в Лу Саломе), а о его половой жизни известно лишь то, что она, скорее всего, была ему неведома, т. е. он оставался девственником.

Никак нельзя считать, что Ницше подавал впечатляющий пример соблюдения собственных заветов. Скорее его писания отталкивались от его скромного, бедного приключениями опыта, нежели подтверждали этот опыт и находили в нем свидетельство своей жизненности. Ницше – типичный романтик, упивающийся сверхобразами жизни, воли, могущества, за которыми стоит его собственная кабинетная отрешенность, робость и одиночество.

Ко всем ницшевским сверхидеям нужно присоединять приставку “гипер-”, которая имеет два взаимосвязанных значения: супер и псевдо. Гипер – это некая сущность, возведенная в такую гиперболическую степень, что она превращается в собственную имитацию. Такими “гипер” пронизаны все революционные феномены 20 в.: “материализм” – гиперматериальность, “коммунизм” – гиперсоциальность, “сексуальная революция” – гиперсексуальность… Все эти “гипер” на самом деле ведут к разрушению материальной жизни, к разрыву социальных связей и к психоаналитическим интерпретациям секса, подменяющим его витальность. Ницше – гипервиталист, он наделяет жизнь такими свойствами, которые обнаруживают схоластическую и галлюцинаторную природу этого “праздника жизни” – измышления больного и одинокого ума, который на практике бесконечно далек от того дионисийства, которое провозглашает в теории.

Но может быть, именно поэтому Ницше суждено было

стать обновителем христианства в большей степени, чем многим достопочтенным богословам? Порою Бог благоволит к богоборцам больше, чем к богопослушникам; достаточно вспомнить бунт Иова, который оказался правее перед лицом Бога, чем его уныло-благонамеренные друзья. Ницше – такой бунтарь, который, убивая Бога в себе, бессознательно готовит Его воскресение. Николай Бердяев много писал о том, как Ницше-антихрист способствовал возрождению религиозной и особенно христианской философии в начале 20 в. Знаменательно, что Сальвадор Дали, воспитанный своим отцом в духе чистейшего материалистического безбожия, нашел источник религиозного вдохновения, впервые прикоснувшись к Ницше:

"Он имел смелость утверждать: «Бог мертв!» Что? Я только что узнал, что Бога не существует, а теперь кто-то сообщает мне, что он умер. ...Вместо того чтобы дальше подтолкнуть меня к атеизму, Ницше посвятил меня в вопросы и сомнения предмистического вдохновения, которое достигло блаженной вершины в 1951 году, когда я провозгласил мой 'Мистический манифест'" (ознаменовавший обращение Дали в католичество). [9]

Ницшевское «Бог умер» – совсем не то же самое, что стереотипно-атеистическое "бога не существует". Если Бог умер, значит, он когда-то был жив, а следовательно, может и воскреснуть, тогда как несуществующий бог (именно так, с маленькой буквы, как писалось это слово в советское время) не может ни жить, ни умирать, ни воскресать. Таково различие между живым богоборчеством Ницше и безбожием марксистско-ленинского толка, которое просто не признает существования бога. Богоборчество заостряет религиозную проблему, а безбожие устраняет ее.

Действительно, сама идея страдания и смерти Бога содержит в себе религиозный подтекст, очевидный как христианам, так и язычникам. Уже впадая в безумие, Ницше подписывался под своими последними письмами то как "Дионис", то как "Распятый". Своей философией он хотел послужить экстатическому Дионису и противопоставлял его "безжизненному" Христу. Но в момент то ли безумия, то ли последнего прозрения оказалось, что это взаимозаменяемые имена, – и сам Ницше, по сути, стал фигурой их взаимопревращения. Распятый и воскресший оказался богом жизнеобильным и животворящим, богом-виночерпием, как, собственно, и сам Христос в Кане Галилейской, в первом совершенном им чуде – превращении воды в вино, которым предвосхищено было последнее и наивысшее чудо: превращение смерти в жизнь. Христос – Дионис вечной жизни. Так Ницше, проповедник Жизни, стал не только строительной жертвой атеизма 20-го века, но и предтечей нового, постатеистического христианства.

Славой Жижек в своей книге "Болящий Бог: Инверсии Апокалипсиса" показывает, что именно христианство воплощает языческую мечту о безмятежной радости, тогда как само язычество исполнено страхов перед богами и уныния перед лицом смерти:

"Умонастроение язычества глубоко меланхолично: даже если оно проповедует жизнь, полную удовольствий, все равно над этим витает девиз 'наслаждайся, пока есть время, потому что в конце тебя всегда ждет смерть и распад'. Смысл христианства, напротив, бесконечная радость за обманчивой поверхностью вины и отречения".[10]

В христианстве есть непоследовательность. Если высшая цель – Царство Небесное, то стоит ли заботиться о жизни земной, о здоровье, сытости, нарядах, имуществе. Об этом и говорится во многих поучениях Иисуса: не накопляйте сокровищ, не заботьтесь об одежде, отбросьте попечение о завтрашнем дне… Цель – спасение души, в жертву которому нужно принести всякое земное благополучие, и вообще "царство Мое не от мира сего". А между тем главные чудеса Иисус совершает, исцеляя больных, насыщая голодных, оделяя, делясь, т.е. заботясь именно о здоровье и сытости. То же самое противоречие и в жизни христиан, в их молитвах. С одной стороны, "не уповай, душа моя, на телесное здравие и на скоромимоходящую красоту…" ("Три канона"). А вместе с тем молятся о здравии своем и ближних, о хлебе насущном, об избавлении от врагов и злых обстояний, т.е. о мирском благополучии. Нет ли здесь двоемыслия?

Но суть в том, что и здоровье в этой жизни, и спасение в той, – это одно и то же: способы выживания личности, ее неуничтожимости.

Вот почему молитвы за здравие тела и за спасение души не противоречат друг другу, это одна молитва: Господи, даруй мне вечную жизнь, которой нет без Тебя. Даруй мне жизнь иную, как Ты подарил мне эту жизнь. Христианская весть – именно преемственность земной и небесной жизни, усиление жизненности как таковой, в ее возрастающем торжестве и победе над смертью. Конечно, небесное царствие дальше отстоит от живущих, чем земное, поэтому и приходится постоянно напоминать о том, что нужно поступиться чем-то в жизни временной, чтобы обрести жизнь вечную. Евангелие озабочено тем, чтобы правильно выстроить перспективу, и поэтому ставит главный акцент на "жизни будущего века", несколько принижая ценности этой жизни, которые и без того значимы для нас, поскольку мы еще здесь, а не там. Но это та же самая жизнь, досмертная и посмертная, и стремление к бессмертию не исключает, а предполагает здоровье, радость, красоту, изобилие здесь, на земле. Поэтому ницшевская антихристианская философия жизни вполне вписывается в более объемную теологию Жизни, которая сложилась в христианстве и не сводится к морали воздержания и аскетизма.

**Литература**

[1] А. Шопенгауэр. Собр. соч., т. 1. Мир как воля и представление. М., "Московский клуб", 1992, С. 378.

[2] Ф. Ницше. Антихрист. Соч. в 2 тт. М.: Мысль, 1990, т.2, С. 633.

[3] Ницше, цит. соч., С. 644.

[4] Ницше, цит. соч., С. 633.

[5] Б. Пастернак. Доктор Живаго. Соб. соч. в 5 тт., т.3. М., Худ. лит, 1990, С.14.

[6] Г. К. Честертон. Ортодоксия, в его кн. Вечный Человек. Пер. с англ. Н. Л. Трауберг. М.: Политиздат, 1991, гл. 6. http://www.chesterton.ru/orthodoxy/chapter06.html

[7] Ф. Ницше. Воля к власти. М.: Культурная революция, 2005, с. 542.

[8] Письмо к Отто Эйзеру в янв. 1880 г. Ф. Ницше. Соч. в 2 тт. М.: Мысль, 1990, т.1, 28.

[9] Salvador Dali. Diary of a Genius. New York: Prentice Hall Press,1965, p. 7.

[10] Slavoi Žižek and Boris Gunjević. God in Pain: Inversions of

Apocalypse. New York: Seven Stories Press, p. 36. Жижек ссылается на Честертона, с его апологией веселого христианства: "Внешняя его сторона – строгая стража этических ограничений и профессиональных священников; но внутри жизнь человеческая пляшет, как дитя, и пьет вино, как мужчина, ибо лишь ограда христианства сберегает языческую свободу". Г. К. Честертон. Ортодоксия, цит. изд., гл. 9.

http://www.chesterton.ru/orthodoxy/chapter09.html

Александр ПЕРЕВЕРЗИН

## ЭДЕМ

Разбудят под утро тебя мудрецы,
Московского гидрометцентра жрецы,
Враньём на центральных каналах.
Расскажут о том, что надеть предстоит.
И только с насмешкой в ответ прозвенит
Трамвай 27 в двух кварталах.

Купив сигарет у барышницы с рук,
На этом трамвае ты делала крюк
Бессмысленный. Я убедился:
Гораздо быстрей напрямик. Через двор
Я шёл по дорожке туда, где забор
До самой земли накренился.

На опытном поле осеннем вдвоём
Мы видели, как зеленел водоём,
Как яблоки падали наземь,
Как ветер последние листья срывал.
И если нас кто-нибудь здесь узнавал,
То это один Тимирязев.

И мы незаметно следили за ним:
Спиной повернувшись к владеньям своим,
Он молча смотрел, как ветшала
Фасадов и крыш штукатурка и жесть,
А ты – здесь их, скрещенных, было не счесть –
Плоды неземные вкушала.

Два года прошло. Нам не встретиться тут,
У каждого – новый трамвайный маршрут.
Студенты в саду неволшебном
Подняли забор. У центральных ворот
Охранник и рыжая сука живёт –
Дворняга. И вход по служебным.

* * *

Асфальта живая плацента,
на десять км – никого.
Подъедет ЛИАЗ из райцентра,
оставит тебя одного.

Сам рвался на волю, смотри же:
отсюда нельзя убежать.
Спускайся к торфянику, ниже,
туда, где сосновая гать.

Она в этом дыме кромешном
для тех, кто не видит пути,
положена плотником здешним,
и мимо неё не пройти.

* * *

*Лете Югай*

А что за этими коробками?
Листва и комьями земля,
травинки с божьими коровками,
шмели и доски горбыля.

А для чего забор и лестница?
Оттуда прилетает мяч,
когда засушливые месяцы
и ветер резок и горяч.

А дальше? Поле мать-и-мачехи,
березы, редкие кусты,
канава, солнечные зайчики,
кукушки, ласточки, кресты.

А что за ними? Мне неведомо,
ни разу не ходил туда,
быть может, что-нибудь из этого:
огонь, сиянье, пустота.

## Ирина ЕРМАКОВА

* * *

А лёгкие люди летят и летят
Над нами и строятся как на парад
Смыкается клин продлевается клином
О нить человечья на воздухе длинном
Их лица почти не видны за домами
Летят и свободными машут руками

На тягу земную глядят свысока
И нет им печали и нет потолка
И нету им пола и тела и дела
Остался ли кто на земле опустелой
Им лишь бы достать дотянуть достучаться
К начальнику счастья – к начальнику счастья?

А кто ж его знает какой там приём
Любовь моя мы наконец-то вдвоём
В отчизне любезной и в теле полезном
Под солнцем горячим под небом отверстым
Где красная-красная тянется нить
Как жизни летучее жало как жалость
И чтоб уцелело вернулось осталось
Давай их любить

### ХОР

Напрягись, вспомни – остался пустяк, зазор.
Голова горит – сейчас ты услышишь хор.

Узкий воздух зазорный дрогнул – вот уже,
округляя гул, растущий в ракушках ушей,
дирижёр взлетел на носки, втянул живот,
замахнулся, навис, плеснул руками, вот –
звук ударит в купол, ухнет в прожилки плит:
и-и-раз –    …но хор молчит.

Больно всем. Вспоминай. Каждого! Вспомни их.
Всех живых и мёртвых и прочих – как живых.
И-и-раз – ещё! интонацию! жест! взгляд!
…и опять волна по ушам, и опять – назад.

Хор стоит колонной в затылок, открыв рот,
надрывая связки, слушай! – сейчас, сейчас,
дирижёр взмок, машет, беззвучно орёт,
и волна, крутанув, срезает его на раз,
накрывает зазор, хлещет во весь напор –
вспоминай, пока поднимается новый вал, –

и спокойно имя твоё произносит хор
всех – кто хоть раз в жизни тебя позвал.

## ГЕРМЕТИКА

Это лифт на небо – в мокрые провода.
Есть у нас всякие сердобольные средства:
ржавый левый гвоздь в груди (именины сердца)
и слова, слова, слова, например: никогда.

Вниз летят города, лица, лета, детали,
вспоминай скорей, что там ещё осталось,
есть слова крылатые, например – сандалии.
Есть слова забытые, типа – жалость

зацветает Нил
                        по жилам плывет жара
        и бензин радужный
                        кольцами
                                    и запястье
        жадно тикает золотой шар и гора
Есть же ещё слова, например – счастье.

Выше, выше, чужая уже голова,
бело-халатный Гермес в госпитальном лифте,
клацнет дверь, и сразу вспомнятся все слова.
Я всегда была счастливее всех в Египте.

Мария БУШУЕВА

# ЛЕТАЮЩАЯ УЛИТКА

…и тропинка, выводящая к реке, темная от влажных больших деревьев, и листья их, усыпанные сплошь улитками, миллионы улиток, они падали, на них страшно было вдруг наступить и приходилось пристально смотреть под ноги, чтобы не раздавить крошечный завитой домик, и тропинка, выводящая к реке.

...и река, и сухой песок, привезенный с другого берега, где постоянно и надрывно гудела машина, вымывающая гравий, и какой-то мальчик, пахнущий тиной, сидящий на лодке, свесив ноги в воду, упругие и загорелые ноги, искусанные комарами, и река, и песок.

…и непонятная грусть то ли об уходящем детстве, то ли о том, что сбудется, конечно, но станет незаметным, как собственная кожа, то ли наоборот о чем-то, чего никогда не будет, да и нужно ли оно, а всё равно грустно, так и бредешь по песку, привычно не замечая утомительного гудения на том берегу, наклоняешься, подбираешь ракушки, правда, ракушка – это бабочка, сложившая крылья?, останавливаешься у воды и замираешь, когда мальки мгновенной сетчатой тенью проскользят над золотистым дном и опять пугливо уйдут в глубину, и непонятная грусть.

Все было так. Все было, как бывает у всех. Длинные выгоревшие волосы, первые долгие вечера у костра. Кажется, чуть обгорели ресницы? Шумящий лес, опрокинутая лодка, мальчик, пахнущий тиной. Нравился? Тем, что так прост – и оттого непонятен. Деревенский мальчик – как удивительно! Жить всегда в деревянном покосившемся доме, кудахчут куры, разве можно убить того, кого вырастил сам?, собаки валяются в пыли, что за странная жизнь, разве она еще существует, разве автомобили не смяли зеленые крылья травы, разве самолеты не подрезали серебристые волны деревьев?, не сломали, не раздавили, не унесли потом туда, туда, куда скоро устремишься и ты, маленькая любительница автомобилей и самолетов, глядящая тогда на его искусанные комарами коленки, точно в собственный сон, нет, в два угловатых, незавершенных собственных сна, только сны, только дрема, мой друг, только пузыри-фантомы на поверхности твоей воды, впрочем так всегда и у всех. А возможно, и вообще никогда никогда никогда, и все начинается лишь сейчас. Ты прав: все начинается лишь сейчас.

Никогда. Я настаиваю, слышишь. Будущее целую, а прошлое давно сгорело. Ничего. Кажется, твои ресницы тогда чуть-чуть опалило? Не было, не было никакого тогда. Никого. Но твои ресницы… Мои? Нигде. Спроси меня, что там позади, в той глубине, в той темноте, и я скажу: пустота. Я отвечу тебе, не солгав: ты прав, никогда ничего никого нигде. Все действительно начина… нет, началось, уже началось.

И тропинка, и река, и непонятная грусть.

Маленькой любительницы автомобилей и самолетов больше не существует. Она приземлилась, приникла к земле, застыла? Нет, она превратилась.

И тропинка.

Да, я никогда не боялась пойти по незнакомой дороге, тропе, дорожке, тропинке (дальше продолжай сам, их много – слов, обозначающих неожиданную возможность выбрать, свернуть, повернуть, изменить, измениться), я любила мчаться по неизвестному ночному шоссе – когда огоньки, огоньки, огоньки. Миллионы светящихся жизней, завиваясь поземкой, мимо, мимо. Но мне кажется, что я шла и шла, и летела, и даже ползла (множество существует глаголов, которые ты можешь подобрать сам) только к той, увиденной мною во сне тогда (тогда – только сон, только сон), но существующей лишь в сейчас) и в завтра? И в завтра. Не бойся), к той зеленой тропинке в темных деревьях затерянной, листья которых усыпаны крошечными ракушками, домиками улиток.

И река. И песок.

Она превратилась в улитку.
Ступая медленно по ее завитку, ты попадешь в океан.

Ухо Вселенной.

Завязь жизни иной. Маленький инопланетянин, привет!

Ты?

Не было, не было в жизни моей ничего: ни детства (помнишь, как мама сыграла тебе траурный марш, когда кукла разбилась?), ни юности дальней (сонная листва тополей в городском дворе и сосед с голубой щетиной на лице инвалида), ни первой любви, ни второй любви, ни третьей, четвертой, пятой… Я никогда не любила в тогда.

Что же было?

То, что сейчас.

Полутемная, влажная тропинка, листья, усыпанные улитками, и ты вдруг, странно светясь, незаметно оборачиваешься вокруг себя, поджимаешь долгие ноги, обхватываешь худенькие плечи руками, ты сжимаешь ладонями все крепче, все крепче свои плечи, ощущая нежную росу в ямках под ключицами, ты подтягиваешь колени (с двумя тонкими белыми шрамиками) почти к подбородку – и медленно поднимаешься над тропой, ты летишь – и твое сердце, наивное и мудрое сердце, посылает свои светящиеся пульсирующие сигналы другим летающим улиткам нашей Вселенной. Ведь и она, Вселенная, лишь ЛЕТАЮЩАЯ УЛИТКА.

И твой дом взмывает в небо вместе с тобой, чтобы утром, когда на реке надрывно и упрямо загудит машина, перемывающая песок, когда мальчик с кудрявым чубом и с крепкими загорелыми ногами, искусанными комарами, сядет с удочкой на берегу, когда мальки пугливой сетью мелькнут над золотящимся дном и снова, как твой сон, как миллионы твоих маленьких снов, уйдут в глубину, вернуться сюда – на зеленую влажную тропу нашего с тобой земного пути.

ТЫ?

Нет, нет, больше никогда, и ни за что, а природа всегда, точно в кино, синхронно к грусти льет дождем или параллельно к радости светит и греет... И тут все было так же с природой: первую любовь после тридцати пяти встречать полагается в первых числах августа в солнечный, но уже чуть пахнущий осенью день, даже два-три желтых листика под ногами, правда, может, и от июльской жары слетевших, но все-таки вполне к месту, и в душе тоже: два-три желтых листика вместо того разноцветного водопада зеленого фонтана голубого фронтона и чего-то там еще, то есть вместо первой любви. Однако, признаюсь, только я его увидела, поняла, что словосочетание, обозначающее фонтан зеленый и фронтон голубой, не меньший миф, чем тот мальчик, который с задней парты мне написал записку с признанием. У него были сросшиеся на переносице брови, как будто застыла в полете чайка по имени Джонатан Ливингстон.

– Дяденька, вы кто? – Хотела было спросить, когда он, улыбаясь всеми, которые и раньше были не ахти, но, впрочем, я этого не замечала, мне потом подружка сказала, когда первая моя любовь лопнула, как воздушный шарик,– у него, мол, зато зубы-то не ахти... Может, оттого я в стоматологи и пошла. А в общем, какая чушь. Ну и что? Можно заплатить, и станут все тридцать два, как у звезды – той, что не на небе, а в...

– Ты?– Спросил он.

– Я.

– А я тебя сразу... – И он как-то смутился. Сразу узнал? Или сразу не узнал? И тоже обнаружил что-то не ахти?

– А я тебя сразу увидел, – повторил он и продолжил, – ты шла по той стороне, у тебя походка такая же детская, как была в школе.

– Да?

– Ты немного, извини, как медведь ходишь...

М-да, подумала я, сто семьдесят восемь моих см, плечи, плаванием увеличенные вдвое по отношению к данным так сказать, при рождении, и, как медведь, хожу....

– Но мне это всегда нравилось. – Он улыбнулся застенчиво. Так улыбаются на телеэкране олигархи, получая премию мира или орден за вклад.

– Ты где работаешь?

– Зубы выдираю, – сказала я, – стоматолог то есть. А ты?

– У меня свой бизнес, – он снова улыбнулся. Но на этот раз не скромно и либерально, как олигарх, а жестко и саркастично, как мелкий предприниматель, которому никогда не дадут ордена за вклад.

– И чем торгуешь?

– Минералкой.

– Из крана берешь? – Я засмеялась, смягчая резкость иронии.

– Нет, иногда из скважины. – Он тоже хохотнул.

– Четверо детей?

Нет, что ты, всего двое.

– Это не буржуазно, теперь нужно иметь две машины на одну семью, стометровую квартиру в центре, дом за городом, вклад в зарубежном банке и четверо детей.

– И те близнецы. – Он вздохнул. – А у тебя?

– Ничего из перечисленного кроме четверых и машины.

– Детей?!

– В определенном смысле: дочь, собака, кошка и попугай.

– Стоматологи неплохо зарабатывают. – Он опять вздохнул.

– И жена должна быть с круговой подтяжкой лица.

– А муж у тебя кто? – Он как-то подергал плечом.

– Отсутствует, – сказала я, – ушел к той, у которой не как у медведя.

– Ну и дурак

– Наоборот.

И тут вдруг он начал вспоминать, какими-то отрывкамиобрывками – упавшими листочками. А вот ты а вот я а вот мы ого-го потом он ты тогда на него так посмотрела я

– Что ты? – Сумела вставить я

ты так посмотрела и я решил ты его то есть вот такая помнишь еще листья кружились и губы были соленые у меня а ты не дала тебя поцеловать почему и красивый такой я решил что ты в него в общем оттого и...

– Оттого – что? – Снова сумела я

– Сбежал.

И тут я заметила, что над нами кружится кружится кружится чайка...

Дело в общем, как вы поняли, было у моря.

Ольга ЗБАРСКАЯ

## СНЕЖНЫЙ БЛЮЗ

*Прекрасное должно быть величаво...*
*А. Пушкин*

Замёрзших капель нарост ледяной
Вокруг земли хрустальным саркофагом
Поёт теплу хорал за упокой,
Пространство измеряя снежным шагом.

Огранку бриллиантовой росы
Вершит мороз, и замирают слёзы
Цветов экзотерической красы,
Застывших как созвездия мимозы,

Сверкающих бездонною казной...
Метели ублажают сфинксов снежных,
Облив лилейных эльфов белизной,
Укрыв простор эмалью белоснежной.

Склоняясь пред красой озябших муз,
Переводя дыханье ледяное,
Февраль на саксофоне снежный блюз
Играет в храме зимнего покоя...

## ОЗНОБ

*Омывай полученную обиду*
*не в крови, а в Лете, реке забвения.*

*Пифагор*

Вразвалку по дворам гуляет зной,
Терзая ночь – судилище рассветов,
Горящим ртом глотает воздух лето.
Проспекты, наводнённые листвой,

Беспомощны, как хворост для костра,
И небо зрит испуганной волчицей.
За влагой бесполезно волочиться,
Когда царит июльская жара.

И вдруг хвалой беспомощным богам

Грохочет гром. Расстроенные струны
Зигзагами шафрановой лагуны
Стремят полёт к печальным берегам

И нитью молний вяжут звёздный сноп.
Рыдает ночь с присущим сладострастьем,
И в сердце отдаётся сопричастием
Намокших крон болезненный озноб.

## DIEU DONNÉ*

Тьма, завладевшая старыми крышами,
Чинно стекала на заспанный остров
Сплавом смолы, потешаясь над нишами.
Вязли укрытия в топях погостов.

Гибельной силой обрушилась, жадная,
Родинки звёзд зажигая неистово;
В карточный купол владенья прохладные
Переписав. Покрывалом батистовым

Стелется мгла, овладев закулисными
Тайнами бездны. Цикад покаяние
Звучно врастает во мглу. Живописными
Бликами убран Гудзон. Состояние

То ли искусно придуманной радости,
То ли досады. Неверье в случайное.
Стёрты оттенки, и привкусом сжатости
Ночь отдаёт, уповая на тайное...

**С франц. Данное Богом*

Елена ДУБРОВИНА

## ФРАНЧЕСКА

Поезд огибал гору, опоясывая ее своим телом, как изогнувшаяся змея спящего путника. Там за горой затихал закат, и отсветы его окрашивали воздух мягкими тонами – от теплого розового до холодного сиреневого. А дальше за горой шла равнина, мелкие кривые кустики уродливо торчали из земли, равнодушные к той необычайной гамме цветов, в которой тонули их пожелтевшие состарившиеся верхушки. Краски исчезли внезапно за поворотом, и равнина погрузилась в густые серые сумерки. Дальше уже ничего нельзя было различить. Небо скрестилось с землей, слилось в одно ночное месиво, которое поглотило виденное и набросило тайну на землю, только что еще так нежно переливающуюся розовато-сиреневыми оттенками.

Стоять у окна было уже бессмысленно, и я вошла в купе. Зажгли свет, и лица моих попутчиков, казавшиеся при дневном свете такими привлекательными, вдруг потемнели и осунулись. В купе нас было четверо: молодая женщина лет тридцати-пяти, сразу привлекшая мое внимание своим странным поведением, приятной наружности молодой мужчина, старик с желтыми, словно волчьими, пронзительными глазами, и я.

Женщина казалась нервной, постоянно то поправляя рукой пряди длинных черных волос, то открывая и закрывая лежащую на коленях сумочку, при этом она пристально смотрела на сидящего напротив молодого мужчину. Ее огромные черные глаза, не мигая, застывали на предмете, привлекшем ее внимание, будто пыталась она проникнуть в тайну его мыслей. Одета женщина была просто и элегантно – черное шелковое платье подчеркивало стройность ее фигуры, а изящное и дорогое украшение на шее, придавало платью нарядность. Все в этой женщине было необычно. С одной стороны, на нее хотелось смотреть, с ней хотелось заговорить, о ней хотелось узнать. С другой стороны, хотелось уйти, избежать ее пытливого, застывшего взгляда. У меня было такое чувство, что я уже видела ее раньше, может быть, на картинах Модильяни, женщину в черном платье со скрещенными на коленях руками, пронизанную насквозь грустью, одиночеством и безысходностью.

Мужчина явно чувствовал неловкость под ее упорным взглядом, но сидел прямо, не шевелясь, словно боясь ее вспугнуть. Ничего примечательного, на мой взгляд, в нем не было, кроме небольших, острых и живых глаз да вьющейся черной, аккуратно подстриженной бороды, закрывающей почти все его узкое лицо. Мое появление в купе ее растревожило. Она нехотя подняла на меня глаза, и, не выразив никакого интереса к моей личности, отвернулась к окну. На ночном стекле появилось ее отражение. Поезд проносился мимо уже невидимых селений, ландшафтов, за окном, наверно, сменялись картины, и только неподвижным оставалось очертание на стекле чужого красивого лица.

Я представилась, протянула руку. Первым ответил мужчина:

– Густав, приятно познакомиться, – и подвинулся, уступая мне место рядом с ним. Старик, сидевший около женщины, казалось, задремал. Его сморщенное желтое лицо с полузакрытыми глазами оставалось непроницаемым. Теперь я оказалась напротив женщины и старика. Она нехотя отвернулась от своего отражения и назвалась Франческой. В ее ответе я уловила акцент, едва заметный, чуть-чуть певучий. Наверно, итальянка, подумала я про себя. Но она вдруг первой завязала разговор, видимо уловив в моей речи тоже акцент.

– Вы русская? – вдруг спросила она, удивленно округлив глаза.

– Как вы узнали? – Я была явно озадачена. Меня увезли из России почти ребенком, и уловить мой акцент мог только человек сам говорящий по-русски.

– Я наполовину русская, наполовину итальянка. Моя мать была русской художницей, – и она назвала фамилию.

Я слышала ее раньше, знала, что она жила в Париже, училась во Французской Академии Художеств, была одно время очень известна, дружила с художницей Тамарой Лемпике, но потом вдруг все бросила и уехала неизвестно куда. Я смутно помнила ее историю: одно время я очень увлекалась судьбами русских художников, живших в Париже. Но я ничего не сказала Франческе, так как вспомнить о ее матери больше ничего не могла.

– Моя мать рано умерла, – произнесла Франческа, ни к кому не обращаясь.

Поезд дернулся и резко остановился. От внезапного толчка Франческа упала всем телом на спящего старика, который все также продолжал дремать, не шевелясь и не проявляя никаких признаков жизни. Только один раз, бегло взглянув на него, я заметила, как двигались его ресницы: он явно не спал. Разговор не клеился, в странной тишине купе было слышно, как проходили по коридору люди, вероятно, готовясь ко сну. Мутный вагонный свет отдавал неприятной желтизной, накладывая, как густой грим, печать усталости на лица и так уже изрядно уставших пассажиров.

Густав несколько раз пытался завязать разговор, но видя, что его никто не поддерживает, вышел из купе в коридор, предположив, что дамам, вероятно, пора готовиться ко сну. Я была слишком возбуждена прощанием с родными и, постелив постель, вышла вслед за Густавом в коридор. Густав стоял у окна, бессмысленно уставившись на своё отражение в стекле. Увидев меня, он удивленно вскинул голову и приветливо подвинулся, давая мне место рядом.

– Я знаю Франческу, – неожиданно сказал он, не делая никаких предисловий, словно хотел удивить меня и, не дав мне опомниться от своей неожиданной реплики, продолжал: – Я искал встречи с ней всю свою жизнь, а теперь, когда, наконец, я увидел ее, я не могу открыть рта, чтобы начать разговор. Меня просто парализовал страх. Помогите мне, умоляю Вас, помогите!

Он лихорадочно схватил меня за руку. Его тонкое нервное лицо выражало неподдельное волнение. Только глаза застыли, будто погрузились во внутрь, в непонятную для меня тайну, ища там ответа или помощи. – Дело в том, что этот мерзкий желтый старик – ее муж. Вы слышите меня?

Он резко повернулся ко мне и замолчал, словно ожидая от меня ответа. Я ничего не понимала, что происходит, что он от меня хочет, причем тут муж Франчески, и просто какое мне до них до всех дело. Я вдруг испугалась, мне стало страшно возвращаться в купе, но еще более не хотелось оставаться здесь в коридоре, ночью с этим странным молодым человеком, который почему-то пытался поведать мне историю совершенно чужих людей.

Густав тяжело вздохнул, будто опомнился, пришел в себя,

пристально на меня посмотрел и сказал совсем тихо:

– Вечер какой-то странный, ждал его столько лет, а теперь теряю такое дорогое для меня время. Может быть, сегодня или завтра решится моя судьба, а я боюсь. Опять трушу. Все годы я жил ради встречи с ней. Я мечтал снова увидеть ее и все объяснить. Я просто не мог так жить, зная, что я разрушил ее жизнь. Как часто мы совершаем поступки, поддавшись мгновенному чувству, ежеминутному желанию, не анализируя и не думая о последствиях. Пользуйтесь мгновением, оно может не повториться. Так думал я всегда, пока такое мгновение слабости, бездумности не перевернуло мою и ее жизнь.

Увидев, что я слушаю, он продолжал:

– Я встретил Франческу в Италии – ей было семнадцать, а мне двадцать семь. Мы оба тогда учились живописи. Она была очень тихая и замкнутая, всегда погруженная в себя, без подруг или друзей. Рисовала она тщательно, подолгу задерживалась после классов, работ своих никому из учеников не показывала и на вопросы всегда отвечала односложно, явно желая побыстрее отделаться от навязчивого собеседника. Я наблюдал за ней издалека. Что-то дикое и испуганное, и в то же время застенчивое было в ее движениях.

В это время я встречался с женщиной намного старше меня. Это была необычайная женщина, яркая не только своей красотой, но и своим талантом. Лина была по происхождению тоже русская, из какого-то старого дворянского рода, переселившегося в Италию еще во времена Александра III. Род их оставался русским, хотя родители ее по-русски уже совсем не говорили. Лина же знала несколько языков – она свободно говорила на итальянском, немецком, французском, испанском и русском. В их огромной старинной усадьбе сохранились портреты предков, выполненные известными художниками того времени. В этой усадьбе также находилась удивительная по вкусу и знанию ранней итальянской живописи коллекция картин. И хотя Лина сама не рисовала, она хорошо знала живопись, музыку, много читала. Мы часами могли бродить вместе по улицам Флоренции, говорить на волнующие нас обоих темы, но мы никогда не касались наших отношений – ведь и так было ясно, что мы любили друг друга. О том, чтобы с Линой съезжаться, я не думал. Несмотря на свой моложавый вид и иногда совсем детскую непосредственность, она была на пятнадцать лет меня старше. Лина никогда не была замужем и о своей прошлой жизни не рассказывала. Я был с ней счастлив... так я думал тогда.

Он сделал паузу, посмотрел на меня вопросительно:

– Я Вас не утомил?

Нет, он меня не утомил, я слушала теперь его рассказ, или вернее исповедь, с интересом. Спать не хотелось. Стояла ночная таинственная тишина, поезд слегка покачивался под убаюкивающую музыку движения.

– Вы художник? – неожиданно вырвался у меня вопрос.

– Да, я портретист. Меня занимают человеческие лица и характеры. Рисуя, я вместе с кистью, ворошу душу, проникаю в суть ее, разлагаю ее на тона и тональности и, если не хватает материала, дорабатываю образ воображением. Иногда видишь значительное лицо, начинаешь работать, а работа не идет. Маска – а под ней ничего, никаких эмоций или оттенков. Тогда начинаешь придумывать этому человеку внутренний мир, и выходит лицо на полотне вроде как одухотворенным, а человек себя не узнает, слишком много чужого и непонятного для него в этом лице. Так было и с Франческой. Лицо ее было замечательным и, часто придя домой с занятий, пораженный чувством отрешенности и одиночества на нем, я пытался рисовать ее портрет и не мог. Домысливая ее, я придумывал, и лицо получалось другим, не ее. Меня занимала тайна ее окружавшая. В группе все знали друг о друге все, а о ней – ничего. Как-то раз, Лина, будучи у меня дома, заметила мой набросок. Лицо ее вспыхнуло:

«Откуда ты ее знаешь?» – Руки дрожали.

«Я, к сожалению, ее не знаю», – вздохнул я, – «мы просто занимаемся в одной группе. Почему тебя это так взволновало?»

«Потому что ради нее меня бросил человек, женой которого я собиралась стать».

Впервые за время нашего знакомства Лина заговорила о себе. Я затаился, боясь вспугнуть ее нахлынувшее желание говорить.

«Ее мать умерла, когда Франческа была еще ребенком. Я и мои родители были дружны с ее матерью, она была замечательная художница и тоже русская из дворян. Два года назад умер отец Франчески и оставил ее на попечение своему лучшему другу. В то время я была близка с Карло, и мы планировали пожениться. Он был сказочно богат и очень образован. О лучшем муже я не могла и мечтать. Может быть, я даже любила его за его блестящую эрудицию, его ум, и, конечно же, его деньги. Это был мой шанс. С переездом в его дом Франчески все изменилось. Я видела, как теплели его глаза, когда он смотрел на нее. Весь его мир был теперь сосредоточен только на ней одной. Он порвал нашу помолвку в прошлом году и, как только Франческе исполнится восемнадцать, он собирается на ней жениться. Говорят, что он сделал ее своей любовницей, как только она вошла в его дом. Этот несмышленый ребенок знал, что делает. Вскоре она станет одной из самых богатейших и уважаемых женщин Флоренции».

«Жаль», – вырвалось у меня.

«Жаль что?» – Лина удивленно вскинула на меня глаза.

«Жаль ее», – как бы машинально повторил я, думая о своем. Только сейчас мне стало ясно ее поведение. Эта несчастная девочка должна была стать женой человека, который мог быть ее отцом. На меня как будто дохнуло тайнами средневековья. Теперь, как никогда ранее, мне хотелось поговорить с Франческой. Она уже не казалась мне такой недосягаемой – ведь я знал ее тайну. Отношения мои с Линой после этого разговора стали другими. В ней появилось больше требовательности, нетерпения, страсти. Она боялась потерять меня, и я это понимал и пугался этих ее порывов. – Он запнулся, видимо испугавшись перехода на более интимные стороны их отношений.

В коридоре стало прохладно. Я зябко поежилась и зевнула.

– Хотите, продолжим завтра? – Он повернул ко мне лицо. При тусклом свечении коридорной лампочки я увидела его подернутое болью лицо. Я не могла, просто не имела права его сейчас прервать. Ему надо было говорить, выплеснуть боль, вспоминать и, наверно, принять какое-то решение.

– Продолжайте, – сказала я убедительно и, опершись о вагонное окно, приготовилась слушать.

– Впрочем, осталось немного. Вскоре после нашего разговора с Линой, я намеренно задержался в классе, работая над эскизом модели, когда вдруг почувствовал, что кто-то тихо стоит за моей спиной. Я скорее почувствовал, чем догадался, что это Франческа. Боясь ее вспугнуть, не поворачиваясь, я спросил:

«Что не получается?»

«Нет», – услышал я за спиной, – «не то, что не получается, а получается, но не то, что хочется, словно не я вожу кистью, а кто-то вместо меня. Не могу понять почему. Наверно, я совсем не художник и никогда им не буду. А это для меня такая трагедия, такое несчастье».

Я повернулся. Ее милое и почему-то показавшееся мне очень близким лицо, было в слезах. Неожиданно для себя я приложил свою руку к ее щеке, как делала мама, когда я был маленький и нуждался в помощи. Франческа застыла от неожиданности, глаза ее раскрылись широко и удивленно.

«Пойдем ко мне, Франческа», – прошептал я, поддавшись, как и она, нахлынувшему чувству, – «Ведь тебе хочется говорить, не правда ли?»

Она молча, послушно сложила в папку свои работы и, стараясь чуть-чуть отставать, словно боясь, что нас увидят вместе, пошла за мной.

Кажется, что я никогда в жизни не был более счастливым. Мои родители разошлись, когда мне было двенадцать лет. Я рос очень замкнутым и одиноким ребенком. Много читал и рисовал, жил в своем далеком мире, и был очень нелюдим. Понимание одиночества роднило нас с Франческой. Мы чувствовали друг друга так, будто всю жизнь провели вместе. Я предугадывал каждую ее мысль, она – мою. А как понимала она мою живопись! Читала по краскам и рисункам мои настроения, мою душу.

Так длилось почти месяц. Франческа приходила ко мне после занятий почти каждый день, бледная, загадочная, молчаливая. Мы пили чай с бутербродами, говорили о живописи, о ее матери, разбирали мои и ее работы. Ее творчество меня потрясло. Она была на редкость одаренная девочка, тонкая и чуткая к краскам, со своим странным и диким видением мира. Буйство палитры на полотне, словно неугомонность, внутреннее беспокойство, глубокая неразрешенная внутренняя страсть, выплескивались на ее полотна. Она много рассказывала о себе, о своем детстве, о матери, которая была глубоко несчастна. Но стоило мне только упомянуть ее опекуна, как лицо ее становилось злым, и слезы текли и текли по ее щекам, пока я не обещал никогда больше не задавать ей о нем вопросов, если она сама не захочет об этом говорить.

Только раз, всего один раз, сказал я ей, как дорога она мне, и как нужна. Франческа опустила голову, долго сидела задумавшись, а когда снова подняла на меня глаза, то я увидел, что лицо ее озарено каким-то внутренним светом.

«Люблю тебя. На всю жизнь. Ты у меня один. Я верю тебе, ведь мы теперь, как один человек – ты и я».

Я застыл, боясь вспугнуть, рассеять этот свет и свое неожиданное счастье. Потом все кончилось. Банально и мерзко.

Лина пришла ко мне объясняться. Я был один, ожидая Франческу. Дело в том, что я еще не сказал ей о Лине, не зная, как это сделать, боялся обидеть ее, ведь Лина была подругой ее матери. Лина вошла, словно в комнату ворвался ветер, холодный и резкий. Она плакала, винила во всем Франческу. Мы не видели, когда Франческа вошла в комнату. Она появилась неожиданно, как всегда бледная и отчужденная и также неожиданно исчезла.

Я ничего не мог ей объяснить – она больше не приходила на занятия, и все мои попытки увидеть ее были тщетны. А через неделю позвонила Лина и сообщила, что Франческа стала женой своего опекуна. Так кончился мой покой. Я уехал из Италии на родину в Германию, продолжая заниматься живописью и неустанно, каждую минуту своей жизни вспоминая о ней. Вы понимаете, что я погубил не только ее жизнь, но и свою. Я мог ее спасти, а вместо этого толкнул ее еще глубже в пропасть. Она мне поверила, а я ее предал. Я еще пытался ей писать, звонить, несколько раз приезжал во Флоренцию, но все напрасно, как вдруг вчера случай неожиданно свел нас опять. – Голос его понизился почти до хрипа, и он замолчал.

Поезд, замедляя скорость, приближался к какой-то станции. Он заговорил снова. Голос его теперь казался громче, а весь вид отрешеннее. Он, как человек потерявший над собой контроль, разговаривал сам с собой.

– Я увидел ее на вокзале, она стояла впереди меня в очереди

за билетом. Так мы оказались в одном вагоне. Она даже не подала вида, что знает меня. Как бы я хотел иметь ее самообладание! Я еду сейчас во Флоренцию навестить свою дочь. Вы удивлены? Я забыл сказать, что я недавно получил письмо от Лины. Сразу после нашей размолвки она уехала в Париж, где родилась наша дочь. Девочке уже шестнадцать лет, а я никогда не видел ее и даже не знал о ее существовании. Лина написала мне в письме, что девочка имеет удивительные способности к рисованию и занимается у лучших флорентийских живописцев. – Он вдруг в упор посмотрел на меня. – Скажите, что мне делать? Ведь Лина будет встречать меня с дочерью на вокзале.

Что я могла ему ответить? Оставалась одна ночь, одна единственная ночь, чтобы сделать выбор между любимой женщиной и дочерью, которую он никогда не видел. Я думала о том, что в выборе правильного решения мы полагаемся или на наши расчеты, или на интуицию – на порыв души, или на логику мысли. Я всегда полагалась на свой внутренний голос, на импульс, и никогда не проигрывала, но если я начинала взвешивать ситуацию и внимательно ее продумывать, то тогда теряла или просчитывалась.

– Положитесь на судьбу, – сказала я нарочито сухо, чтобы не выдать ту интуитивную эмоцию, которая охватила меня, и пожелав ему спокойной ночи, открыла дверь в купе.

В купе было темно, там видно уже спали. Вскоре уснула и я, да видимо так крепко, что не слышала, когда вернулся Густав, и не знала, произошло ли что-либо в купе за эту ночь. Меня разбудила Франческа. Она была такая же, как и вчера, неулыбчивая и отрешенная, только платье на ней вместо черного было ярко кровавого цвета. Мы подъезжали к Флоренции. Я наскоро собралась, пока отсутствовали мужчины.

Густав вошел в купе бледный. «Видно не спал всю ночь», – подумала я про себя. Но он не видел меня и смотрел на Франческу взглядом человека, решившего проститься с жизнью. Ресницы ее дрогнули, и, не обращая на меня внимания, она протянула ему, как бы в знак примирения, руку, обернутую в красную, кровавую материю. Я не знала, сколько времени стояли они так, безмолвно обнявшись взглядами. Лицо ее светилось внутренним, потусторонним светом. Но неожиданно для всех скрипнула дверь, и в купе тихо, словно мышь, проскользнул старик. Его желтый взгляд с удивлением впился во Франческу, но каким-то невидимым движением мне удалось загородить от него Франческу и Густава. Я быстро заговорила с ним о надвигающемся дожде и плохой погоде этим летом в Италии. Он не слушал меня, пытаясь взглядом отодвинуть меня в сторону, словно я была ширма, которая скрывала или загораживала от него какую-то тайну.

Поезд остановился внезапно. Началась вокзальная суета, давка – все торопились выйти первыми, искали в окне встречающих. Старик поднял ручной багаж и, как бы случайно, подтолкнул Густава к выходу. Он выходил первым, за ним шла я, потом старик, а за ним – загадочно и ясно улыбающаяся Франческа. Мне показалось, что за эти несколько минут молодые люди решили свою судьбу.

На перроне было немного встречающих, и потому я сразу увидела метнувшуюся к Густаву красивую статную женщину и тоненькую загорелую девушку. Они обе обхватили его, опоясав руками, словно обручем. А он, растерянный, раздавленный, рвался из него, из этого кольца, обещающего счастье, к другой, к той, которую только что заново нашел через много лет ожиданий, страданий, поисков. Я застыла, как вкопанная. Пассажиры уже вышли из вагонов, перрон стал пустеть. Я обернулась. Поезд отходил от перрона, набирая скорость. Он казался зловещей темной лентой на фоне черного, потухшего перед дождем неба. В какое-то мгновение я увидела бледное лицо Франчески, а потом, будто порыв ветра оторвал ее от земли, и красное пламя ее платья вспыхнуло и растворилось в дымке уплывающего в туннель поезда.

## Наталья ЛАЙДИНЕН

* * *

Я в стихах твою исправлю жизнь,
Будешь воин в ауре легенд.
Из осколков пробую сложить
Многомерность промелькнувших лет.

Ты с небес берешь меня в ладонь,
Озаряешь пламенем свечи…
И летит в ночи крылатый конь,
Вдохновеньем твои чувства мчит.

Я прошу, тоску сейчас отплачь,
Расплескай дождями на ветру…
А не то придет земной палач
Через смерти черную дыру.

Погляди на мир со стороны
И сценарий счастья сочини.
В смутном прошлом были только сны
И звезда большой величины.

Чудо главной встречи – впереди.
Нас любовь ведет в волшебный край…
Ты меня всегда ищи и жди,
Но прошу – уже не покидай!

* * *

Все мы – искры в небесном потоке,
И сорваться на землю спешим
Если сердце мое на востоке,
Север – снежное царство души.

Запад мне совершенствовал разум,
Искушал восхищением юг…
Ты со мною пронзительно связан

Откровеньем метелей и вьюг,

Где поток воплощений разомкнут,
И незримые ждут города,
Зажигается в сердце ребенка
Голубая родная звезда.

Прошлых жизней летят каравеллы,
Ты меня отогрей и прими
Как сиянья полярного стрелы,
Поразившие светом любви.

* * *

В твоей вселенной потаенной
Свершится вечер колдовской
И вспыхнет солнце глаз зеленых
Из темной глубины морской.

В душе надежда возродится,
Я вспомню все и сберегу
Любви неведомой страницы
И тайны встреч на берегу.

Жизнь – созидающее слово –
Сквозь ливни слез и вечный сон
Меня обнимет в мире новом
И просияет сотней солнц.

Елена ЛИТИНСКАЯ

# ЛАЛА

*Как сказать мне для прекрасной Лалы*
*По-персидски нежное «люблю»?*
Сергей Есенин

Лала проснулась от настойчивого стука в дверь и знакомо бесцеремонного, вечно недовольного голоса свекрови.

*Опять она! Ненавижу. Больше не могу. Нет сил! Будь проклят тот день, когда я вышла замуж и переехала жить в этот дом! Где был мой разум? Куда смотрели мои глаза? За что мне такое наказание? В чем мой грех? Плохие дни будут хорошими, дурные люди хорошими не будут.*

– Эй, голубки! Пора вставать! Уже шесть часов. Небось, давно проснулись и милуетесь?

*Нет, она не станет отвечать свекрови. С нее хватит вчерашнего скандала и позавчерашнего, и поза-поза... Собака лает – караван идет. И вообще. Пусть Рустам объясняется со своей любимой мамочкой.*

Лала заткнула уши с вечера приготовленными кусочками ваты, перевернулась на другой бок, накрылась с головой одеялом и упрямо, назло *этой старой ведьме* (которой и пятидесяти лет не было), решила спать дальше.

– Эй, Лала! Вставай, женщина, иди готовь завтрак. Мы с отцом есть хотим. Уже полчаса голодные. Рустам, мальчик мой, поднимай свою ленивую жену! Кобыла хороша резвая, жена – расторопная.

– Мама, дай выспаться, наконец. Сегодня же выходной, – пробормотал сквозь сон Рустам. Ну, приготовь себе с отцом какой-нибудь завтрак. А мы уж потом тоже… – не договорил и снова провалился в сон.

– Какой выходной, сынок? У нас семья. В хорошей семье нет выходных. Скажи своей женщине, чтоб вставала, да побыстрей! Не невестка, а сплошное недоразумение. Ни свеча для гробницы, ни веник для комнаты. Видит Аллах, я терпелива, но и моему терпению приходит конец. Если твоя жена не может встать утром и приготовить завтрак для всей семьи, нам не нужна такая невестка. Пихни ее в бок. Наподдай ей как следует! Она заслужила. А если не будет слушаться, разводись с ней! Пусть убирается из нашего дома! – Раздраженная в конец свекровь перешла на крик. Она визжала, топала ногами и бесновалась всласть минут пять. Рустам и Лала – больше ни слова в ответ, ждали, когда закончится *утреннее представление*. И вдруг разом все смолкло. Потом послышался спокойный голос свекра:

– Молчи, женщина! Большая река течет спокойно, умный человек не повышает голоса. – Свекор, всегда покорный, молчаливый, не выдержал, закрыл жене рот рукой, сгреб ее в охапку и утащил от греха подальше.

Как ни старалась Лала снова заснуть, не смогла. Мешало учащенное, громкое биенье сердца. Сердце должно биться неслышно, равномерно, спокойно. Когда оно хочет выскочить из груди – сон не идет.

*Проклятье!*

Она открыла глаза. Рустам как ни в чем не бывало похрапывал рядом.

*Что ему? Он у себя дома, птенчик – в родном гнездышке.*

И спать не спалось, и вставать не хотелось. Мысли, мысли, мысли… Нескончаемые, тягучие, как жевательная резинка, печальные, как похоронная процессия.

*Вот вляпалась! Ну и семейка попалась! Свекровка – злюка, настоящая ведьма, ядовитая змея, свекор – подкаблучник, муж – бессловесный маменькин сынок, сестричка его – избалованная маленькая паразитка. Приходит из школы, разбрасывает вещи по всему дому, ничего не делает, только музыку слушает, крутится перед зеркалом и примеряет новые наряды, которые родители привозят ей из города, не жалея денег на младшенькую. Дрянь такая, еще и хамит.*

Рустам спит себе и в ус не дует.

Ей захотелось разбудить его, встряхнуть как следует, даже ударить, чтобы он физически почувствовал ее душевную боль. Словом, как-нибудь вразумить:

– Да проснись ты, наконец! Разуй глаза! Не будь тряпкой! Будь мужчиной! Заступись за жену! Или ты меня совсем не любишь? Зачем замуж брал? После первой брачной ночи говорил, что жить без меня не сможешь. Врал? Знаю, без мамочки своей драгоценной ты жить не сможешь. – И разревелась от беспомощности, уткнувшись в подушку. Рустам услышал, осторожно коснулся губами ее плеча:

– Не плачь, Лала, любимая! Мы уедем. Скоро совсем уедем.

– Твои бы слова да Богу в уши, как говорит наша русская соседка. – Лала потянулась, откинула одеяло и узкими босыми ступнями с накрашенными в кроваво-красный цвет аккуратными ноготками встала на пушистый ковер. Поежилась от холода.

Плохо топит жадная свекровка. В могилу деньги унесет.

Надо было начинать безрадостный новый день.

Любит, не любит… Как быстро летит время. Прошло целых три года, а воспоминания до сих пор накатывают, обрушиваются, такие яркие, красочные, не плоские, черно-белые образы, а живые, трехмерные цветные картины, как в кино.

Восемнадцать лет. Лала закончила среднюю школу, собиралась поступить в медицинский колледж, выучиться на медсестру. Хотелось ей стать современной женщиной, с востребованной профессией, не какой-нибудь там мужниной женой-домохозяйкой. Родители не возражали. Наоборот, подталкивали дочь к учению. Надо было ехать в Самарканд сдавать вступительные экзамены. Отец обещал ее подвезти на своем микроавтобусе. Бизнес у него такой: людей развозить из поселка в Самарканд, Бухару, Ташкент и обратно. Только не смог он в этот день работать, сильно простудился, свалился с высокой температурой. Редко болел отец. И надо же, чтобы именно в этот день, когда дочку в город везти экзамены сдавать… Мать расстроилась, вздыхала, переживала за Лалу, за отца, ну и что заработка не будет, конечно. Караевы не бедные, но и не богатые, у них каждый рабочий день на счету. У отца ни отпуска, ни выходных. Есть пассажиры, надо ехать. Нет пассажиров – пустой день, черный день. Правда, был еще один источник дохода: сад-огород. Мать и тетка по воскресеньям ездили в Самарканд, приторговывали овощами и фруктами на базаре. Туристов все меньше и меньше.

*Разве на эти копейки проживешь!*

Лала, домашнее тепличное растение, нервничала, боялась одна в город ехать.

*Плохое начало, болезнь отца – нехорошая примета… Может, дома остаться? Нет, поеду все же. Надо как-то жизнь свою строить по-новому. Не могу я больше сидеть в поселке, помогать матери по хозяйству и ждать, когда какой-нибудь местный парень посватается. Может, симпатичный, а может, не очень. То ли умный, то ли вовсе дурак. То ли ласковый, то ли грубый.*

Выхода другого не было: пришлось Лале добираться до колледжа общественным транспортом – на городском автобусе. Там они и познакомились с Надиром. Оказались рядом на заднем сиденье. Дорога до Самарканда ой! какая негладкая, не ремонтировалась аж с советских времен! Автобус старый, из прошлого века: рессоры изношены, сиденья облезли, пассажиров трясло на каждой выбоине. Кондиционера нет и в помине, в открытые окна врывался сухой, жаркий воздух, оседая на лицах пассажиров липким потом и дорожной пылью. Но это ничего, они закаленные, к жаре и ветру привыкшие.

Молодые люди ненароком скатывались друг к другу, касаясь бедрами разгоряченного тела соседа. Вот такая игра получилась, совсем не детская забава. Неожиданное развлечение для взрослых. При каждом невольном соприкосновении оба говорили: «Извините, пожалуйста, уважаемый (уважаемая)!» – и улыбались, сначала вроде бы невинно, потом – с озорством, а под конец пути – с тайным наслаждением и желанием, чтоб эта дорога продлилась подольше и ухабов было побольше. У Лалы начали дрожать колени, и где-то в глубине разливалось блаженно приятное тепло. Она и не представляла, что такое бывает, и невольно закрывала глаза, чтобы вслепую усилить это ощущение.

– Меня зовут Надир. А тебя? – начал сосед разговор по-узбекски.

– А меня – Лала. Только я с незнакомыми парнями не разговариваю, – испуганно сказала она и прикрыв глаза защитными шторками ресниц, взглядом скромницы посмотрела вниз, на свои новенькие, серебристые босоножки.

– Так мы уже целый час с тобой знакомы, – улыбнулся парень.

– Я еду домой. А ты?

– А я – экзамен в колледж сдавать.

– А в какой колледж? – поинтересовался парень.

Она сказала.

– Хороший колледж. И сколько у тебя будет экзаменов, если не секрет?

– Четыре. А что ты все выспрашиваешь? Любопытный какой нашелся! Тебе зачем? А?

– Расписание экзаменов напишешь? Я буду тебя провожать. Одной девушке ехать в город – опасно. Всякое случается. Какой-нибудь мерзавец может обидеть такую красавицу. – Парень явно клеился.

– Так ведь и ты обидеть можешь… – отшутилась Лала, прищурилась, белозубо улыбнулась.

– Я – нет! Я – Надир Мирсаидов, честный, порядочный человек. Мой отец – всеми уважаемый бизнесмен. Его в Самарканде, Бухаре и даже в Ташкенте многие знают. Хочешь, паспорт покажу?

– Не надо! Зачем паспорт? Я тебе и так верю. А мы – Караевы. У отца – тоже свой бизнес, и его в нашем поселке и в округе тоже все знают, – с гордостью сказала Лала.

Слово «паспорт» звучало чересчур серьезно и даже официально. Не подходило оно для автобусного знакомства. Лала окинула Надира оценивающим взглядом:

*Сладко поет. Прямо соловьем заливается. Говорит грамотно. Симпатичный, аккуратный и одет модно. Похоже, приличный парень, из хорошей семьи. На шалопая и бандита не похож. Только вот… не таджик, узбек, наверное… Точно, не таджик. Ну и что? В Узбекистане ведь живем.*

Лала решительно вырвала из тетрадки листок бумаги и написала даты всех своих экзаменов, расхрабрившись, заодно и адрес колледжа добавила. Где-то, в дальнем кармане рассуждений и строгого воспитания спряталась мысль:

*Отец с матерью не одобрили бы такое знакомство. Сказали бы: опомнись, дочка! Ведешь себя, как проститутка из Ферганы.*

Но эта правильная мысль так и осталась спрятанной. Лале совсем не хотелось ее вытаскивать наружу и рассматривать, оценивать.

Экзамены в колледж Лала провалила. После встречи с Надиром не в голове у нее были экзамены, совсем не в голове. Зато автобусное знакомство стремительно перетекло в любовный роман. Ну, конечно, дозволенный приличиями, или почти дозволенный, менталитетом и обычаями современного узбекско-таджикского общества. Надир приезжал в поселок, как стемнеет, почти каждый день. Не на городском автобусе приезжал, не на старом «Москвиче», а на своей новенькой иномарке, которую подарил ему отец. Прятал машину недалеко от поселка, в гараже приятеля. Чтобы никаких лишних вопросов и сплетен…

*Надир… Высокий, красивый, ласковый, к тому же, чего греха таить: повезло Лале. Парень – явно из богатой семьи.*

Привозил девушке дорогие подарки: то духи французские, то колечко с ярким камушком, то цепочку золотую. Лала наденет колечко и цепочку, покрасуется перед Надиром, полюбуется подарком и спрячет, чтобы родня не увидела. А душиться французскими духами – ни, ни. Родители сразу раскусят, откуда такое благоухание. Упрятать подальше до лучших времен.

Они встречались тайком, урывками. Девушка притворялась, что идет спать, потом, дождавшись, когда родители уснут, при полной темноте в доме, брала фонарик, бесшумно одевалась, вылезала в окно и бежала на свидание. Целовались за деревьями в саду, в парке, под покровом черной южной ночи, волшебно-туманно освещенной небесными лампочками звезд. Он целовал ее губы, глаза, шею, покрытую сзади под волосами нежным темным пушком. Однажды расхрабрился, ну, совсем обнаглел, расстегнул пуговицы на ее кофточке и стал целовать грудь. Лала сначала испуганно отстранялась, понимая, что они с Надиром балансируют на тонком канате, который вот-вот оборвется, и что тогда? *Головокружительный полет и… падение в пропасть.*

Потом смирилась, поддалась.

*Ну и пусть! Авось, удержимся.*

И каждый раз зацеловывал ее Надир до этого, теперь знакомого блаженно приятного тепла.

*Моя девушка, ну почти совсем моя…*

Лала думала о Надире постоянно: первая мысль утром была о нем, проснулся ли он и что сейчас делает? О нем вздыхала, когда стелила постель, когда помогала матери по хозяйству, когда, носила воду из колодца, когда поливала сад и огород и даже когда трясла ковры и сушила белье на солнце. Все у нее валилось из рук. То пиалу разобьет, то недозрелый виноград срежет и подаст к столу.

– Что с тобой, дочка? Ты стала рассеянной и совсем не слушаешь меня. Заболела? Что болит, говори! – тревожилась мать.

– Да здорова я, мама. Это все… от жары. Слишком жаркое лето в этом году. Плохо сплю ночью. Вот и хожу днем сонная.

– Странно! Раньше жара тебя не мучила. Замуж тебе пора, вот что.

– Зачем замуж? За кого мне здесь замуж выходить? Ты что, мама? Мне пока и так хорошо с вами жить, – испугалась Лала.

*Вот еще, посватают какого-нибудь дурака нелюбимого. Потом не отвяжешься.*

Лала никому о своей любви не рассказывала: ни подругам, ни младшей сестре, ни, тем более, матери. Хотя язык так и чесался поделиться сладкой тайной.

*Похвастаться: вон какого парня отхватила!*

Надир был нетерпелив, он хотел большего. А она, такая была наивно-счастливая, что даже не представляла, что это «б**о**льшее» возможно. Ни мать, ни бабушка, ни тетя ее сексуально не просветили. И в школе на уроках анатомии про интимные дела умалчивали. Учителя просто вырывали из учебников страницы на запретную тему. Парни шептались и хихикали. Они все эти тайны и без учебников знали. А девушки до замужества оставались наивными дурочками. Не в традициях предков было заранее готовить их ко взрослой замужней жизни. Успеется. Выйдет замуж – сама все узнает. Правда, попадались и другие, слишком бойкие девицы, но с ними чаще всего случались темные, а порой и страшные истории, о которых даже в газетах не писали. Но добрые люди рассказывали. Такие девушки бросали школу и растворялись в миру…

– Ты какой-то стал нервный. То целуешь, то отталкиваешь. Не понимаю, – волновалась Лала.

– Вот поженимся, тогда поймешь! – говорил Надир.

– А мы поженимся?

– Да, я скоро приеду с родителями к твоим родителям делать официальное предложение. Ты согласна?

*Еще бы! Надир будет ее мужем. О таком счастье – только мечтать! Да и сколько можно встречаться тайком? Соседи увидят, разболтают своими длинными ядовитыми языками родителям и родственникам. Родители выругают, за волосы оттаскают, дома запрут, посадят на воду с лепешками – стыд и позор на весь поселок. Потом «такую распутную девку» замуж никто не возьмет.*

Решили рассекретиться и пожениться. И Надир приехал со своими родителями в дом Лалы – свататься. Все как полагается по узбекским и таджикским обычаям. Но не очень-то понравились друг другу родители влюбленных. И те и другие супруги шептались между собой: «Не наши они люди, чужие люди». Все было у них разное: социальное положение, этническое происхождение, родной язык. Хотя родители Лалы знали узбекский, язык официально государственный.

Хозяева и гости объяснялись по-узбекски. Сваты сидели друг против друга с кислыми минами, словно на дипломатических переговорах, которые заранее обречены на провал, и дело неминуемо пойдет к войне.

Караевы приоделись и щедро выложили на ковер все самое лучшее, что имели в доме: шелковую скатерть с орнаментом прошлого века (прабабушкино наследство) и старинную расписную фарфоровую посуду. Еды наготовили, словно на свадьбу: дымящиеся нежные шашлыки, сочные лепешки, плов с сухофруктами и чечевицей, приготовленный по старинному рецепту бабушки Зульфии, голубцы-шахлет, манты с тыквой и бараниной, жирный наваристый суп из козлятины, помидоры, фрукты… На десерт подали зеленый чай с «хворостом». Хотелось удивить гостей.

*Мы не такие богатые, как вы, но тоже не лыком шиты. У нас, видите ли, традиции, и дом – полная чаша.*

Мать с тетей всю ночь провели на кухне: резали, жарили, мариновали, месили, пекли, утирая пот. К утру еле на ногах стояли, тонкие, бледные, с чересчур насурьмленными вздернутыми бровями, обрамляющими удивленным полумесяцем усталые, поблекшие глаза.

И все напрасно. Мирсаидовы отвыкли сидеть на ковре, переглядывались, ехидно улыбались.

*Лучше бы хозяева накрыли на стол. На ковре сидеть – спина заболит, это все пережитки прошлого. Ну, да ладно!*

Уселись, скрестив ноги. Кряхтели, воротили носы от обильной таджикской еды. Они считали себя людьми современными.

– Спасибо, дорогие хозяева за угощение. Очень вкусно! Но образованный, здравомыслящий человек не должен столько есть. Для правильного функционирования организма нужна правильная щадящая диета, – резанула, словно прочитала сентенцию из журнала «Здоровье», мать Надира, едва надкусив дымящуюся самсу. Она вежливо улыбнулась, скривила рот, но все же похвалила посуду и убранство дома.

– Неплохо, совсем неплохо живете! – подсластил пилюлю ее муж.

– Дорогие родители! Вы не забыли, зачем мы сюда приехали? – вмешался в разговор Надир и украдкой посмотрел на Лалу, которая от расстройства, что сватовство пока не слаживалось, кусала губы и чуть ли не глотала слезы. Он был любимый сын, к тому же старший, и ему многое было позволено. Мирсаидовы понимали, что Надир не на шутку влюбился в эту бледную красивую таджикскую девушку и во что бы то ни стало решил жениться на ней. Они знали упрямый, решительный нрав сына и даже побаивались его.

*Если сильно разозлится, может из дома сбежать, конкурентам тайны бизнеса продать, даже дом подпалить. Он на все способен. Избаловали мальчика на свою голову. Надо свататься, раз Надир так с ума сходит. Потом жизнь подскажет лазейку…*

– Мы пришли сватать вашу дочку, красавицу Лалу, уважаемый…

– Илияс, – подсказал Караев.

– Дорогой Илияс! Наши дети любят друг друга. Мы с женой хотим, чтобы наш сын был счастлив, – приступил к делу старший Мирсаидов. – Что скажете, уважаемый? Вы согласны?

– Для нас с женой нет большего счастья, чем счастье нашей дочери, – уклончиво согласился Караев.

*Он думает, что мы должны прыгать от радости, что можем породниться с богатыми узбеками. Не нравится им, видите ли, наша жирная еда. Мы тоже гордость имеем. Послал бы их всех подальше. Не надо ни золотых серёг, ни боли в ушах. Только Лалу жалко. Любит она этого парня.*

В общем, сваты с той и с другой стороны еще немного повыпендривались из гордости и чтобы лицо свое сохранить, и, в конце концов, милостиво согласились на женитьбу детей и даже день свадьбы назначили. Аж через полгода!

*Время быстро пролетит, дети. Скорее никак нельзя. Свадьба – дело нешуточное. Готовьте мошну, родители! Затягивай потуже пояс, Караев папочка!*

Посчитали родню, друзей и хороших знакомых с обеих сторон. Долго считали, никого нельзя обидеть. Получилось около тысячи человек.

*Совсем не много. Нормальная свадьба. Да поможет Аллах, чтобы все было, как у людей!*

После сватовства началась подготовка к свадьбе. Сколько всего надо было купить! Одежду невесте, домашнюю утварь для молодой семьи, подарки самым близким родственникам. Началась какая-то дикая суматоха, суета, во время которой свидания влюбленных отошли на задний план. Родители говорили:

– Еще успеете, намилуетесь. Вся жизнь впереди.

Решали вопрос, где будут жить молодые.

– Ты, Лала, конечно, переедешь ко мне. Как полагается, по обычаю. Дом у нас огромный! Все удобства. Газ, водопровод. Не надо воду таскать. Тебе будет свободно, легко. Не пожалеешь.

– Как к тебе? Оставить родителей, подруг, сестру, тетю? Уехать в Самарканд? Страшно мне. Одиноко там будет. Я никогда еще из дому надолго не уезжала. Лучше будем у нас жить. Или давай отдельную квартиру снимем неподалеку… Может, родители купят?

– Может, потом и купим отдельную квартиру, а пока – только у нас. А как же ты думала? Иначе нельзя. Я не могу переехать к тебе в дом. Для мужчины – жить в доме родителей жены – позор.

Засмеют меня. Да и что тут у вас делать, в маленьком поселке? Со скуки помереть можно. Придется тебе жить с нами в Самарканде. Ничего! Привыкнешь.

– Ладно. Попробую…

Хлопот и разговоров о свадьбе было много. А встреч наедине все меньше. Надир теперь редко приезжал в поселок. Говорил, что занят, помогает отцу с бизнесом. А потом и вовсе уехал в Москву на два месяца, вроде по делам. Лала не ожидала такого поворота событий. Растерялась. Она ездила с матерью и теткой покупать наряды. Это ее немного отвлекало от тоски по Надиру.

День свадьбы приближался, а Надир все не возвращался из Москвы. А потом неожиданно пришло от него письмо из Турции.

*Лала, любимая! Отец послал меня в Стамбул открывать филиал нашего бизнеса. Придется задержаться здесь на неопределенный срок и отложить нашу свадьбу, возможно, на год. Не сердись! Я люблю тебя. Я буду тебе писать. Люби только меня! Не ищи других женихов! Все будет хорошо. Твой навсегда Надир.*

– Отложить свадьбу на целый год! Сейчас, когда мы, наша семья уже почти подготовились к торжеству. Столько всего накупили! Столько денег и сил потратили! Это плевок в лицо, оскорбление всему нашему роду. Позор на весь поселок! Шакалы! Они с самого начала не хотели с нами породниться. Только время тянули. Что будем делать? Как будем честь спасать? – кричал Караев, обращаясь к жене и дочери.

– Плакать не будем. Найдем другого жениха для нашей дорогой девочки, – приняла мудрое решение мать. – Таджика найдем, нашего человека. Из хорошей семьи.

– Не хочу другого жениха! Я Надира люблю. Вы ничего не понимаете в современной жизни. Только о своей дурацкой чести думаете. Я буду Надира ждать! – упрямилась Лала. И ждала… месяц, два, три…

Весть об отложенной свадьбе и уехавшем женихе, как пожар в засуху, быстро распространилась по поселку. Соседи, родня и подруги гаденько злословили:

– Обманул нашу Лалу хитрый узбек. Поматросил и бросил.

Может, она уже и не девушка вовсе? Кому теперь нужен этот сорванный помятый цветок?

Услышав такие подлые сплетни, Караевы быстро сосватали Лале другого жениха, таджика из соседнего поселка. Надир совсем перестал писать письма. Видно, нашел себе другую невесту. Поплакала Лала, погоревала да и приняла предложение Рустама. Она и видела его всего-то один раз, когда пришли новые сваты. Вернее, Лала его толком даже разглядеть не сумела. Запомнила только, что…

*Худенький больно! Не красавец, но и не урод. Так себе и ростом невелик. Молоденький очень, совсем мальчик. Не сравнить с крупным, мужественным Надиром.*

И была свадьба, на которую пригласили восемьсот человек гостей. Можно сказать, два соседних поселка. Лала была необыкновенно хороша в белом платье с голыми плечами и фатой из тонкого прозрачного шифона, украшенной живыми цветами. Родственники жениха недовольно бурчали:

– Ай-ай-ай! Совсем стыд потеряла невеста. Ну, да ладно, обломаем.

Ее бледное лицо с густо накрашенными ресницами и насурьмленными бровями белело застывшей маской, не выражавшей ни радости, ни горя. Только долг, послушание, неотвратимость и покорность.

Свадьба началась в шесть утра и продолжалась до поздней ночи. Гости сначала собрались в доме Караевых для легкой закуски, соблюдения старинных национальных ритуалов и раздачи подарков самым близким родственникам и почетным гостям. Всем надо угодить, иначе счастья и удачи молодым не будет. В зале по стенам были развешаны новые наряды невесты, которые она будет носить в первый месяц после свадьбы. Гости восхищались нарядами, цокали языками и приговаривали:

– Ай, красиво! Молодец Илияс: не пожалел денег для родной дочери!

После полудня поехали в ЗАГС, расписались в книге регистраций по-узбекски латинскими буквами, обменялись кольцами по-европейски, поцеловались (все же на дворе 21-й век) и стали называться мужем и женой. После ЗАГС-а все отправились в местный ресторан, огромный, специально оборудованный для пышных, многолюдных восточных свадеб. Столы были накрыты по-европейски. Никакого старорежимного сидения на коврах. В середине зала – фонтан, под золото подкрашенный, над фонтаном щебечут искусственные райские птички. Еды и напитков – столько, что хватило бы накормить и напоить всех голодающих детей Средней Азии. По обычаю предков, женщины сидели отдельно, мужчины отдельно. Лала – с сестрой, матерью, теткой и подругами, Рустам – с братьями, отцом и друзьями. И танцевали отдельно, под маленький оркестр узбекских народных инструментов, который также входил в меню, оплаченное Караевым.

Гости разошлись довольные. Свадьба удалась. Никто не подкачал: и все строилось и протекало, как полагается по древним обычаям. Караев погрузил вещи Лалы в свой микроавтобус, и молодые собрались ехать в дом жениха. Мать, сестра и тетка обнялись с Лалой:

– Не грусти, девочка. У тебя хороший муж, любить будет, беречь будет. Слушайся его во всем – и счастлива будешь. Да поможет тебе Аллах!

Лала вошла в чужой каменный дом с каменным лицом камеи, в пятнах растекшейся от слез туши. Рустам – оживленный, с нескрываемым блеском в глазах.

*Такая красавица ему досталась в жены: белолицая, стройная, как горная лань. Правда, молчаливая и печальная, но это от страха перед тайнами первой брачной ночи. Зато тихая и скромная, кажется, послушная. Не будет перечить матери. Значит, в доме будет покой.*

Они зашли в спальню. Рустам зажег торшер. В комнате, стены и пол которой были покрыты яркими персидскими коврами, кроме огромной низкой кровати, никакой другой мебели не было. Оба не знали, что делать, как приступить к супружескому обряду. На лице Лалы – любопытство и страх. Сели на край кровати. Она опустила глаза, он пристально смотрел на нее, протянул руку, хотел погладить по волосам. Она испуганно отстранила его руку, вскочила, подбежала к окну. В комнату мягко вливался ласковый лунный свет, прокладывая от окна к двери зыбкую дрожащую дорожку.

– Лала!

– Да, Рустам.

– Ты меня боишься? Не бойся, я не обижу тебя.

– Что я маленькая девочка, чтобы бояться? Я просто устала. Хочу спать.

– Хорошо! Давай разденемся и поспим до утра, отдохнем. Я не буду тебя трогать. Обещаю. А утром проснемся и с новыми силами…

– Давай. Отвернись, я разденусь и лягу.

Так и сделали. Рустам, как только прикоснулся к подушке – вырубился. Лала долго не могла уснуть, вспоминала Надира, его голос и ласки.

*Почему так сложилось, что рядом – другой? Сможет ли она привыкнуть к нему, полюбить?*

Под утро Лала задремала под аккомпанемент сопения и похрапывания Рустама.

В семь утра солнечные лучи сквозь темные жалюзи с любопытством проникли в комнату, осветили лица спящих молодоженов. Оба разом пробудились, открыли глаза, вспомнили свадьбу и незавершенность событий вчерашней ночи.

*Так нельзя. Надо что-то делать, иначе засмеют. Скажут: Рустам – слабак, не мужчина, не справился с женщиной. Они там все ждут этой проклятой простыни с кровью*, – подумал Рустам.

Опыта обращения с невинными девушками у него не было никакого. Пару раз пользовался услугами проституток, кое-чему все же обучился. Повернулся лицом к Лале, стал ее легко, невесомо гладить по волосам, целовал в глаза, губы, шею, грудь. Околдовывал жену, завораживал. Она не противилась, сначала застыла, потом оттаяла, размякла, поддалась его рукам и губам… Мальчик-муж ласкал ее, а она закрыла глаза и грезила о Надире. И неожиданно все, чего они оба ждали, чего так желали и страшились, получилось просто и естественно.

Рустам с Лалой не хотели вывешивать простыню – допотопное,

грубое свидетельство девственности молодой жены, но свекровь настояла. Надо было заглушить ехидные сплетни о том, что Рустам взял в жены порченную девицу, сорванный цветок. И вывесили простыню на воротах во двор, и «красовалась» она там до вечера.

*Вот вам злые языки!*

Жители поселка, все, кому любопытно было и не лень, приходили, любовались на этот «белый флаг с красным пятном», одобрительно кивали и удовлетворенные убирались восвояси, разнося по округе добрую весть: «Хорошую жену взял Рустам, честную девушку. Да поможет им Аллах с потомством».

Рустам только с виду выглядел хилым мальчиком. За обманчивой хрупкой внешностью скрывался двадцатипятилетний молодой мужчина, добрый, ласковый, физически сильный, работящий, мастер на все руки, талантливый художник-прикладник по росписи фарфора. Очень скоро Лала, если и не полюбила мужа, то просто привыкла к нему, оценила его и стала постепенно забывать Надира. И жили бы они прекрасно. На пути их семейного покоя стояла, как бодливая корова на дороге, свекровь. Ох и сварливая, вездесущая, неугомонная оказалась женщина! В бочке медовой семейной жизни молодых она была не ложкой, а целой кастрюлей дегтя.

---

Лала была беременна на четвертом месяце, когда произошла первая серьезная стычка со свекровью. Здоровая, больная, беременная, какая ни есть, невестка должна была помогать свекрови по хозяйству: готовить, убирать, воду из колодца ведрами таскать (водопровода в поселке не было), стирать белье (благо стиральная машина все же в хозяйстве имелась), гладить, сад-огород поливать, ковры трясти и сушить на солнце (свекровь не признавала пылесос, шум которого ей действовал на нервы). И так каждый день от рассвета до заката, вернее, до возвращения мужа с работы. А возвращался Рустам не раньше, чем в восемь-девять вечера. Пахал на хозяина мастерской по росписи стекла и фарфора. С приходом Рустама Лала поступала в «распоряжение» мужа. И свекровь на какое-то время отстранялась от своей цепкой «опеки» над невесткой.

Стоял жаркий летний день. Полуденный зной был привычно невыносим. Лала несла два ведра с водой в дом, не удержала равновесие, споткнулась о порог, упала вперед животом об пол, растянулась во весь рост. Ведра – с грохотом в стороны, вода растеклась по прихожей и залила часть ковра в гостиной. Лала еле поднялась и сразу села на пол: кружилась голова, вернее, перед глазами завертелись почему-то против часовой стрелки стены дома. Тянуло и жгло внизу живота.

*Ребенок! Я теряю ребенка…*

Лала позвала на помощь свекровь. Та подлетела к ней фурией:

– Ах, ты дрянь такая, корова неуклюжая. Нужный камень тяжести не имеет. Воду разлила, персидские ковры испортила. Пусть теперь твоя родня мне новые ковры покупает. Что расселась? Подымайся, давай.

– Идите звонить в больницу. Вызывайте «скорую». Похоже, выкидыш у меня.

При слове «выкидыш» свекровь сразу присмирела и побежала к соседям звонить в больницу. У нее в доме телефона не было. Мобильники брали с собой муж и сын.

*А зачем лишний телефон-то? Болтать ерунду целыми днями да еще деньги за эту болтовню платить… Больно надо!*

Шибко экономная была женщина. Она побежала к соседям, продолжая по дороге поносить Лалу, несколько уже по-другому поносить, но все же упрекать: «Вот неуклюжая беременная корова! Упала, теперь ребенка потеряет. Не будет у меня внука. Род наш кончится. За что мне такое наказание? Надо Рустаму вторую жену брать в дом. Помоги нам, Аллах!»

Аллах поступил так, как посчитал правильным. Сначала не помог… потом все же помог. У Лалы произошел выкидыш, но доктор в больнице сказал, что она в будущем сможет иметь детей. Только желательно поберечься и уж тяжелые ведра с водой носить нельзя.

После истории с выкидышем свекровь несколько притихла, сдала свои боевые позиции, отступила от линии фронта в тыл. Через пару месяцев Лала снова забеременела, но ведра с водой больше не носила. Свекровь сама таскала воду, проклинала свою горькую долю и каждый день приставала к мужу и сыну, когда же они, наконец, насядут на поселковое начальство, чтобы те провели в дома водопровод:

– Почти что в Самарканде живем. До города сорок минут езды, а мы, все делаем по старинке, как в средние века.

Она зациклилась на водопроводе и скверном, продажном поселковом начальстве. Теперь это начальство стало ее главным врагом, а Лала – отошла на второй план. Правда, не надолго.

Лала родила одного за другим двух мальчиков. Погодки, хорошенькие, складные, они были похожи на мать.

– Ну ничего нашенского нет в этих детях. Как будто и не твои сыновья, Рустам, – любила пошутить свекровь. От таких ее слов Рустаму было не до юмора. Он раздувал ноздри, рычал, сжимал кулаки.

*Сказать – язык горит, а не сказать – душа горит.*

– Плохая шутка, мама! Устал я от твоих шуток. Мы с Лалой подали документы на лотерею гринкарты. Повезет – в Америку уедем. Останетесь с отцом и сестрой в доме втроем. Будет вам покой и счастье.

Как ни странно, идея о возможном отъезде семьи сына в Америку пришлась матери очень даже по душе. Неисповедимы пути твоих чувств и помыслов, женщина! Свекровь в начале сама не понимала, почему и чему она так обрадовалась. Наверное, в слове «Америка» было что-то магическое…

Повезло Рустаму с Лалой. Выиграли они гринкарту. Свекровь со свекром так были рады, что даже денег Рустаму отвалили на первое время устройства. Не пожалели аж целых десять тысяч долларов. На самом деле, рассудили они весьма просто.

*Сначала мы – им, потом они – нам.*

К тому же захотелось на старости лет мир повидать.

Прилетели в Нью-Йорк промозглым, холодным, с ветрами, дождями, снегами и вьюгами, феврале. Не ожидали такой крутой неприятной погоды. *Ведь Самарканд и Нью-Йорк находятся почти на одной широте. Ну, бывает в Самарканде зимой прохладно и случается, что выпадает снег, но чтобы все время выли ветры и с неба сыпались вязкие, влажные хлопья, плотно покрывая улицы, крыши домов, машины и семенящих прохожих, одетых в непромокаемые и непродуваемые пуховики с надвинутыми аж до глаз капюшонами...*

Совсем не ожидали. *Плохой климат. Легко простудиться можно. А болеть-то нам нельзя. Вот тебе и американская мечта, город больших надежд.*

---

Утеплились, смирились, постепенно стали привыкать.

На первое время они остановились у друзей-соседей по поселку, которые уже год как проживали в Америке. Оказалось, что в Нью-Йорк и особенно – в Бруклин – приехало много граждан Узбекистана: узбеков, таджиков, русских и бухарских евреев. И у всех на руках – сокровище искателей заокеанского счастья – заветная гринкарта. И у каждого – своя община и сфера деятельности. Мужчины – узбеки и таджики – пристраивались в ресторанный бизнес или работали на строительстве и по ремонту домов. Женщины – все, как на подбор, заканчивали краткие курсы для русскоязычных работников по уходу за больными и престарелыми, становились хоуматтендентами (homattendant). Английский из новых иммигрантов мало кто знал.

*Учить такой трудный язык – язык во рту сломаешь.*

На курсы для новоприбывших не очень-то спешили записываться. Хорошие курсы стоили хороших денег. Надеялись, что английский сам придет и осядет в голове. Но он, упрямец, заглядывал в окошко памяти и убегал. Обижался: не уделяли ему достаточно внимания. Обходились знанием разговорного русского (в русскоязычном Бруклине) и международным языком жестов.

С трудоустройством по профессии Рустаму не повезло: работу по росписи фарфора он не нашел. Да кто его возьмет без американского опыта! Experience – магическое слово. Строительный бизнес был укомплектован соплеменниками и мексиканцами. И пришлось Рустаму для начала устроиться мойщиком посуды, а потом официантом в местный узбекский ресторан.

*Что делать? Десять тысяч, подаренные родителями или,*

*вернее, взятые у них в займы, утекали быстро. За квартиру плати, мебель, хоть какая ни какая, нужна, еду покупай, одежда ветшает, транспорт дорогой.*

Непредвиденные расходы тоже возникали. Страховки медицинской не было. Заболел младший ребенок: пришлось идти к врачу и покупать лекарства. Грошового заработка Рустама (вместе с чаевыми) еле-еле хватало только на уплату ренты, и пришлось Лале начать трудовую деятельность, присоединившись к когорте «хоуматтендов и хоуматтендш» из Узбекистана. Не хотелось ей идти в «обслугу», но кроме домашней работы, она ничего другого делать не умела. Склонила голову и проглотила гордость.

Самостоятельная жизнь без «опеки» свекра и свекрови принесла долгожданную свободу действий, правда, лимитированную диктатом американо-иммигрантской жизни. Детей отдали в недорогой садик для малоимущих. И они сразу стали болеть: то грипп, то простуда, то животик, то капризы: «Не хочу в садик. Там говорят по-английски, а я ничего не понимаю…» Лала крутилась, насколько позволяли молодые силы и доброта подопечной старушки. Повезло Лале с клиенткой: не очень старая, интеллигентно-совестливая, невредная, сочувствующая, маленькая, худенькая, не только не лежачая, но весьма прыткая. Да еще знает английский! Согласилась Лалу бесплатно языку учить. Ну, Лала и пользовалась этими благами вовсю и безнаказанно. То позже приедет, то раньше уедет, то совсем не явится. Оно, конечно, рискованно было и чревато самыми строгими последствиями, но иначе не получалось. Подопечная сочувствовала молодой женщине, покрывала ее опоздания и прогулы.

Рустам работал каждый день кроме понедельника – с одиннадцати утра и до поздней ночи. Возвращался никакой, умоется – и в постель. Спать, спать, спать. До любви ли тут? Работа, еда, домашние дела и сон. Унылая безрадостная жизнь, полная забот. Всего два раза выбрались в Манхэттен – взглянуть на вечерний Бродвей и небоскребы.

*Нет, не о такой жизни они грезили, когда выиграли гринкарту.*

Рустам часто рассуждал вслух:

– Может, домой вернемся?

– Ни за что! – возражала Лала, вспоминая свекровь.

Однажды все же Рустам по случаю дня рождения жены взял отгул и решил пригласить Лалу с детьми на ужин в ресторан, в котором работал. Оно выходило привычней и дешевле, со скидкой для работников ресторана.

Лала не помнила, когда она в последний раз была в ресторане. Наверное, на собственной свадьбе. Сели на уютный диванчик у окна. Звучала знакомая узбекская музыка.

*Как приятно быть гостем в ресторане! Тебя обслуживают, а ты вальяжно отдыхаешь и даешь указания официантам: «Принесите это, принесите то...»*

Рустам показал Лале меню.

– Выбирай, дорогая, что хочешь. Устроим сегодня маленький праздник. – Она углубилась в чтение знакомого меню: шашлык бараний, ребрышки, печенка жареная, салат из авокадо... И тут неожиданно Рустам сказал:

– Вот, Лала, познакомься, это мой хозяин, владелец ресторана – Надир. Хороший хозяин и хороший человек. Надир, это моя жена Лала и дети. У Лалы сегодня день рождения. Двадцать пять лет.

Лала подняла глаза, взглянула на высокого симпатичного мужчину в элегантном костюме... Поперхнулась холодной водой со льдом, пробормотала:

– Здравствуйте, уважаемый Надир! Рада с вами познакомиться. Рустам мне о вас много хорошего рассказывал. Повезло мужу с работой на такого справедливого хозяина. – А в голове пронеслось:

*Надир! Мой Надир! Всего семь лет прошло, а кажется, что очень давно. Так давно, будто во сне я все это видела. Руки трясутся, сердце колотится. Что мне говорить? Как себя вести?*

– Лала! – воскликнул Надир. Покраснел, хотел сказать: «Вот так встреча!» – Посмотрел на Рустама, осторожно поправился. – Какое красивое имя! Кажется, мы с вами прежде встречались... на родине.

– Спасибо! Имя персидское, назвали в честь бабушки. Я не припомню, чтобы мы с вами встречались. Вы меня с кем-то путаете... А впрочем, может, и встречались. Самарканд – город большой.

Надир смотрел на Лалу. Глаза увидят, тогда и сердце вспоминает.

*Моя любимая девочка! Сколько бессонных ночей он провел! Писал ей письма, разрывал их и снова писал. Сколько было ссор с родителями! Не хотели они Лалу, ни за что не хотели, искали ему другую невесту! А он не смог настоять на своем, молод был, испугался родительского проклятья. Искалечил свою жизнь. А ее жизнь? Вот теперь сидит Лала так близко и такая чужая. Моя любимая – чужая жена. Счастлива или нет? Не узнаешь. Глаза прячет.*

– Рустам, я к тебе со всем уважением. Пойми правильно. Такую красивую женщину ни с кем не перепутаешь. Мы с твоей женой просто когда-то, очень давно, долго-долго вместе в автобусе ехали. Я эту поездку на всю жизнь запомнил, – уклончиво сказал Надир и добавил, резко оборвав разговор. – Угощайтесь! С днем рождения, прекрасная Лала. Ты сегодня мой гость, Рустам. Я плачу за обед. Dinner on the house, как здесь говорят.

Надир ушел. Сознание Лалы покрылось туманом, сквозь который трудно было различить события прошлого, и действующие лица теперь казались ей маленькими фигурками, с которыми можно было сначала поиграть, а потом убрать в коробочку и спрятать подальше от глаз Рустама. Руки Лалы дрожали, глаза перестали видеть строчки меню.

*Какая разница, что кушать!*

– Мне все равно. Ты лучше знаешь, что здесь вкусно готовят, – сказала она как бы между прочим, отвернулась от мужа, переключая внимание на детей, которые ерзали на месте и ныли дружно в два голоса: «Хотим кушать. Мы голодные. Хотим пить».

– Хорошо, я сам закажу. Что с тобой? Ты побледнела? Ты знаешь Надира? Только не лги мне. Вы, женщины, так изворотливы. – Рустам сразу почувствовал, что здесь кроется нечто большее, чем поездка в автобусе.

*Обманывать мужа – глупо, бесполезно и даже опасно. Рустаму нужна хоть какая-то правда, полуправда, за которую он может зацепиться и больше не думать на эту тему.*

– Да, я вспомнила. Кажется, мы знакомы с твоим хозяином.

Ехали вместе в автобусе в Самарканд. Автобус сильно трясло, мы подпрыгивали на сиденье и хохотали. Это было так давно… Мне было восемнадцать лет. Больше совсем нечего рассказывать. – Она посмотрела на мужа невинным взглядом и улыбнулась. Только улыбка получилась искусственная, как на американских фотографиях, когда просят сказать «cheese».

– Допустим… Ладно. Закрыли тему. Это твой день. Будем праздновать…

Лала пыталась быть веселой. День рождения все-таки. Надтреснуто смеялась, то взвизгивала, то с хрипотцой, хвалила еду. О Надире больше не говорили – языком слов. Но он фантомно, упрямо присутствовал за столом, проникал в их взгляды, мысли, жесты. Приехали домой поздно ночью, уложили детей спать и занялись любовью. Лала, послушная восточная жена, Рустаму не противилась, подыгрывала, но в мыслях была с другим.

Лала чувствовала, что они с Надиром еще встретятся.

*Иначе зачем…? Ой, что это я? Совсем стыд потеряла. Разума лишилась…*

Дни рождаются из дней, настоящее приходит из прошлого и начинает будущее.

Надиру не составило большого труда узнать номер ее мобильного телефона. Рабочая анкета Рустама хранила всю информацию и контакты, кому звонить, если вдруг с ним что-нибудь случится. Надир позвонил ей днем, когда она была у своей подопечной, а Рустам – на работе в ресторане. Сообразил, в какое время лучше это сделать. Тут же назначил встречу в пять часов на Бордвоке. Сказал, что ждал семь лет и больше ждать не может. Она, как под гипнозом, сразу согласилась, пришла на свидание.

Стоял промозглый, ветреный ноябрьский день. На Бордвоке, кроме них – ни души. Слова застыли в горле. То ли от холода, то ли потому что были ни к чему. Только поцелуи, знакомые касания любимых губ и рук. Потом поехали на квартиру к нему.

Надир жил один. Хотел жениться, когда узнал, что Лала вышла замуж, но так и не решился. Увлекался женщинами, но ни одной не мог полюбить. Мешали воспоминания о Лале. Просто менял доступных турчанок, узбечек, русских. А потом выиграл гринкарту и уехал в Нью-Йорк. Отец дал денег на ресторан.

– Почему ты от меня сбежал в Турцию? Ты же любил меня. Разве нет? – допытывалась она.

– Любил, очень любил. Я не сбежал. Отец с матерью меня услали подальше от тебя. Они были против нашей женитьбы. Ну, ты понимаешь… Хотели, чтобы я нашел себе узбечку из состоятельной семьи. Отец грозился лишить меня наследства, если я его не послушаю. Я упрямился, пытался им что-то доказать. Писал тебе письма. Потом выдохся, сдался. Слабак был, молодой дурак. Прости меня, если можешь! Я очень виноват перед тобой. Да и свою жизнь я загубил.

– Уже простила.

– Родители думали, надеялись, что я тебя забуду.

– А ты не забыл?

– Нет! Сама не чувствуешь? Я увидел тебя и совсем потерял голову. Не представляю, как теперь жить без тебя.

Лала поняла, что до сих пор ничего не знала об истинной любви, просто послушно отдавалась мужу. Надир научил ее любить любовь. С неба свалилось горько-сладкое счастье. Она слепо, наркотически привязалась к Надиру и уже не смогла отказаться от этой зависимости.

*Я – преступница, неверная жена. Таких, как я, в старые времена казнили. Но сейчас другое время…*

Семья, дети, работа, американская мечта – все потеряло для нее смысл. Лала приходила домой с лицом – для мужа и детей – официально обычным, усталым, заботливым. И это ее лицо, как только она оставалась наедине с самой собой, магически менялось, превращаясь в карнавальную маску безумной, бездумной изменницы, упоенной тайными радостями запретной любви. С мужем, когда он хотел ее, Лала продолжала спать, механически, покорно, думала:

*Ну когда же ты оставишь меня в покое?*

Они почти не разговаривали. Она боялась, что лишним словом выдаст свою тайну.

– Ты должна уйти от мужа. Я больше не могу делить тебя с Рустамом, – говорил Надир.

– И я так больше не хочу жить. Но у меня дети. Рустам не

отдаст детей. Я не знаю, что делать.

– У нас будет другая семья и другие дети.

– Что ты такое говоришь? Я люблю своих малышей. Живых, а не тех, которые, может, когда-нибудь родятся … Тебе не понять, не понять! У тебя нет детей, Надир. Это ловушка. Капкан. Нам из него не выбраться. Сломанная чашка не станет целой.

– Как-нибудь выберемся из капкана и чашку склеим. Я тебе обещаю.

– Ты уже один раз мне обещал… И что?

– Верь мне. Я изменился. Я совсем другим человеком стал.

Как ни старалась Лала сохранить свою тайну, Рустам стал замечать некоторые перемены в характере жены. Вечно утомленная, стала мало и плохо готовить, в квартире не убрано, опаздывает, когда надо забирать детей из садика. То покрикивает на малышей, то их зацеловывает, как будто вину какую свою материнскую загладить хочет. Сначала не знал что и подумать:

*Заболела? Снова беременна? Устала от суеты и забот? Хочет вернуться домой? Скучает по родне? Депрессия? Тайна? Женская тайна? Завела любовника? Надо проверить.*

На работе сказал, что заболел, вернулся домой, но в дом не вошел, спрятался за углом и ждал ее прихода. Смотрел на дорогу. Ждал час. Наконец, она явилась. Ее привез Надир на своем «Лексусе».

*Вот оно что! С Надиром спуталась. Тварь! И что теперь ему с этим открытием делать? Убить обоих, зарезать?*

Для начала добрый, мягкий, худенький Рустам зверски избил жену.

*Такую… в синяках и ссадинах Надир еще долго не будет любить. Ее уже никто не будет любить, эту гадину, изменницу.*

Грохнул об пол и выбросил в мусор ее телефон. Хотел пойти и прикончить Надира, но передумал, испугался тюрьмы.

*Пусть его накажет Аллах!*

Лала валялась в спальне, стонала. День, два…

*Шлюха, предательница! Пусть подыхает!*

Для Рустама жены больше не существовало. Хитрец все же предусмотрительно позвонил в агентство, сказал, что жена заболела и на работу не выйдет. Позвонил также в ресторан, что и сам заболел. Он торопился, купил билеты на самолет, собрал кое-какие вещи, взял детей из садика и, никому ничего не сказав, тайно, воровато улетел в Самарканд. Тупо твердил про себя: *Подумаешь, жена! Недаром Лала не нравилась матери. Найду себе другую, моложе и красивее. Свободных женщин много. Главное – дети, а они при мне останутся.* Рустам так и не вышел на работу. И Лала не пришла на свидание. Телефоны не отвечали. Надир поехал к ним на квартиру: звонил, стучал в дверь, кричал. Никто не отзывался. (Лала лежала в забытье. Не слышала стука. И если б даже услышала, у нее не было сил не только подняться, но даже подать голос.) Квартира была мертва. Надир заподозрил неладное, запаниковал:

*Рустам догадался и убил ее? Или... они переехали, сменили номера телефонов? Вернулись на родину? Надо заявить в полицию, подать на розыск. Но я не хочу ей навредить... Подожду еще немного. Пойду навещу Лалину подопечную старушку. Может, она знает, что случилось?*

Лала отлеживалась дома, плакала. В полицию и в больницу решила не ходить. Не хотела огласки. Как только смогла встать на ноги, надела черное платье до пят с длинными рукавами, завернулась в платок, как в паранджу. Темные очки на глаза.

*Вот так, чтобы никто не узнал ее. Обычная мусульманка из Пакистана или Ирана. Много таких темных женских силуэтов бродит по Бруклину.*

Купила телефонную карточку, звонила домой из автомата: Рустаму, родителям, тете, сестре, подругам. Так хотела услышать голоса своих сыночков. Никто не желал с ней говорить, кроме матери. И та ругалась, не давала Лале слова вставить: «Шлюха ты подзаборная, сука, хоть и моя дочь! Ты – позор нашей семьи. Была скромная девочка. Как такое могло случиться, не понимаю... Мы с отцом тебя любили, оберегали, воспитывали по обычаям, в строгости. А ты... Хотим увидеть внуков. Рустам их увез в дальний кишлак, там спрятал, нам не показывает. Живи, как знаешь. Домой не возвращайся. Вернешься – Рустам убьет тебя!» Под конец разговора мать все-таки смягчилась, заплакала: «Звони иногда. Хочу знать, что ты жива».

Лала хотела покончить с собой, спрыгнуть с крыши восьмиэтажного дома. Не смогла.

*В Индию поедешь, есть надежда на твое возвращение, а в могилу уйдешь – надежды нет.*

Синяки и ссадины со временем зажили.

*Горе приходит горами, а уходит по волоску.*

Душевная пустота постепенно заполнялась робким желанием продолжать жить. Лала рассматривала в зеркале свое лицо и тело.

*Ведь это не конец. Она молода, здорова и все еще хороша. Надир! Где он? Почему не ищет меня? Поехать к нему… Неужели он опять от меня отказался? Бедные мои дети! Как им без матери? Рустам возьмет другую жену. Она родит ему других детей и не будет любить моих. Но ведь я когда-нибудь смогу повидать моих мальчиков. Ведь есть же международный закон какой-нибудь! Я что-нибудь обязательно придумаю. Бабушка Лала говорила: «Тучи не остановят рассвета».*

Лала бросила свою двуспальную квартиру и сняла крохотную студию. Восстановилась на работе у своей подопечной старушки.

– Где ты пропадала, Лала? Я волновалась. В агентстве сказали, что ты вроде заболела, а потом исчезла. Что значит исчезла? Мы же в Америке живем, а не в Средней Азии. У нас люди так просто не исчезают! У нас есть полиция, сенаторы, конгрессмены… Я смотрю новости, читаю газеты.

– Ну да! Я сначала исчезла, а потом нашлась, – впервые за последние несколько недель Лала позволила себе улыбнуться робкой улыбкой.

– Я так рада, так рада, что ты нашлась, милая девочка! Да, совсем забыла тебе сказать. Один очень симпатичный, вежливый молодой человек приходил несколько раз и спрашивал о тебе.

– Приходил, спрашивал? Значит, я ему не безразлична. Значит, он от меня не отказался…

– Кто это? Кому ты не безразлична? Где твой муж? Где дети?

– Я вам все обязательно расскажу. Не сейчас, после… Сегодня чудесная погода. Пойдемте прогуляемся к океану.

Они гуляли по Бордвоку, и Лала рассказывала старушке свою историю. Океан отдыхал, отошел от береговой кромки, еле слышно дышал и шептал губами волн:

*Не конец, не конец, не конец...*

Наталья КРОФТС

* * *

Зажмурится ветер – шагнёт со скалы.
Спокоен и светел тяжёлый наплыв
предсмертного вала – он манит суда
на дно океана. Седая вода
врывается в трюмы, где сгрудились мы:
звереем – от запаха смерти и тьмы,
безумствуем, ищем причины…

Кричим: «Это риф – или мысль – или мыс –
бездушность богов – нет, предательство крыс…»
И крики глотает пучина.

Я ринусь на палубу, в свежесть грозы.
Пора мне.
Монетку кладу под язык –
бросаю ненужные ножны.

И плавно – сквозь ночь, как седая сова –
взлетаю с галеры – туда, где слова
понятны ещё –
но уже невозможны.

## ARS POETICA

Я ослеп. Измучился. Продрог.
Я кричу из этой затхлой бездны.
Господи, я тоже чей-то бог,
заплутавший, плачущий, небесный.

Вот бумага. Стол. Перо и рок.
Я (больной, седой и неизвестный).
Но умру – и дайте только срок,
дайте строк – и я ещё воскресну.

## АВСТРАЛИЯ

Мы уплываем – словно шаткий плот,
чуть не слетевший вниз, в земную полость,
когда планета ринулась вперёд –
и древняя Пангея раскололась.
И мы – на ней. Пришельцы. Чужаки.
Колёсами цепляемся за камни
меж бесконечным морем и песками
и чувствуем – на нас глядят веками
чужих теней тяжёлые зрачки.
Живём в плену. Пустыня и вода.
Звоним глухим, усталым абонентам…

Мне страшно оставаться навсегда
в смирительной рубашке континента.

* * *

Я уже не пойду за тобой.
Пахнет дымом. Морозно.
Повторяет уставший прибой:
«слишком поздно».

Паутина, незримая нить
обрывается – медленно, странно,
словно нехотя. Грусть хоронить
слишком рано.

Анастасия ЕРМАКОВА

## ТЫКВА

Раздражало все: дочь с ее неприлично короткой мальчишеской стрижкой и привычкой отвечать на вопрос не сразу, а через некоторое время, словно она, когда он был задан, находилась под водой, а потом, вынырнув, с опозданием, по какой-то невидимой вибрации голоса в воздухе, расслышала его. И отвечала часто так:

– Ну, как бы это сказать… Понимаешь…

– А нельзя без «как бы это сказать»? – злилась мать. – И без «понимаешь»?

– Ну чего ты придираешься-то, – обижалась Аля. – Вечно тебе все не так!

– И эта твоя дурацкая прическа! Ходишь как пацаненок! – все больше заводилась Рита.

– Главное – мужу нравится! – парировала дочь.

– Конечно, мнение матери тебе уже не важно! Теперь для тебя мать никто!

– Мам, ну опять ты за свое…

– Да, конечно, с матерью теперь можно не считаться, теперь у тебя муж!

Градус скандала молниеносно и неостановимо повышался, и, когда муж входил в дом, мать и дочь заполошно и обидно кричали друг на друга, стегали колючими словами не жалея, наотмашь.

Ну, вот она, Рита, бывший инженер, а после сокращения в девяностых рыночная торговка, вышла на пенсию – и что? Что ей дальше-то делать? Тыкву, что ли, выращивать?.. Ну, посадила, ладно.

Детей у Альки с Юрой нет, и рожать в ближайшее время дочь не собирается, говорит, нам пока рано, для себя пожить хотим. Странное это какое-то понятие – жить для себя. Сейчас все они, молодые, так рассуждают. Бояться взять на себя лишнюю заботу…

Пусто Рите, маетно. Долгие и бессмысленные, как безответное

горное эхо, дни. Все еще ноющая, как суставы в дождь, память о восемь лет назад погибшем муже – перебегал через дорогу и был сбит пьяным водителем дорогого джипа. Собственная никчемность…

И черт бы побрал эту тыкву! Не растет – хоть ты тресни.

– Далась она тебе, – удивлялась дочь. – Ты же ее никогда не покупала. И не ела…

– Да какая разница – покупала или не покупала! Ела или не ела! – Ритин голос крепчал, как ветер перед грозой. – Я хочу, чтобы у меня выросла тыква! Понятно?

– Понятно. – Аля помолчала. – А мы вот с Юрой решили посадить картошку…

– Они с Юрой! Они с Юрой! Да сажайте вы что хотите. Только меня не трогайте!

– Да кто тебя трогает, – вскипела Аля, – это ты вечно до нас докапываешься, по любому поводу… Ты просто завидуешь нашему счастью!

– Ах, докапываюсь, значит? Завидую, значит? Прекрасно! Больше никогда к вам не обращусь! Могу вообще уехать с вашей дачи! Живу тут как приживалка какая-то…

– Мам, ну зачем ты так?

– А потому что… Потому что… Ты как замуж вышла, так тебе мать и не нужна стала… Да, я знаю. Небось, обсуждаете меня там, у себя в комнате, – кивнула на второй этаж.

– Честно говоря, мы там совсем другими вещами занимаемся, – попыталась пошутить Аля.

– Замолчи! Такое матери говорить! Я тут целыми днями отдаюсь дачным работам, а вы там… а ты… такое матери…

– Да какое такое-то?.. Что вообще с тобой происходит? Знаешь, я лучше мужу отдамся, чем дачным работам!.. И вообще – тебе надо нервы лечить. Может, купить тебе успокоительные таблетки?

– Да нет, зачем же таблетки? Давай мать сразу в дурдом определяй! Квартира освободится, сдавать будете!

– Боже мой, ну что ты говоришь…

Мать заплакала, обильно и горестно.

– Мам, зачем ты так со мной, а?.. – прошептала Аля, смаргивая с ресниц первые капли.

Подобные сцены повторялись каждые выходные. Рите не давало покоя какое-то внутреннее клокотание, затвердевшая с годами обида на судьбу, неясного происхождения тоска. Тоска по каждому уходящему дню, старящему ее все больше, по убывающему прямо на глазах будущему, по так быстро расправившейся с детством дочери, ставшей теперь взросло-чужой и самоуверенно-счастливой. Тоска по жаркой мужской ласке, по давно выветрившейся молодости, по ничем не замутненной, юной радости.

И что ей осталось? Доживать?..

И дача эта дурацкая… Сбагрили мать, конечно, теперь им там раздолье, одним в трехкомнатной. И муженька-то нашла иногороднего, из Вологды, москвичей, можно подумать, нет! И работает он не пойми кем. Каким-то менеджером в компании, распространяющей канцтовары. Черт знает что.

И тыква. Не растет – что ты будешь делать. Вот зараза…

Нет, надо все изменить. Прожить остаток жизни как-то иначе, осмысленно. Перечитать классику, что ли, философов Алькиных, их у нее целых две полки, может, и прояснится что-то…

В конце концов, ей только пятьдесят восемь. Она стройная, ухоженная, миловидная. И сама после смерти мужа не захотела связывать свою судьбу ни с кем, а ведь предлагали…

Был сосед с седьмого этажа, тихий алкоголик, инфантильный чудак Толя. Прижмется, бывало, к груди и затихнет. И ничего ему больше не надо. Все в собутыльники приглашал:

– Ритуль, давай квакнем, что ли.

Так и «квакала» с ним года полтора. Чуть не спилась. Дочь даже зашиться ей предлагала. Вот всегда она так: то в дурку мать, то в алкоголички записывать…

Потом был «Цапля». Так его Аля называла. Высокий, худой, с огромной кудрявой шевелюрой. Евгений. Улыбка добрая и какая-то отстраненная. Старшее ее на восемь лет.

Алька подшучивала:

– Иди, Цапля твоя звонит!

– Аль, ну он же услышит, – пугалась Рита.

– А ничего, – хохотала, – пусть слушает…

Работал водителем троллейбуса. Жил с мамой, склочной и деспотичной старухой, никогда не был женат. Он так и не решился сделать Рите предложение. Приносил унылые гвоздичные букетики, сидел на кухне часа по три, пил чай и гладил круглые Ритины колени. В постели был угловат и неуклюж, как подросток. Мужское счастье случалось с ним быстро, через пару минут, после чего он лежал, не двигаясь, улыбаясь в темноте мрачной глыбе книжного шкафа. Рита запиралась в туалете, садилась на узкий эмалированно-холодный край ванны и крепко сжимала свою руку горячими ляжками… Возвращалась, опустошенная, к уже спящему Евгению, зачем-то целовала его сухую, в мелких прыщах, всегда прохладную спину…

На эту любовь ушли еще два года.

И вот уже несколько лет ничего. Пустынно и глухо, как в заброшенной, заросшей травой одиночества по самые окна деревеньке.

Нагрянул климакс. Злой, нервный, то обжигающий, то обдающий холодом. Было ощущение, что незаметно, быть может, во сне ввели ей какой-то чип, аккумулирующий раздражение и строго контролирующий его уровень: чтобы оно никогда не убывало, а только прибывало, затапливая и изматывая.

Так трудно признаться себе: все, жизнь прошла. Смысла в ней никакого нет. И, наверное, не было. И уже не будет. И непонятно, как с этим знанием жить дальше.

И тыква вот не выросла…

Ничего-то у нее не сложилось, не срослось.

– Мам, опять свет вырубили! – весело, словно о каком-то забавном курьезе, сообщила дочь.

Надо же, третий раз за месяц! Да что же это такое! Надо идти к председателю, разбираться. Я им устрою! Они у меня дождутся!

Внезапно пыл иссяк. Рита опустилась на скамейку, посмотрела на крапиву, высокую, сочную, по-хамски разросшуюся в саду, забившую робкие цветы. Бабочка, грациозно порхая, села Рите на левую грудь, сложила крылья, задумалась. Вдруг захотелось погладить ее, аккуратно, одним пальчиком, как кошку по узкой шерстяной полосочке между прищуренных глаз. Но бабочка, словно угадав ее намерение, бархатно и легко взлетела –

устремилась по своим делам, присев по пути на фиолетовый флокс.

Да, свет. Так что делать со светом-то? А не пойдет она ни к какому председателю. Пропади оно все пропадом. Зажжет вечером свечку и будет сидеть, глядя на таинственные всполохи на стене. И станет страшно и уютно, как в детстве. И, может, зря она злится на дочь с зятем? Вот дачу купили, ее вывезли на воздух. Авось и сложится у них все, ребеночка родят…

– Добрый день, хозяйка. Работа есть? У калитки стоял парень лет тридцати, по акценту – хохол.

Их тут на дачах несколько бригад работают. В основном хохлы и молдаване. Граждане независимых стран СНГ. Гордые, а сюда к нам батрачить ездят.

Рита вспомнила про крышу: в сильные дожди она подтекает на террасе – приходится подставлять тазик.

– Да, кое-что тут… Зайдите-ка, – распахнула калитку.

Шагнул – сероглазый, широкоплечий, крепко пахнущий солнечным молодым потом. Синяя майка туго натянута на груди, сверху из-под нее выбиваются курчавые волосы. Поднял руку, поправил густую темно-русую шевелюру – мелькнули подмышечные заросли, по всему Ритиному телу мгновенно проклюнулись, кинулись врассыпную взволнованные мурашки.

– Так что делать-то надо? – смотрел в глаза пристально, чуть насмешливо. – Меня Санек звать.

– Мам, кто пришел? – выглянула в окно Аля.

– Строители! – весело крикнул парень.

– Аль, я сама разберусь, – строго сказала Рита и повернулась к Саньку.

– Тут на террасе крыша подтекает. Посмотрите?

– Поглядим, хозяйка. Лестница-то есть?

– Нет.

– Ладно, свою принесем. – Санек направился к калитке.

– Меня Рита зовут. Маргарита Николаевна.

– Ага, – даже не обернулся.

Вскоре парень вернулся с лестницей и напарником Вованом, ловко взобрался на крышу.

– Хозяйка, тут все менять треба. Скоро и в других местах

потечет! Шифер совсем уж негодный…

Рита слушала его хохляцкое «г» и почему-то оно ей нравилось, хотя вообще-то всегда раздражало.

– Надо крыть железом, – вынес вердикт Санек.

– Железом? Это, наверное, дорого…

– Да не-е… Шо там! Не больно уж.

Вечером на семейном совете решено было крыть крышу. Зять вызвался оплатить все расходы. Завтра с Алей они поедут на рынок стройматериалов и все купят. А вечером – в Москву. В понедельник обоим на работу.

А ей, Рите, нужно будет приглядывать за рабочими, чтобы не схалтурили, сделали все по-человечески.

Когда железо было куплено и сложено в две аккуратных стопки под яблоней, дочь с зятем засобирались в Москву. На прощание Аля поцеловала мать в щеку. Они не целовались с самого Алиного детства. Лет с тринадцати дочь стала вдруг дичиться, стыдиться материнской ласки. Брезгливо отстранялась, будто ее касались не губами, а склизкими улитками… А тут Аля сама поцеловала мать, нежно, едва коснувшись, словно боясь, что мать, как и она когда-то, отпрянет, украдкой вытрет щеку.

– Мам, не злись на нас с Юрой, ладно? Мы очень счастливы… А из-за тыквы не расстраивайся, я в следующие выходные привезу новые семена – прорастут обязательно!

На следующий день Санек с Вованом приступили к работе. Ребята все делали ловко и споровисто, молодо и бестолково шутили, напевали свои, украинские народные. Рита подолгу, сделав руку козырьком, глядела на них снизу вверх. Прилежно и с удовольствием готовила им обед; вечером, сидя на крылечке, пила за компанию холодное пиво, которое сама же загодя покупала и ставила в холодильник, часто и беспричинно смеялась. Санек смотрел на ее губы пристально и заботливо отгонял комаров, касаясь то ее щеки, то плеча, то коленей…

Вован подначивал друга:

– Ты это что же, за Ритой Николаевной приударить решил?

– А может, и решил! Что тут такого? – отшучивался Санек.

Рита улыбалась, незаметно прижимаясь к нему. От него уютно пахло усталым потом и вечерней, нагревшийся за день травой…

На третью ночь он пришел.

Уверенно постучал в дверь.

– Сань, ты чего? – глупо спросила Рита.

Он обнял, начал целовать воспаленно и сбивчиво, шею, руки, щеки…

– Подожди, дверь закрою, комары налетят, – прошептала Рита.

Руки Санька скользнули под ночнушку, смелые пальцы коснулись сонных сосков. Те тут же откликнулись. Рита закрыла глаза и, глубоко вздохнув, поплыла… К далекому утреннему берегу.

На следующий день к вечеру работа была закончена. Поблескивала на заходящем солнце новая крыша. Красивая, рифленая, как подошва модных кроссовок.

Рита, смущаясь, протянула деньги Вовану.

– Завтра уезжаем, – сказал Санек, словно не обратив внимания на то, что деньги были переданы его напарнику, а не ему, – на других дачах два заказа на забор. Через пару недель вернемся. Можно заглянуть-то будет?

Рита кивнула, неожиданно для себя покраснев, Вован понимающе ухмыльнулся.

Санек, также как Аля, по-сыновьи, поцеловал Риту в щеку. Только в другую. Аля в левую, а Санек в правую. Или она все перепутала…

На выходные приехала Аля с мужем. Привезла семена тыквы.

Только ей, Рите, они были уже совершенно ни к чему.

## Даниил ЧКОНИЯ

* * *

загулял весенний хладнокровный бес
ишь ты недоумок каверзник и лох
шелестит ветвями неодетый лес
бродит небесами незаметный бог

думаешь ночами… думы это сны
фонари за окнами светят парой глаз
вот глядишь и дожили до своей весны
запоздалой может быть но объявшей нас

кто сшивает нитью кто прядёт судьбу
кто ведёт беседы сбившихся в кружок
бес выносит судьбы на своём горбу
и глядит в пространство меркнущий божок

### ПЕРЕЕЗД

что из возможного возьмём
в какую упакуем тару
под силу в сотый раз подъём
иль обойдёмся грузом старым

я задаваться не привык
вопросом там где шаг и нужен
иду без всяких закавык
без долгого плетенья кружев

поверхностен и не глубок
на свет я вышел не из сакли
и мог бы расписать лубок
и краски видно не иссякли

и кажется: на склоне лет
я строить жизнь готов сначала
а был бы свет! и есть он свет!
но что дорога означала?

* * *

гулянье осенней заразы
тебя пробрало до кости
и ночи пусты и безглазы
и сердце зажато в горсти

но свет потолочною фреской
вдруг выдернет прочь ото сна!
от всплеска до нового всплеска
надежды
стучится весна

* * *

заканчивалось лето
разгуливалась тля
а мне казалось это
прощанье что петля

потом тянулась осень
темнел небес свинец
раз семь а может восемь
я повторял: конец

потом случались зимы
стиравшихся надежд
и ветер дул сквозимый
прорехами одежд

и наступали вёсны
и не было мне жаль
что выгребали вёсла
челнок в иную даль

и щурилась природа
улыбкою в лицо
и завершалось года
упругое кольцо

Татьяна ЯНКОВСКАЯ

## ПРЕДЛОЖЕНИЕ

– Разрешите?

Эльмира не удивилась. Едва заметив Роберта, входящего в ресторан, она уже не сомневалась, что он пригласит её на танго. Она сидела в кресле возле бара, поджидая знакомых. Кроме Роберта, никого из своих ещё не было, да она и не знала точно, кто придёт, поэтому после танца приняла его приглашение занять столик на двоих.

Эльмира жила в Нью-Йорке уже десять лет, и за это время стала завсегдатаем милонг[1], где собираются любители аргентинского танго. Подумать только, что в пятидесятые годы прошлого века молодой, агрессивный рок-н-ролл готов был в борьбе за рынок не только потеснить, а стереть саму память об этом танце иммигрантов, впитавшем их мечты и тоску по родным местам, ставшем пульсирующим сердцем Буэнос-Айреса и покорившем мир. Но танго выжило и в последние годы вновь с триумфом распространилось на все континенты, вербуя новых сторонников. Дитя портовых кабаков Буэнос-Айреса, оно нашло приют в северных широтах в недрах огромного города-спрута, раскинувшегося, как и его южный собрат, в дельте полноводной реки, и омываемого водами того же океана, известного своим неспокойным нравом. Летом милонги из тёмных нью-йоркских студий вырываются на воздух под кроны парков, тянутся к воде, обживая пирсы Гудзона и Ист-ривер, а с наступлением холодов снова прячутся от посторонних глаз.

Эльмира брала уроки танго ещё в Петербурге, куда приехала из Казани делать диссертацию, да так и осталась, потому что её муж сумел здесь расширить свой бизнес. Он вскоре погиб при загадочных обстоятельствах, и Эльмира, желая уехать как можно дальше от своего горя, решила отправиться в США, благо ее специальность давала воможность получить хорошую работу в модной области биотехнологий. Устроившись на новом месте,

1. Милонга – здесь: танцевальный вечер, на котором танцуют танго, танго-вальс и милонгу. Милонгерос – посетители таких вечеров.

она забрала к себе мать и сыновей-подростков. Младший уже кончает школу, а старший начал первую после колледжа работу.

Все местные фанаты танго знают друг друга. По крайней мере, в лицо. Кое с кем Эльмира познакомилась ближе, и у нее появились любимые партнёры, Роберт один из них. С недавних пор он всё чаще приглашал её танцевать, ходил на те же милонги, подсаживался поболтать. Ей даже стало казаться, что он приходит ради неё, следит за ней.

У неё красивое имя – Эльмира. Там была Элей, здесь превратилась в Эльмайру. Раздражает эта «майра», вначале она всех поправляла, но пришлось смириться. А Роберта поправила, и он с лёгкостью, совсем без акцента, стал называть её ностальгическим именем Эльмира.

– Это правда, что вы врач? – спросил он как-то.

– Да, но занимаюсь исследовательской работой.

– Значит, врачом вы не работали?

– Работала несколько лет после мединститута.

– А вот эта женщина тоже доктор, – указал Роберт на одну из танцующих. – Она психиатр. А эта анестезиолог. А та, что сейчас зашла, невропатолог.

– Странно. Можно подумать, что только врачи и танцуют танго.

– Ну что вы! – почему-то смутился он.

– Я тут как-то танцевала с одним хирургом – сегодня его нет, так он мне сказал, что легче научиться оперировать людей, чем хорошо танцевать аргентинское танго. Может быть, и правда не случайно, что среди *tangueros*[2] много врачей?

– Как гипотеза годится, но экспериментально не подтверждается. Вот я, например, химик.

– Докторам приходится столько работать, чтобы быть на высоте в своей профессии! Танго, если танцевать его по-настоящему, требует выносливости, увлечённости, хорошей координации, интуиции, умения чувствовать партнёра. И нужно постоянно совершенствоваться, чтобы быть в хорошей форме. Как и врачам.

– Меня не удивляет, что вы это сказали. Я давно заметил, что

2. Tangueros (исп.) – здесь: те, кто танцует танго. Также страстные знатоки истории, музыки и текстов танго.

всё, что русские делают, они делают хорошо. Вы хорошо танцуете, – добавил он по-русски.

– Вот так сюрприз! У вас хорошее произношение, это редкость.

– Я когда-то учил немного русский язык, чтобы, не дожидаясь перевода, читать в журналах статьи в области синтетического каучука, это моя специальность. В Советском Союзе были хорошие ученые. Я был однажды в Москве на конференции, оттуда вместе с женой ездили в Ленинград. В молодости защитил диссертацию, как и вы. Работал на государственной службе. В 65 лет ушел на пенсию, о чем очень жалею. Никто меня не гнал, мог бы, наверно, и сейчас работать. Мозг нуждается в постоянной тренировке.

– Сколько же вам лет, если не секрет?

– Семьдесят два.

– Ни за что бы не подумала. Вы так молодо выглядите!

Это не было вежливым комплиментом. Роберт был из тех мужчин, которые и в старости сохраняют шевелюру, и она не побелела, а лишь приобрела красивый серебристый оттенок. Поджарая фигура танцора, хорошая осанка, породистое, чисто выбритое лицо, грустные карие глаза.

– А у вас, Эльмира, не типичная для русской внешность.

– У меня мама татарка.

– Вы очень привлекательны! И выглядите, как настоящая *porteña*[3]. В Буэнос-Айресе вас бы считали своей.

Теперь, когда она приходила на милонги, Роберт приветствовал её по-русски. Они танцевали, беседовали. Он рассказывал ей о своей жизни, об известных преподавателях танго и гастролёрах, передавал сплетни из жизни нью-йоркской общины *milongueros*.

– Вы знакомы с Дэйвом?

– А кто это?

– Вон он, танцует с Афиной. Вы ведь знаете, у нас принято, что день рождения тангерос отмечают туром танго, когда именинник или именинница танцует с разными партнёрами. И потом весь вечер юбиляру обычно не отказывают – мол, устала, сегодня не

3. Porteña (исп.) – жительница портового города, в среде любителей танго – Буэнос-Айреса.

могу – не хотят обижать. Так вот, представляете, что он учудил: ходил по милонгам Нью-Йорка, танцевал тур танго в свою честь, а потом приглашал всех женщин под предлогом того, что у него сегодня день рождения. Он не слишком популярен и танцует не ахти, но по такому случаю все соглашались. Через две недели, в разгар своего танцевального разгула, был разоблачён. Смешно, что и в таком деле, как танго, есть свои мелкие мошенники.

– Да, забавно. Существует ли более невинное мошенничество, чем это? Наверно, у всех есть свои тайные цели, о которых мы не догадываемся.

Жена Роберта не так давно умерла от рака, сын умер ещё раньше от передозировки наркотиков. Способный был музыкант, вообще способный человек, но очень разбрасывался. Всё искал себя, да так и не нашёл.

Эльмире было приятно внимание Роберта. Она спрашивала себя, могла ли бы она его полюбить? Жить с ним? А сколько остаётся этой жизни? Первый муж был старше её на двадцать два года. Но когда тебе девятнадцать, а ему сорок один, впереди ещё много лет вместе, а тут... Разница в двадцать пять лет не шутка, когда ему уже семьдесят два. Но ведь необязательно же замуж! Он интеллигентный, обходительный, не лишён обаяния. А вдруг?.. И каждый раз она одёргивала себя: успокойся, тебе ещё никто ничего не предлагает.

Сегодняшний вечер особенный. Раз в неделю в небольшом бруклинском ресторане инструментальное трио играет танго. Эльмира много об этом слышала и решила наконец выбраться. Все трое – музыканты экстра-класса: аргентинец – пианист и композитор, скрипачка-японка, и полуеврей-чилиец с двойным амплуа – гитара и вокал. Эти трое и сами вдохновенные тангерос, танго живёт в их ногах и сердцах, и они привносят в полумрак старого интерьера жар аргентинских ночей, в которых оно родилось. В эти вечера танго как будто заново рождается под руками музыкантов, которые впитали в себя стихию танца, познали тайну его души. Не случайно танго танцуют сердцем к сердцу! Виртуозная работа ног – метафора страсти. В танго, как в жизни, есть всё: любовь и ревность, доверие и соперничество, похоть и партнерство, талант и ремесло, радость бытия и неотвратимость конца.

Когда Эльмира вошла, музыканты играли щемящее «Recuerdo». Она сразу почувствовала, что сегодня должно произойти что-то важное. Может быть, если Роберт придёт, он наконец объяснится? Что он скажет? Упомянет ли про разницу в возрасте? А что она ответит – что должна подумать? А он скажет, что будет ждать...

Сев за столик у стенки, они заказали ужин и по бокалу аргентинского Мальбека. Эльмира немного нервничала. Звучала джазовая аранжировка танго «Negracha» Освальдо Пульезе. В нём угадывается стиль, впоследствии развитый великим Астором Пьяццоллой.

– А вы знаете, что Пульезе неоднократно арестовывали, запрещали передавать записи его оркестра по радио из-за его левых взглядов?

– Нет, я не знала.

– Но это ничуть не мешало его популярности. И музыканты его оркестра были ему преданы, каждый раз ждали его, не хотели играть с другими пианистами. Великолепный музыкант, целая эпоха в истории танго!

Они помолчали, наслаждаясь музыкой.

– Вы знаете, недавно я навещал двух своих друзей, оба немного старше меня. У одного старческая деменция, у другого болезнь Альцгеймера. Зрелище удручающее. У второго признаки болезни стали проявляться вскоре после операции под общим наркозом. Правда ли, что в пожилом возрасте общий наркоз влияет на память?

– Краткосрочно может повлиять, долгосрочно – не знаю, с публикациями на эту тему не знакома.

– Простите, что я о грустном, но я до сих пор под впечатлением от этих визитов. Оба были умными, яркими личностями, и видеть, как их сознание тускнеет... Мне кажется, сам я мог бы перенести любую боль, увечье, потерю слуха и даже зрения. Но когда угасает разум, жизнь теряет смысл. Не зря же тех, у кого перестаёт работать мозг, называют «овощ». Овощу место в земле, извините за чёрный юмор.

– Ну, уж это вы слишком.

– Поймите, я не желаю им смерти. Это мои друзья. И всё-таки, разве это жизнь? Кстати, как вы относитесь к эвтаназии?

– Ну... Я могу понять, что человек в таком состоянии может желать смерти. Если, конечно, он ещё способен сознательно чего-то хотеть. Но тот, кто помогает другому умереть, имеет ли право настолько вмешиваться в чужую судьбу, идти наперекор природе? Я уж не говорю о том, что существует закон...

– Но если человек осознаёт, что становится обузой своим близким и обществу, не лучше ли ему прекратить своё существование, пока он ещё в состоянии принимать решения?

– В таком случае, почему эвтаназия, а не обыкновенное самоубийство?

– Что вы, разве можно сравнивать! Самоубийство совершают от отчаяния и в одиночестве. А так ты уходишь, когда морально лучше всего подготовлен к неизбежному концу, и ты не один – с тобой кто-то, кто тебя понимает и не осуждает. Осечка исключена, физические страдания тоже – ведь рядом врач. К тому же присутствие другого заставляет человека собраться, вести себя с достоинством. Придаёт смелости, в конце концов. Совсем другое дело!

– Ну да, как говорится, на миру и смерть красна. Кажется, я понимаю, что вы хотите сказать. Но вообще-то ужасно, что мы об этом говорим.

Зазвучало «Либертанго». Переглянувшись, они поднялись. Эльмира стряхнула с себя неприятный осадок от разговора. Сегодня Роберт превзошёл себя. Ей легко было чувствовать себя ведомой. В танго роли мужчины и женщины традиционны. Он отвечает за них обоих, она подчиняется, доверяясь его воле, но именно это позволяет ей со всей полнотой отдаться танцу, раскрыться и проявить себя. На них смотрели из-за столиков и свои, и случайные посетители ресторана, аплодируя удачным па.

– Благодарю, – поклонился Роберт, проводив её на место. – Вы были великолепны.

– Вы тоже сегодня в ударе.

– Чудесный вечер, правда? За ваше здоровье!

– И за ваше!

Они чокнулись и выпили. Солист запел *Bulevard of Broken*

*Dreams*. [4]

– Эльмира, я хочу сделать вам предложение. Поймите меня правильно. Я ведь совсем один. Вы сможете мне помочь? Дело в том, что год назад я перенёс операцию и заметил ухудшение памяти, что очень меня беспокоит. Я отложил кое-что на старость, ваши профессиональные услуги будут щедро вознаграждены, мы обо всём договоримся. Это будет не сразу, немножко я ещё поживу. Вы идеально подходите: врач, ещё молоды и сочувственно относитесь к эвтаназии.

– Сочувственно?!

– Во всяком случае, с пониманием, как мне показалось. Не спешите отвечать, обдумайте то, что я сказал.

Они сидели молча. Кто-то из знакомых пригласил Эльмиру танцевать, но она отказалась. Подошла официантка:

– Десерт? Кофе?

– Нет, спасибо.

– А мне шоколадный торт и эспрессо, – попросил Роберт.

– Подождите! – окликнула официантку Эльмира. – Принесите мне, пожалуйста, водки.

– Со льдом?

– Нет.

– С апельсиновым соком?

– Без сока.

– Тогда что же – Bloody Mary[5]?

– Да нет же, просто водки!

– Потанцуем, пока ждём заказа? – предложил Роберт.

– Нет, я устала.

– Не сердитесь на меня, пожалуйста. Я, наверно, ошарашил вас своим предложением. Простите.

Официантка принесла рюмку водки. Эльмира выпила глоток и поднялась.

– Я, пожалуй, пойду. Уже поздно.

– Хорошего вам вечера, Эльмира! Спасибо, что выслушали меня. Я понимаю, вы должны подумать. Буду ждать!

---

4. Танго «Бульвар разбитой мечты» (англ.).

5. Bloody Mary (англ.) – букв.: кровавая Мери. Коктейль из водки с томатным соком и специями.

И повторил по-русски: «Буду ждать».

Уходя, она оглянулась. Роберт танцевал с Ребеккой, зубным врачом. Трио играло «Nostalgias».

## Рита БАЛЬМИНА

* * *

А наше братство пьяное сродни
Крылатых певчих ангелов гнездовью...
Пусть этот бред цитируют с любовью
Мемуаристы в будущие дни:
Пусть нас осудят или вознесут
На высоту, которая открылась,
Туда, где трезвых ангелов бескрылость
Куда страшней, чем Самый Страшный Суд.

### БОГЕМ-КАФЕ

Своя компания опять навеселе:
Дым, теснота, гитара, много водки,
Бальзаковского возраста красотки,
Останки изобилья на столе –
И в стельку пьян вчерашний именинник,
Которому всего полтинник.
Своя компания: имеешь право
Неверность не вменять в измену,
Мечтая о груди соседки справа –
Соседку слева гладить по колену,
И слушать споры о верлибрах Рильке,
Или о ценах на жилье в Сдероте,
Вколов воображаемые вилки
В глаза длинноволосому напротив.
Своя компания. Сложенье судеб
Разделим, возведем в квадрат тоски,
Где каждый треугольник неподсуден,
И узок круг – и страшно далеки...
Виски колотит ритуальный бубен,
Очередной «Кеглевич» уничтожен.
О, Господи, как мы друг друга любим –
Мы друг без друга дня прожить не можем.

* * *

Воспоминание, как светлячок из мрака:
У нас была своя «Бродячая Собака»,
И мы в ней сами – суками и псами,
На декаданс не сдавшими экзамен.
Где вы теперь, Паллады-Саломеи
Не от добра искавшие добра?
Но веку не хватило серебра,
А потому, и сравнивать не смею...
У нас была своя бродячая собака –
Теперь ее руно у мусорного бака
Для черновых, напрасных вариантов.
И это наш приют комедиантов.

* * *

Что видят дети и поэты
В бомбоубежище глубоком,
В котором ни тепла, ни света,
Куда протискивайся боком,
Где обнимает образа
Старуха в батнике широком,
А рядом шепчется с Пророком
Беззубый аксакал Иса?
Что видят, слышат, как кричат,
Когда сырой и темный ад
Качнет на звуковой волне?
Гремит, как много лет назад,
Глушащий голос канонад:
«А на войне как на войне!»

# ПЯТЫЙ КОНТИНЕНТ

*Интервью с Евгением ВИТКОВСКИМ ведёт Наталья Крофтс*

*О русской литературе Австралии беседуют литературовед Евгений Витковский и заведующая порталом «Русскоязычная литература Австралии» и старейшей русскоязычной газеты Австралии «Единение» Наталья Крофтс.*

***НК:*** Евгений Владимирович, прежде всего, разрешите поздравить вас с выходом двухтомника «Вечный слушатель: семь столетий поэзии в переводах Евгения Витковского», собравшего основные ваши переводы более чем за 40 лет работы.

Но, отдав дань вам, как переводчику, вернёмся к вам, как к литературоведу, подавшему мне идею заняться исследованием русской литературы Австралии. Давайте начнём наш разговор с самых её истоков. Насколько мне удалось определить, первое стихотворение, написанное русским поэтом на австралийской земле, принадлежало Константину Бальмонту, приехавшему в Австралию в 1912 году. По крайней мере, первое стихотворение, до нас дошедшее.

***ЕВ:*** И не только стихотворения, а ещё и письма – из города Хобата, штат Тасмания. Город этот Бальмонт обложил со всех сторон! Ругался не меньше, чем наш Гоголь, который попал на Мальту и первым из русских людей зафиксировал: «Язык невесть какой». Но я согласен: думаю, что раньше Бальмонта в Австралии Вы ничего и не найдёте. Другой вопрос, а можно ли считать Тасманию тех лет полноправной Австралией?

***НК:*** Но Бальмонт побывал не только на Тасмании. Из Хобарта он поехал в Мельбурн, который ему тоже не понравился, а потом в Сидней – и этот город ему, наконец, понравился немного больше. Вдобавок у Бальмонта в Австралии ещё и багаж украли – правда, потом нашли. Обо всех этих приключениях он рассказывает в своих письмах.

***ЕВ:*** Ну что ж, если русская литература Австралии родилась во втором десятилетии XX века, и начало своё ведёт от Бальмонта – то не такое уж и плохое это начало. Хотя где-то в то же время в

Австралии ещё был Скиталец, автор слов знаменитой песни «На сопках Маньчжурии». И в какой-то период в Австралии побывал Сергей Алымов, написавший в своё время «Хороши весной в саду цветочки» и ещё много чего. Это во всех справочниках написано, просто никто не обращал на этот факт особого внимания.

***НК:*** Да, как раз 1912 год для русской литературы Австралии был очень урожайным. В этом же году туда приехал и первый русский прозаик, натуралист Александр Усов, писавший под псевдонимом «Чеглок». Он, кстати, увидел Австралию в том же непривлекательном свете, что и Бальмонт. Как ни забавно, оба эти автора, независимо друг от друга посетив Австралию в 1912 году, написали вещи, озаглавленные «Чёрный лебедь». Оба эти произведения говорили об истреблении австралийских аборигенов, о жадности и жестокости белых колонистов. Только у Бальмонта это было стихотворение, а у Александра Усова – рассказ.

И как раз где-то в это время в австралийском городе Брисбене поселился и упомянутый Вами Сергей Алымов. Вообще, судьба у этого человека поразительна; даже непонятно, трагедию ли писать про его жизнь или «прохиндиаду». В наше время мало кто помнит имя создателя «Цветочков». И уж совсем единицы знают, что впервые Алымов начал публиковаться в Австралии: он прожил здесь пять лет после побега из сибирской ссылки, куда угодил за участие в революционной деятельности группы анархистов-коммунистов. Или что он долго считался (да и сам себя считал) создателем песни «По долинам и по взгорьям». Что основал несколько кафешантанов в китайском Харбине – и что там же попал в тюрьму за дуэлянство. Что вошёл в число поэтов, участвовавших в конкурсе на написание гимна Советского Союза. Что был репрессирован и работал на Беломорканале. Что сам напросился на фронт и за боевые действия был награждён орденом «Красная звезда» и медалью «За оборону Севастополя». Что в 1942 году на своём юбилее он при свидетелях расстрелял портрет Сталина, висевший на стене – да так, что одна только рамочка осталась. И что этот же человек – автор популярных песен «Любимый Сталин», «Песня о Сталине» и прочих опусов в том же духе. Правда, в Харбине, Алымов писал строки совсем иного характера:

*Звёзды – алмазные пряжки женских, мучительных туфель*
*Дразнят меня и стучатся в келью моей тишины...*
*Вижу: монашка нагая жадно прижалася к пуфу*
*Ярко-зелёной кушетки... Очи её зажжены.*

***ЕВ:*** И всё-таки первый большой поток русской эмиграции хлынул в Австралию уже после Второй Мировой войны. С ним же появились у вас поэты Константин Халафов и Борис Нарциссов.

***НК:*** Евгений Владимирович, вам не кажется удивительным, что два поэта, попавшие в Австралию из послевоенной Европы примерно в одно и то же время, настолько диаметрально противоположны по духу, по видению Австралии? В стихах у Бориса Нарциссова «пересохший континент» страшен, а у Константина Халафова он светлый, уютный, домашний:

*Где они: болезнь, тоска, тревоги?*
*В жизни редко думал я о Боге,*
*И зачем мне думать? Всё равно,*
*Мыслью не постичь и не измерить,*
*То, во что я начинаю верить,*
*Что душа, и лес, и Бог – одно.*

***ЕВ:*** А Халафов весь светлый. И потом: Нарциссов-то прожил в Австралии всего полтора года, а Халафов – девятнадцать лет. И совершенно больше никуда не хотел ехать, ему явно нравилась страна, в Австралии у него и так всё было хорошо.

***НК:*** Да, я недавно встречалась с внучкой Константина Халафова, Анной, и, судя по её рассказам, жизнь у него была очень наполненная, благополучная. Он очень серьёзно занимался и орнитологией, и общественной деятельностью, и музыкой – и при этом был ещё и преуспевающим инженером. Так что, действительно, Константин Константинович прожил в Австралии счастливую жизнь.

А почему уехал из Австралии Борис Нарциссов?

***ЕВ:*** Нарциссов уехал не «откуда», он уехал «куда». Ему

предложили очень хорошее место в Америке. А это в начале 50-х годов играло серьёзную роль, потому что хорошо устроиться было непросто. Бориса Нарциссова пригласили, даже буквально вытащили в Америку, потому что он был специалистом достаточно уникальным в своей области. Иначе он спокойно жил бы себе в Австралии и разводил цветы. Борис Нарциссов очень любил цветы разводить, говорил: «У меня такая фамилия…»

Но интересно вот что: хотя в Австралии Борис Нарциссов был недолго, всего полтора года, в творческом плане этого ему хватило. Его поэзии Австралия дала очень много: ощущение другой страны, другого полушария, другой планеты, если хотите. Помните его «эвкалипты – погиб ты»?

***НК***: Да,

*Этот серо-зеленый покров – эвкалипты.*
*Это – шкуры змеиные слезшей коры.*
*И вот так без конца. И ты знаешь: погиб ты*
*Здесь, в краю эвкалиптов и тусклой жары.*

***ЕВ:*** А дорога в Америку была двусторонняя. Например, Михаил Волин поехал в Америку на какое-то время – а лет через десять вернулся назад. Хотя, конечно, Волин в русской литературе остался, в основном, только как соавтор песни Вертинского «Дорогая пропажа». Причём не очень понятно, что там писал Вертинский, а что – Волин; Вертинский же очень часто переделывал для своих песен чужие стихи.

***НК***: Вы знаете, в Австралии Михаила Волина ещё помнят как специалиста по йоге. Но вообще в русской литературе Австралии, особенно в прошлом веке, было много колоритных фигур. Например, совсем недавно Владимир Кузьмин, главный редактор газеты «Единение», нашёл стихи Владимира Петрушевского. Стихи у этого человека интересные, но судьба – вообще удивительная. Петрушевский родился в 1891 году, был крестником Александра III. В Гражданскую воевал в армии Колчака, а потом из Владивостока эмигрировал в Индонезию – и там стал начальником геологической службы разведки вулканов. И только выйдя на пенсию, в 1950 году, переехал в Австралию, в

Сидней. И таких вот интересных судеб было немало.

Евгений Владимирович, а если говорить об авторах более позднего периода и уже нашего времени, кого знают за пределами пятого континента?

***ЕВ:*** Вы, наверное, помните сборник «Антология русских поэтов Австралии», вышедший в 1998 году? Туда вошло несколько приличных авторов, довольно известных: Клавдия Пестрово, Елена Недельская, ныне здравствующая Нора Крук. Но почему-то в этом сборнике не было ни Юрия Михайлика, уже живущего к тому времени в Австралии, ни других названных нами имён, кроме, пожалуй, Михаила Волина.

***НК:*** Как мне кажется, сильные авторы русской Австралии сейчас всё больше стараются найти единомышленников и аудиторию за пределами Австралии. В наши дни это стало вполне возможным. В этом году австралийский автор из Мельбурна, Алиса Ханцис, получила третье место на конкурсе «Русская премия», в категории «Крупная проза» за исторический роман «И вянут розы в зной январский». Австралийские авторы публиковались во многих толстых журналах: «Новый мир», «Нева», «Новый журнал», «Октябрь», «Юность», «Новый берег», «Интерпоэзия» и других. А несколько авторов нашего портала «Русскоязычная литература Австралии» были опубликованы и в многотиражных изданиях России: «Литературная газета», журнал «Работница» и прочих.

Да и в самой Австралии происходят события, которые позволяют узнать про новых авторов. Например, моя последняя поездка в Мельбурн, по приглашению Залмана Шмейлина и его объединения «Лукоморье», позволила мне познакомиться с интересными авторами – и на портале газеты «Единение» появились новые имена, среди которых – Инга Даугавиете, Александр Грозубинский, Юрий Вайсман.

Да и новые встречи с уже знакомыми авторами позволяют больше узнать о русской литературе пятого континента, услышать стихи в авторском прочтении. Например, Юрий Михайлик иногда выступает в сиднейском «Клубе книголюбов». А в этом году произошло ещё одно радостное событие: украинское издательство «ТОН Ключ» выпустило первую книгу Норы Крук на русском языке, «Я пишу по-английски о русском Китае».

***ЕВ:*** Это просто замечательно! Ведь Нора Крук – это интересный поэт и восхитительный человек с уникальной судьбой. Она родилась в 1920 году в Харбине, её стихи вошли в антологию «Русская поэзия Китая», публиковались во многих русских изданиях, от «Литературной газеты» до «Нового журнала», но вот книги на русском языке до сих пор у неё не было.

***НК:*** Совершенно верно. Но, наконец, в этом году Нора провела презентацию своего первого русского сборника, куда вошли не только её стихи разных лет, но и воспоминания. Это было, по-моему, замечательное событие в культурной жизни русской общины Австралии. Такие книги позволяют нам запечатлеть и сохранить историю нашей культуры, историю литературы русского зарубежья – и сделать всё для того, чтобы, как написала Нора в одном из своих стихотворений, «в ладонях осталась память».

## Марина КУДИМОВА

* * *

Наворую у прошлого алычи
В разбомблённом чужом саду,
И, пока душа говорит: «Молчи!»,
Никуда не уйду.

И, пока народ молчит: «Говори!»,
Будет маетно и в раю.
Заросли вертикально плющом фонари,
Освещавшие жизнь мою.

За семнадцать лет не раздулась гарь –
Только сажу дождь спрессовал.
И дорогу железную съела марь,
Будто Брэдбери колдовал.

А вожак одичавшего табуна
Гомозит головой гнедой,
А коровья лепешка похожа на
Перевернутое гнездо.

Только моря судороги длинны –
Отбежит волна, набежит.
Ничего не трогай после войны –
Пусть лежит оно как лежит.

Рот откроешь, выдохнешь алкоголь –
Все одно не заговоришь…
Головой младенца играет в гольф
Утвердившийся нувориш.

## ПЕРЕД СНОМ

На окнах накипают стразы,
Грядет метель.
Пусть устарели наши базы
И наша цель,

Пусть невподъем берем беремя
И туп тесак,
Пусть разное вершится время
На всех часах,

Но женщине дана отсрочка,
Пока все спят,
И светится ее сорочка –
До самых пят.

Переслоились поколенья
Битьем, нытьем…
И мы найдем упокоенье,
И мы найдем –

За вечной мерзлотою кольской,
Где нет проблем…
А женщина ладонью скользкой
Наносит крем.

* * *

Изморось, похожая на снег,
Но еще не снег.
Времена, похожие на век,
Но еще не век.

Междуснежье это, междувечье –
Как недомоганье человечье:
Полусон, неразмыканье век,
Недоговоренье, междуречье…

Марина ЛАРИОНОВА

# НЕОБЫЧНАЯ РЫБАЛКА ПОМЕЩИКА ЛИТВИНОВА
## (рассказ А.П. Чехова «В Рождественскую ночь»)

В рассказе «В рождественскую ночь» молодая женщина на берегу моря, лед на котором должен вот-вот сломаться, ждет возвращения своего мужа, помещика Литвинова, и его рыбаков. Но ждет не с надеждой на возвращение, а с надеждой на гибель нелюбимого мужа. Когда же спасшийся Литвинов появляется, она не может скрыть разочарования. Муж, которому открылась страшная правда, отправляется с дурачком Петрушей обратно в море и гибнет. В этот миг в молодой женщине просыпается любовь.

Один из первых рецензентов рассказа Н. Ладожский (В.К. Петерсен) отметил «совершенно невероятный» его замысел и множество несообразностей в поступках героев. Но в то же время в рецензии говорится о «какой-то открытой внутренней правде, заставляющей прощать скомканность всей трагедии на протяжении восьми страничек рассказа и одной сумасшедшей минуты, завершившей долго длившееся событие» (С. II, 531). Рассматривая рассказ, современный исследователь-чеховед пишет: «Трудно объяснить, почему помещик отправился так далеко на подледный лов именно под Рождество» [Седегов 1991: 52].

Есть в чеховских произведениях вопросы, которые вызывают у литературоведа затруднения, потому что ответы лежат в плоскости не литературы, а традиционной культуры. Возможно, это обстоятельство вызвало к жизни разделяемое многими мнение о наличии «случайных» деталей, мотивов, образов у Чехова.

Однако исследователь, придерживающийся системного подхода к литературному тексту, понимает, что ничего случайного в нем нет. За какую ниточку ни потяни – придешь к одному результату. Это значит, что объяснение отдельных элементов дает общее понимание произведения как системы. И наоборот: общее системное видение произведения позволяет объяснить его составляющие.

В нашем случае первой зацепкой, или, как говорят теоретики системного подхода, фокальной точкой, является необычная рыбалка помещика Литвинова под Рождество. Объяснению этой точки-зацепки предшествует вопрос об отношении произведений Чехова к народной традиции. А следствием должен стать вопрос о жанровой природе чеховского рассказа.

Литература и традиционная культура, частью которой является народное словесное искусство – фольклор, образуют единое пространство национальной культуры. Эту мысль, восходящую еще к А.Н. Веселовскому, но не получившую широкого распространения в современной филологии, противопоставившей два вида словесного искусства, отчетливо сформулировал Д.Н. Медриш, назвавший фольклор и литературу двумя подсистемами, составными частями одной метасистемы – русской художественной словесности [Медриш 1980: 11]. Его точка зрения в последние годы получает все большее распространение. Опровергается общее мнение, что отношения фольклора и литературы можно представить в виде генетической преемственности и зависимости, что фольклорные и литературные произведения строятся по разным, присущим только фольклору или только литературе, законам. Формируется представление о русской классике и многовековой культуре как едином семиотическом корпусе. «Фольклоризм» перестает быть оценочной категорией, поскольку «нефольклорных» писателей при таком подходе не существует.

Любой писатель как художник и как человек естественным образом впитывает и литературную, и народную традиции: не только письменную и устную словесность, но и обычаи, верования, суеверия и т.д. – характерное для его культуры мировоззрение, причем в формах, в том числе и художественных, характерных для этой культуры.

Это означает, помимо вывода о типологической и структурной общности фольклора и литературы, что многие противоречия и вопросы, рождаемые литературным произведением, могут быть разрешены с привлечением фольклорного материала, создающего в индивидуально-авторском тексте своего рода скрытый сюжет. Это наблюдение в значительной степени применимо к творчеству

А.П. Чехова, в котором фольклорная традиция отражена главным образом в виде представлений, «ментефактов», и гораздо меньше – в виде сюжетных и образных заимствований.

Чехов вырос в городе, входящем до 1887 г. в Екатеринославскую губернию, где украинское население составляло большинство. А у украинцев рыбный суп был обязательным рождественским блюдом [Гура 2002: 417]. Соединение семантики Рождества и рыбы образует скрытый сюжет повествования.

С точки зрения народных представлений, поступок помещика Литвинова преследует несколько целей. В первую очередь, он должен принести практическую пользу: доставить к рождественскому столу рыбу. Но есть в нем и более глубокий смысл. Рождественское застолье объединяет живых и умерших, прошлое, настоящее и будущее, включает человека в мір. Рождество – это праздник примирения и всеобщей любви. То есть рождественская рыбалка помещика Литвинова призвана укрепить семью, в которой, как выяснилось, жена не любит мужа.

Почему именно рыба так значима на Рождество? В народных представлениях рыба связана со смертью и рождением. В сказках бесплодная царица съедает рыбу, чтобы родить ребенка. В чеховском рассказе ребенок присутствует как-то смутно: то ли он есть, то ли его нет. С одной стороны, старик Денис предостерегает барыню Наталью Сергеевну Литвинову: «При вашей комплекции после родов простуда – первая гибель. Идите, матушка, домой!» (С. II, 287). С другой стороны, может ли мать новорожденного ребенка оставить его на целую ночь и ждать на берегу, рискуя простудиться, гибели отца своего ребенка, даже если это нелюбимый муж? Это уж слишком фантастическое допущение. Но тогда значит, что ребенок умер и вспышка нелюбви к мужу связана с отчаяньем матери. Сразу за репликой Дениса следует авторский текст, мотивно дублирующий эту сюжетную ситуацию: «Послышался плач старухи. Плакала мать рыбака Евсея…» (С. II, 287). Становится культурно мотивированным стремление Литвинова доставить к рождественскому столу рыбу. Употребление рыбы как обрядового блюда в Рождественский сочельник определяется ее значением «как символа рождения и новой жизни, получающего воплощение и в христианской традиции, прежде всего в “рыбной” метафорике Христа» [Гура 1997: 748]. Кроме того, рыба связана с мужской производящей силой [Соколов 1998: 391]. Следовательно, рыба призвана сыграть продуцирующую роль.

Но рыба может символизировать не только плодородие, но и равнодушие, сексуальную индифферентность [Соколов 1998: 393]. Помещик Литвинов любил свою жену и хотел детей. А жена всю свою страсть направила на не-любовь. И это самое страшное нарушение заветов Рождества, потому что противоречит фольклорно-мифологической идее воспроизведения жизни и христианской идее всеобщей любви.

Рождественский этикет в чеховском рассказе нарушается постоянно. Вместо того чтобы сидеть за праздничным столом, герои находятся в пограничном пространстве и времени: ночью, во время шторма, на берегу ледяного моря, который располагается ниже уровня человеческого жилья (в лестнице, по которой спускается Наталья Сергеевна, «было ровно девяносто ступеней») – то есть в инфернальном, хтоническом мире. Они оплакивают живых, как мать рыбака Евсея, и смеются при мысли о гибели близкого человека, как жена Литвинова. Это отражает «перевернутые» человеческие отношения главных действующих лиц, но одновременно актуализует важный для зимних святок обряд ряженья.

В рассказе Чехова «Ряженые» представлен широкий спектр ряженья, в прямом и переносном смысле: от ритуального народно-праздничного до нравственно-психологического и социального. В этом рассказе все персонажи оказываются не теми, кем кажутся. Маленький солдатик в первой миниатюре оборачивается ряженой бабой. Красивая барыня в драгоценностях – содержанкой, которой скоро предпочтут другую. Удачливый толстяк во фраке – казнокрадом. Официальная мораль – зубоскальством.

В рассказе «В рождественскую ночь» нет ряженья как обрядового действия, но есть ряженье как притворство и обман. Литвинов не подозревал до этой ночи, с какой силой не любит его жена. Следовательно, она скрывала свои подлинные чувства. Более того, он принимает встречу с ней на берегу за проявление большой и сильной любви. Жертвенная любовь приводит его к гибели. Его гибель приводит ее к любви. Перемена ролей, травестия, характерна для обряда ряженья. Но ряженье у Чехова выходит далеко за пределы обряда и становится психологическим и социальным явлением.

Элементом рождественского сочельника является ожидание и встреча мертвых. Наталья Сергеевна ждет мертвого не символически, а буквально: ждет его смерти. А все загаданное в сочельник сбывается. В этом смысл многочисленных продуцирующих действий: и обильного застолья, обеспечивающего будущий достаток, и манипуляций хозяина дома со снопом, за которым его не должно быть видно, и величальных песен, обеспечивающих плодородие, и одаривания пришедших колядовщиков – заместителей мертвых. Жена помещика Литвинова, лишенная связей с мужем, не просто разрушает атмосферу и смысл Рождества, но и становится убийцей, воплощением смерти. В похоронных причитаниях смерть, часто приходящая с моря, персонифицируется в образе молодой женщины, идет «по крылечку молодой женой». Чеховская героиня, «молодая женщина лет двадцати трех, с страшно бледным лицом» (С. II, 286) спускается по лестнице с мокрыми и липкими перилами и скрипучими ступенями.

В фольклоре лестница – это способ связи с потусторонним миром. Библейская лестница из сна Иакова, на которой ему явился Господь (Быт.28:12-16), насчитывала 30 ступеней, в «Лествице» Иоанна Лествичника 30 учительных слов. Спуск по лестнице уподобляется путешествию в иное, хтоническое пространство. В этических категориях – душевному и духовному падению. Восхождение, напротив, свидетельствует об очищении и стремлении к совершенству. В лестнице из чеховского рассказа «было ровно девяносто ступеней» (С. II, 286) – трижды по тридцать. Это нравственное падение, утроенное по-фольклорному, до крайней степени. Не случайно именно внизу, у подножия лестницы, когда «нельзя уже было сомневаться, что Литвинов со своими рыбаками не воротится на сушу праздновать Рождество» (С. II, 289), жена его преображается: «Она уже не была так смертельно бледна; на щеках ее играл здоровый румянец, словно в ее организм налили свежей крови (выделено мной – М.Л.)» (С.

II, 290). Совершенно вампирическая характеристика! Украинские поверья часто связывают вампиризм с ведьмами, а ведьмы обладают даром запутывать людей, заводить в непроходимые места, вносить раздоры в семью, наводить порчу «на ветре» [Виноградова, Толстая 1995: 298]. Ночь перед Рождеством – это время активизации ведьм. Разумеется, мы далеки от того, чтобы объявить чеховскую героиню ведьмой, но демонологические признаки в ее изображении явно присутствуют.

Традиционно-культурное осмысление в контексте Рождества, зимних святок и рыболовства получает и образ дурачка Петруши, в котором соединены и евангельская семантика имени, и фольклорное осмысление увечья персонажа.

Петр стал одним из первых учеников Христа, вместе со своим братом Андреем. Оба занимались рыболовством, а стали «ловцами человеков». Андреем (Андреем Петровичем) зовут помещика Литвинова. Св. Петр считался покровителем рыболовства и потому назывался Петром-рыболовом. [Гура 2002: 418]. Кроме того, Святому Петру поручены ключи от рая, то есть он располагается на границе между мирами. Петруша в рассказе «обитает» в пограничном пространстве между сушей и морем – в лодке, причем «на самом дне». Он наделяется фольклорно-мифологическими свойствами перевозчика в мир мертвых (в мировом фольклоре есть образ хромого перевозчика); его болезнь, болезнь ног, в полном соответствии с традиционными культурными представлениями, – медиатор между жизнью и смертью. Он прыгает на одной ноге, поджимает под себя ногу. С ногами связана идея жизненного пути человека. Петруша буквально стоит между мирами: тащит лодку в воду, прыгая на одной ноге.

По всем признакам у Петруши легко угадывается воспаление седалищного нерва, потому старик Денис советует ему полежать на печи, погреть больное место. Но это действие, кроме практически-бытового, имеет и символический смысл. Младенцев, родившихся слабыми, и больных подвергали «допеканию»: на короткое время помещали в печь, сакральный центр человеческого пространства. Исследователи полагают, что обычай «допекания» связан не только с культом очистительного и целительного огня, но и с культом мертвых. Слабые и больные отсутствием жизненной силы похожи на стариков, их считали «перепутанными», происходящими из мира мертвых, поэтому отправляли на короткое время в печь – мост между мирами – для обмена [Арнаутова 2004: 144].

Хромота в мировом фольклоре амбивалентна. С одной стороны, она указывает на принадлежность нечистой силе, но с другой – хромые и калеки наделяются свойствами героя-«сидня»: их физическая ущербность становится знаком избранности, будущих подвигов (Эдип, Илья Муромец и пр.). В мире чеховского рассказа, где все перевернуто, где основу семьи составляет ненависть, хромой тонет, не осуществляя своего героического предназначения. Святой Петр с ключами от рая становится фольклорным перевозчиком в мир мертвых.

В чеховском рассказе рождественские мотивы переплетаются с брачными, что характерно для зимней святочной обрядности (например, гадания о суженом). Но свадебная символика интерпретируется буквально. В фольклоре жених назван «чуж-чуженином», он часто приходит из-за моря. В святочных «виноградьях» или свадебных песнях он охотник или рыбак. В песне «Как по морю, морю синему…» «разудалый молодец да первобрачный князь» в поисках золотого перстня (символ брака) забрасывает в море невод и вылавливает «цело три окуня, да три окуня златоперые» [Русская народная поэзия 1984: 208]. Соответственно, невеста и ее девичья воля уподобляются рыбе (рыбоньке, рыбице). А в свадебных причитаниях образы моря и рыбы нередко соединяются с мотивами бури и непогоды. Такая фольклорная атрибутика соответствует чеховскому рассказу. Однако в народных представлениях брак – это освоение «чужого», начало новой жизни. У Чехова же именно в этот момент Наталья Сергеевна теряет мужа, более того, становится убийцей. Обрядовый сюжет переплетается с бытовым, они взаимно наслаиваются. Грубо говоря, муж действует в пространстве обряда, жена – в пространстве реальной жизни. Мир традиции, коллективного, освещенного нравственным чувством опыта и мир индивидуальных эгоистических переживаний и намерений вступают в непреодолимое противоречие. В этом катастрофический смысл рассказа.

Мотив постылого мужа отсылает читателя, знакомого с народной поэзией, к лирическим песням семейно-бытовой тематики, в которых жена сулит нелюбимому супругу «каменю постелюшку», «щепицу колючую», в изголовье «крапиву жигучую» и грозит его одеть «корою еловою» [Русская народная поэзия 1984: 68-69]. Одежда из дерева прочитывается как гроб. Сюжет другой песни почти полностью совпадает с сюжетом чеховского рассказа:

Я ходила по раменью,
Набрала беремя каменью…
…Я связала мужу на ворот, ворот,
Спустила мужа во сине море.
Посмотреть было с сарайных ворот,
Далеко ль мой милый плывет,
Он плывет, воздохнется,
Молодой жене возмолится:
«Уж ты женушка-жена моя!
Ты достань-ко из синя моря меня…» [Русская народная поэзия 1984: 77].

В народных песнях постылому мужу обычно противопоставлен «гость», «милый друг». А.В. Кубасов высказал предположение, что героиня рассказа не любит мужа, потому что любит другого [Кубасов 1998: 147]. Это возможно в свете фольклорных ассоциаций, вызываемых чеховским произведением. Тогда объяснение получает надежда Натальи Сергеевны на «свободное вдовство». Это необычное сочетание, своего рода оксюморон. Ни в народной, ни тем более в христианской традиции нет такого понятия. Свобода вдовы ограничена пределами и законами нравственности и добродетели. С вдовами связывались представления об ущербности и даже вредоносности [Гура, Кабакова 1995: 296]. Свободным может быть только девичество. Во время свадебных обрядов невеста демонстративно расстается с «волюшкой». Наталья Сергеевна стремится как бы отменить брак с нелюбимым мужем. Но в итоге фактически осуществляет этот брак и одновременно становится тоскующей вдовой.

В финале на первый план выходит характерный для

рождественского рассказа мотив духовного преображения. Последняя степень падения – предательство не только любящего мужа, но и всех человеческих ценностей – оборачивается возрождением Натальи Сергеевны. Перефразируя Т. Элиота, можно сказать: в моем конце мое начало. Такое духовное прозрение уже не может быть прочитано только в контексте фольклора, оно отсылает к нравственно-религиозной идее очищения души, к христианской учительной литературе.

И здесь самое время обратиться к вопросу о жанровой природе рассказа Чехова. Как известно, рассказ, который первоначально назывался «Беда за бедою», попал в «Будильник», которому требовались произведения для декабрьских номеров, связанные с Новым годом или святками. Содержание рассказа соответствовало этим требованиям. То есть Чехов написал «рождественский» или «святочный» рассказ.

По мнению многих современных исследователей, термины «святочный рассказ» и «рождественский рассказ» взаимозаменяемы [Душечкина 1995; Калениченко 2000]. На примере чеховского рассказа видно, что это не совсем так. Главным жанровым признаком подобных произведений является наличие чуда. В рассказе «В рождественскую ночь» происходят два чудесных события. Первое – спасение Литвинова зимней ночью, в бурю, из ледяного моря – имеет отчетливо «святочный», фольклорный характер. Другое – нравственное преображение и возрождение Натальи Сергеевны, достигшей перед этим крайней степени нравственного падения и пережившей душевный и духовный кризис, – это настоящее рождественское чудо, находящееся по своей сюжетике и символике целиком в христианской парадигме.

Еще одной жанровой приметой «святочных» или «рождественских» рассказов является благополучный финал. Счастливо ли разрешаются события в рассказе Чехова? Ответ зависит от точки зрения – «святочной» или «рождественской». В контексте фольклора – финал трагичен: спасение из моря не состоялось, жена погубила мужа желанием его смерти столь страстным, что оно может быть приравнено к ворожбе и колдовству. В контексте христианства – финал, безусловно, счастливый, потому что чудо духовного преображения безнравственного человека, через муки и страдания, состоялось.

Очевидно, что название «В рождественскую ночь» более полно и точно отражает содержание рассказа, чем его первоначальное название «Беда за бедою». Поэтому перемену названия можно объяснить не случайностью – требованиями «Будильника» приурочить рассказ к Рождеству, – а более глубокими причинами, связанными с писательской лабораторией Чехова. Оригинальная интерпретация и соединение «святочных» и «рождественских» элементов в жанровой структуре рассказа – это художественное открытие Чехова и в области жанра, и в области взаимодействия литературы и фольклора. Сюжет рассказа переводится в библейский план, но решается средствами традиционной фольклорной семантики.

И еще очень важное замечание. В последние десятилетия остро встал вопрос о маргинализации общественного сознания, об утрате национальной самобытности, о необходимости сохранения культурной идентичности. Одним из способов решения этих проблем может стать демонстрация единства и органической целостности пространства русской художественной словесности, непротиворечивости коллективного и индивидуального культурного опыта.

### Литература

Арнаутова Ю. Е. Колдуны и святые: Антропология болезни в средние века. СПб., 2004.

Виноградова Л.Н., Толстая С.М. Ведьма // Славянские древности: Этнолингвистический словарь. Т. 1. М., 1995. С.297 – 301.

Гура А. В. Символика животных в славянской народной традиции. М., 1997.

Гура А.В. Рыба // Славянская мифология: Энциклопедический словарь. М., 2002. С. 417 – 419.

Гура А.В., Кабакова Г.И. Вдовство // Славянские древности: Этнолингвистический словарь. Т. 1. М., 1995. С. 293 – 297.

Душечкина Е.В. Русский святочный рассказ: Становление жанра. СПб., 1995.

Калениченко О.Н. Судьбы малых жанров в русской литературе конца XIX – начала XX века (святочный и пасхальный рассказы, модернистская новелла). Волгоград, 2000.

Кубасов А.В. Проза А.П. Чехова: искусство стилизации. Екатеринбург, 1998.

Медриш Д.Н. Литература и фольклорная традиция. Вопросы поэтики. Саратов, 1980.

Русская народная поэзия. Обрядовая поэзия / Сост. и подгот. текста К. Чистова и Б. Чистовой; вступ. ст., предисл. и коммент. К. Чистова. Л., 1984.

Седегов В.Д. А.П. Чехов в восьмидесятые годы. Ростов н/Д, 1991.

Соколов М.Н. Рыба // Мифы народов мира. Т. 2. М., 1998. С. 391 – 393.

Борис КУШНЕР.

* * *

Долгие метели
Рвались на порог,
Слёзы леденели
Прямо между строк...

В океане блёклом
Ненадёжен кров, –
Выгибались стёкла
Тысячью ветров...

Призрачные пятна
Тайных снежных Лун
Гасли безвозвратно
Между белых дюн...

Вечные скитальцы,
Странствуя сквозь сон,
Вздрагивали пальцы,
Взяв неверный тон...

По другим долинам,
Царственно ясна,
В пухе тополином
Шествует Весна.

Вместо людоедства
Кольца и мячи –
По долинам Детства
Солнце и ручьи...

Марты и Апрели
Там приходят в срок...
...................................
Долгие метели
Рвались на порог...

*25 января 1992 г., Johnstown*

## ITHACA

Корнель. Отель. Савонаролы.
Аэропорты. Снежный шторм. –
Несовершенные глаголы,
Чернильный мрак безличных форм...
Мело... Не ладилось... Смеркалось...
Аэроплан несло в туман,
Но стюардесса улыбалась,
И улыбался капитан...
Внизу – таился снежный пряник,
Мороз и пламень заодно, –
Земля кренилась, как «Титаник»,
И тихо падала на дно...
По облакам метались черти,
Свистело, выло и мело... –
И отделяло жизнь от смерти
Всего лишь хрупкое крыло...

*18 ноября 1993 г., Ithaca – Johnstown*

* * *

Неутолимый звон цикад –
Предвестник осени недальней.
И вдруг заметишь лист медальный,
А там услышишь листопад,
Как род негромкого прибоя,
Которым грезишь наяву,
И небо, бледно-голубое,
Сползёт в густую синеву.
И славно в заточенье дачи
Над грубоструганным столом
Решать сонетные задачи
Под вечера тугим крылом.
А там зарядит дождь, не ливень,
Зато на вечность, не на миг…
И в полном размыванье линий
Наступит время слёз и книг.

*11 августа 2002 г., Pittsburgh*

* * *

Лежать. Не спать зарёю ранней.
О счёт потерь, о сердца сбой… –
Журчит вода в соседском кране
И вдруг, как титры на экране, –
Последнее из расставаний –
С самим собой.

*20 апреля 2003 г., Route 22, East*

## ПАМЯТИ КАТАЛИН БАЛЛА

Бессильны бледные слова.
Печали час на птичьем вече.
В росе могильная трава. –
Прости и жди меня. До встречи.
Там за чертой границ, судеб
Всё примирит Отец Небесный,
И мы разделим кров и хлеб,
И музыку алмазной бездны.

*25 июня 2005 г., Pittsburgh*

Лана РАЙБЕРГ

## НОВОГОДНЯЯ ШУТКА ИЛИ ЗАГОВОР КУПИДОНОВ

Приближался Новый Год. В предпраздничной суете никто не заметил исчезновения пяти лучших студентов последнего курса Академии Волшебных Наук. Упомянутым студентам вовсе не хотелось веселиться на академическом балу и протыкать стрелами раскрашенные картонные сердца. Скоро выпускников распределят по самым отдалённым уголкам земного шара. И кто знает, когда друзья ещё смогут собраться вместе и порезвиться, как прежде!

Накануне вечером они договорились проверить на деле полученные в Академии знания. Никем не замеченные, шалуны покинули родные пенаты и спустились с небес поближе к Земле. Пухленький Лу сильно мёрз и даже расчихался, чуть не уронив одну из волшебных стрел.

Уни на лету морщил свой маленький носик. Его раздражал дым, поднимающийся из высоких труб. Любознательный Ру постоянно отставал, и лишь Ти и Ар благожелательно рассматривали эту странную землю, известную им пока лишь по учебникам. Они выбрали для своего эксперимента небольшой, занесённый снегом городок.

* * * *

Вечер начинался скучно, как начинаются все на свете вечера, когда вместе собираются не очень знакомые и не очень нужные друг другу люди. В углу зала дремала нарядная ель, бармен ловко колдовал над коктейлями, дамы ревниво исследовали наряды друг друга, мужчины обменивались рукопожатиями. Все ждали босса, и облако приглушённых разговоров сдержанно висело под высоким лепным потолком.

Муж Элизы только месяц работал в новой фирме, и девушка с любопытством оглядывала незнакомых ей людей. Наконец, появился босс и произнёс шутливую речь, в которой он поначалу отметил заслуги сотрудников, а затем добродушно прошёлся по их слабостям, как и полагалось на подобных вечеринках.

Толстяк Роберт зарделся, когда босс рассказывал о его пристрастии к пицце, которую он частенько заказывал для коллег на ланч даже вопреки их желанию. Весельчак Вилли сопровождал речь босса дополнительными шуточками, украдкой щупая свою спутницу, томную красотку с нежным именем Арели. Дама в зелёном шёлковом платье хохотала низким контральто, а её муж, нервно подёргивая худой шеей, нетерпеливо мял в руке свёрнутый в трубочку журнал.

Удивительно некрасивый муж красавицы Барбары, правой руки босса, сдержанно поблёскивал стёклами очков.

Всё шло по стандарту до той самой минуты, когда Элиза вдруг услышала свистящий шепоток прямо у себя над головой и глянула на позолоченную люстру. На изогнутых ветвях люстры, свесив босые ножки, сидели розовощёкие кудрявые малыши. Их белые крылышки испуганно трепетали в клубах сигаретного дыма. Чашка с кофе дрогнула в руках Элизы, едва не пролившись ей на платье.

- Нас заметили! – с ужасом прошептал Лу. Уни попытался спрятаться за плафон, а находчивый Ру, мгновенно сориентировавшись, запустил стрелой в чашку, которую держала Элиза. Чёрная ароматная поверхность кофе выстрелила горячими каплями прямо ей в лицо. Она воскликнула: – Ах! – и больше не произнесла ни слова до конца вечера.

– Что с тобой, дорогая? – заботливо спросил её муж, но в ответ получил рассеянную улыбку, которую, впрочем, уже не заметил, поражённый внезапной вспышкой страсти к красавице Барбаре.

Лишив рассекретившую их девушку дара речи, купидончики лихо расстреляли своими волшебными стрелами гостей, целясь в сердца, и они наполнялись внезапной любовью… к чужим супругам.

* * * *

Красавица Барбара глаз не сводила с шутника Вилли, молча страдая и в тайне презирая своего мужа, хорошего, но такого скучного, пресного, всегда предсказуемого. А «эта мымра»

Арели – жена Вилли, которой так неистово завидовала Барбара, – произнесла ему в отместку:

– Эту шутку я слышала раз десять, хотя бы не повторялся в одной и той же компании! – Она мстительно глянула на мужа и вдруг, переведя взгляд на супруга Барбары, ощутила жаркий толчок в сердце. «Однако какой сексапильный муж у этой задаваки!», – мысленно поразилась она. – «И такой спокойный, сдержанный, наверняка он сумел бы меня понять! Нужно во что бы то ни стало познакомиться с ним поближе».

Толстяку Роберту безумно понравилась дама в зелёном платье, которая вела беседу исключительно о фильмах и театральных постановках. Толстяк вдруг ощутил прилив неприязни к своей подруге жизни. *Бежать, бежать! До чего я докатился! Попасть под влияние безмозглой коровы! Когда в последний раз я держал в руках книгу? А сколько лет я не был в театре? Жизнь проходит в разговорах о еде. Это несносно! Дорогой, что ты сегодня ел на ланч, дорогой, что ты хочешь отведать на ужин? Тьфу, тьфу!* Мысленно передразнивал он свою половину.

Супруг дамы в зелёном, наконец, оторвался от чтения журнала и стал прислушиваться к беседе. Внезапно он почувствовал себя обманутым, со дна его души поднялось облачко негодования. *Фильмы, актёры... Трепло! Знали бы все, что это платье ей гладил я! А эта вечная грязь в доме, а пустые кастрюли...* Нервно глотая слюну, он уставился на пухленькую Маргарет, жену толстяка. Питаясь исключительно в Макдональдсе, страдая от недостатка тепла и уюта в доме, он увидел в жене коллеги воплощение своей мечты. Маргарет напомнила ему маму, давно умершую, которой так ему не хватало. Как вкусно всегда пахло на кухне, когда там хозяйничала мама…

Тем временем, пятеро проказников, уже не таясь, расселись поудобнее на ветвях люстры, с увлечением наблюдая за развитием событий в комнате. Ар даже периодически спускался к столу и тащил наверх кусочки еды, которые друзья тут же съедали. Их теперь никто не мог видеть, кроме лишённой дара речи Элизы.

* * * *

Веселье набирало силу. Мигали огни иллюминации. Ель в такт музыке трясла мохнатыми лапами. Бармен едва успевал смешивать коктейли. Супруг всеми позабытой Элизы терзался муками неразделённой любви к красавице Барбаре, наблюдая, как предмет его страсти лихо отплясывал нечто невообразимое с весельчаком Вилли, сбросив фальшивую личину неприступности. Но муж Барбары всего этого не замечал – к нему на ручку кресла тропической бабочкой опустилась экзотическая, невероятно элегантная Арели, жена того горохового шута Вилли. Через несколько минут муж Барбары уже всё знал о ней, и понимал её, и жалел…

Дама в зелёном, блистая сарказмом и остроумием, изящным движением стряхивала пепел с сигареты. Её единственным и благодарным слушателем был толстый Роберт. Сердце его замирало от восторга, он потел и слабел от нерешительности, и, наконец, поднёс божественные пальчики к своим губам. «А он ничего, такой милашка», – подумала дама, благосклонно потрепав собеседника по пухлой щеке.

В углу у окна, у тяжёлой бархатной портьеры, жена толстяка делилась кулинарными рецептами с мужем зелёной дамы. Истосковавшийся по семейному уюту и яблочному пирогу, страдалец прикоснулся к белой руке толстушки, и та смущённо отвела глаза. Все позабыли о существовании босса. Непонятное томление вынесло того в соседний зал. Его супруга, на которую почему-то не подействовало колдовство, давно покинула «гнездо разврата».

Любовный накал достиг своей кульминации. Муж Элизы, отвергнутый жестокой Барбарой, бурно страдал. Сама Элиза, безучастная ко всему, наблюдала за солнечным отражением люстры в чашке с кофе, не замечая пылких взглядов бармена. Коварная Барбара с весёлым Вилли уже детально обсудили план побега. Утром они встречаются в аэропорту, откуда самолёт умчит влюблённых прямо на Багамы, а покинутым половинкам предполагалось оставить записки краткого содержания: «Не ищи меня, и как можно скорее забудь».

Дама в зелёном, устав жаловаться на чёрствость и низменность интересов супруга, наконец-то нашла успокоение в уютных объятиях добряка Роберта. Её собственный муж раздумывал о том, как похитить Маргарет и увезти её прямо сейчас в дом к отцу. А завтра (о Боже, уже завтра!) она приготовит ему обожаемую с детства индюшку с клюквенным соусом.

* * * *

Часы пробили три часа ночи. Хозяин ресторана вежливо и сухо пожелал всем добрых снов. Ель потушила огни. Бармен вынес бутылки. Обглоданные куриные ножки ожидали погребения на подносах. Купидончики спешно доедали виноград. Вилли накинул шубку на плечи Барбары и под руку вывел её на улицу. Муж Элизы, страдая, поплёлся следом. Сама Элиза уже давно курила на крыльце, щурясь на яркие звёзды. Тихоня, муж Барбары, стесняясь, целовал супругу пошляка Вилли. Зарумянившийся Роберт, не веря своему счастью, поправлял бабочку.

Озорники наконец расправились с ворованным угощением и разом хлопнули в ладошки.

Первым опомнился муж всеми забытой Элизы. Вид одинокой фигурки жены пронзил его сердце жалостью.

– Элиза! – закричал он. – Где ты была? Я тебя ищу весь вечер!

Элиза бурно зарыдала, растворяя в потоках слёз остатки былой немоты. Следом очнулась Барбара. Она стряхнула чужую руку со своего плеча и закричала мужу: – Застегни пальто немедленно, а то простудишься!

Встрепенулся и заволновался толстяк. *Кто эта вульгарная женщина? Почему она держит меня под руку? Где моя Маргарет?*

К нему уже спешила его толстушка, родная и уютная. Возле машин метался в поисках жены потерявший всякую солидность босс. Через пару минут машины, разбрасывая спящий снег, увозили вновь обретших друг друга супругов к их домашним очагам, незыблемость которых едва не нарушилась этой странной ночью.

Купидоны вздохнули, расправили затёкшие крылья и пересчитали остатки волшебного инвентаря.

– Пожалуй, нам пора возвращаться, – заметил рассудительный Лу.

– Какие смешные люди, и как ими легко управлять! – с грустью вздохнул Уни.

На что Ар философски прибавил: – Да, но ведь они не догадываются об этом. Они считают, что обладают свободой выбора.

– Их счастье, что не знают, – обронил крошка Ти и проверил пальчиком остриё стрелы.

– А как же та, которая нас видела? Она же догадалась, – забеспокоился Ру.

– Она уже обо всём забыла, – успокоил приятеля Ар.

Действительно, Элиза всё забыла. Только почему-то она стала бояться смотреть в чашку с кофе. Чёрная поверхность завораживала её и тянула в бездну. У неё начинала кружиться голова. Она силилась вспомнить что-то и сердилась, потому что знала, что вспоминать ей решительно нечего. Вспомнить ей так ничего не удалось, как не удалось вспомнить мужу Барбары, чей же номер телефона, нацарапанный на клочке бумаги, пахнущей лавандой, завалялся в кармане его пиджака.

Борис ЮДИН

## ПРЕДНОВОГОДНЕЕ

Облаков посеревших лохмотья.
Терпко пахнет машинная гарь.
Половодие предновогодья
Захлестнуло озябший декабрь.

Тротуары  блестят сахаринно,
Гололёд зазевавшихся ждёт,
Крыши зыбкими пальцами дыма
Небосводу щекочут живот.

У термометров съёжилась ртуть и
С визгом катятся санки с горы.
Запасаются выпивкой люди,
Вызревают на ёлках шары.

Чтоб бокалы дрожали от страсти
И курантов державная медь
Звонко пела про новое счастье.
Будто счастье смогло постареть.

* * *

Я думал зимы непереносимы,
А оказалось, что произносимы,
Когда  на русском языке изречь.
Другое дело, если скажешь winter,
Надеть под куртку позабудешь свитер,
И дров подбросить в вянущую печь.

И сразу снег в лицо швырнёт дорога.
Всё потому что Даббл ю двурого:
Вот так и дал бы палкой по рогам.
Всё потому, поэтому и также
Зима по-русски несравненно краше

Всех зим по иноземным берегам.

Зима по-русски южных зим вьюжнее
Забористей, задористей, нужнее.
Декабрьский вечер. За окном пурга.
И ожидать волнительно и сладко,
Что в Святки девки запоют колядки
И станут ворожить на жениха.

## ЗИМНЕ-ДЕПРЕССИВНОЕ

Ничего, мой друг уже не станется,
Ничего не сбудется, пока
Замерзают на платформах станций
Очень кучевые облака.

Дни идут не шатко и не валко.
Не поймёшь – вперёд или назад.
И рыдает за столом гадалка,
Посмотрев на карточный расклад.

## ИЛЛЮЗИИ НОВОГО ГОДА

А кажется – такая ерунда:
Заледеневшая вода пруда
И запах хвои, выпечки, помады,
Открытки, пожеланий чепуха
И ожиданье плотского греха,
Мороза и, возможно, снегопада.

А кажется – такая дребедень :
По рюмке выпить за последний день
В году. И знать, что это не последний.
Что впереди так много суеты.
И можно женщину назвать на “Ты”,
Сапожки помогая снять в передней.

Владимир ГУБАЙЛОВСКИЙ

# АРКАДИАДА

*Это главка из романа «Учитель цинизма», не вошедшая в окончательный текст. В ней упоминаются персонажи романа – повествователь, братья Просидинги, Ильич и Аркадий: все они студенты мехмата конца 1970-х годов. Сербор – профессор этого факультета. Если нужны дополнительные разъяснения – обращайтесь к тексту романа. Поэма «Евгений Неглинкин» – не вымысел автора, она реально существует («Тетрадь! Полцарства за тетрадь!» – цитата из «Евгения Неглинкина»). В тексте поэмы «Аркадиада» имеется некоторое количество математических терминов. Они действительно используются в этой науке, но разъяснять подробно, что они значат, я не буду: пусть они останутся словами неизвестного наречия. В.Г.*

Братья Просидинги взяли псевдоним не просто так. Кроме прочих неотложных дел они занимались сочинительством и делали это в отличие от меня абсолютно блестяще и совершенно несерьезно.

Наша факультетская стенгазета назвалась «Заперфак» – что-то весьма непарламентское с английским акцентом. (Мне говорили, что это сокращение от полного названия – «За передовой факультет», но я с гневом отметаю эти безосновательные измышления).

Кто-то неленивый и любопытный раскопал и опубликовал в «Заперфаке» знаменитую поэму «Евгений Неглинкин». Она написана перед войной в 1940 году как раз на мехмате. И написана не абы как, а онегинской строфой.

Когда Набокову пришло в голову сочинить «Университетскую поэму» про свой Кембридж, он, кстати, тоже взял онегинскую строфу и ее творчески переработал (перевернул с ног на голову). Видимо, есть в этой строфике что-то специфически студенческое.

«Евгений Неглинкин» – это история страданий молодого Евгения, студента мехмата, который жестоко отверг любовь студентки Тани. Она была готова в придачу к своему искреннему чувству отдать ему самое дорогое, что есть у честной девушки –

конспект по матанализу. Но он был выше этого: конспектом (как и искренним чувством) пренебрег и пошел, между прочим, не куда-нибудь, а в пивную. (Нравы, как, впрочем, и курсы, которые читались на факультете, с 1940 года по конец семидесятых и даже до сегодняшнего дня поменялись незначительно.) И тут, откуда ни возьмись, явилась сессия, и Евгений в полном отчаянии бросился к Татьяне за конспектом, а она ему гордо так заявляет: «Тетрадь другому отдана». Евгений рисует шпору, спешит на экзамен – жуткое, надо сказать, зрелище, – этакий микст Полтавской битвы и Дантова ада. Там бедного студента, судорожно перекатывающего шпору, накрывает профессор с ласковыми глазами Вельзевула. Здесь и застает героя открытый, как и положено, финал.

«А мы чем хуже?», – рассудили братья Просидинги. И сели писать поэму a la «Евгений Неглинкин». Поэму, как водится, до ума не довели, но несколько начальных строф по счастью сохранились. Поэму назвали «Аркадиада». Когда брат Просидинг-младший читал это сочинение затаившей дыхание публике, обычно он предварял чтение короткой преамбулой: «Герой нашей поэмы – образ собирательный. От Аркадия, например, мы взяли имя». Действительно, сходство реального Аркадия с героем поэмы просматривается слабо.

Я приведу смягченный вариант, который обычно исполнялся при дамах.

## АРКАДИАДА

Учился в школе наш Аркадий,
Из класса в класс переходил,
В порядке содержал тетради,
Вина не пил и не курил.
К тому же был известный сёкарь.
Порой парил, как гордый сокол,
Над шаром, вписанным в цилиндр,
И орфографию ценил.
И потому без напряженья,
Имея круглый аттестат,
Он был зачислен на мехмат.
Так началось его движенье,
Туда где тайнопись наук
Получит он из первых рук.

II

Он в той общаге поселился,
Где группа хмурых мудаков
Курила так, что дым стелился
Вдоль стен, полов и потолков.
Соседи ели ядра всвертку.
Ильич предпочитал отвертку,
А я, пожалуй, «Акстафу»
И воду «Розовую». «Тьфу,
– Читатель скажет, – что за гадость!
Нашел же, что предпочитать!
Уж лучше Рудина читать,
Коль Фихтенгольц тебе в радость».
Но «Акстафа» мне дорога,
А то я что-то весь в долгах.

III

Соседи жили-поживали
(Аркашу сильно допекли),
То глазом пиво открывали,
То *ласкали прекрасных дам*,
Его нетронутую душу
Буквально вывернув наружу.
Аркадий, напрягая мозг,
Привыкнуть все никак не мог:
Ему же завтра к первой паре!
Но видно предстоит опять
Полночи – минимум – гулять,
Дремать на лавке на бульваре,
Покамест панцирная сеть,
Не перестанет песни петь.

IV

. . . . . . . . . . . . . . . . . . . . . . . . . . .
. . . . . . . . . . . . . . . . . . . . . . . . . . .
. . . . . . . . . . . . . . . . . . . . . . . . . . .

V

С утра соседи пили пиво
И матюгались от души,
Пока Аркадий торопливо

Точил свои карандаши,
Спешил на лекцию в мечтанье
К высокой прикоснуться тайне.
Сербор анализ излагал.
Определенный интеграл
Крепчал, двоился и троился.
Аркадий погружался в транс
Средь сепарабельных пространств
Над уравненьем Янга-Милса,
Пока сосед храпел, как труп,
Под грудой абелевых групп.

VI

Златые дни сменились круто,
И время вдруг рвануло вскачь.
Счет на часы и на минуты
Пошел. Что делать – плачь не плачь,
Настала сессия внезапно.
Зачетная неделя – завтра.
А кажется, еще вчера
Так томны были вечера.
«Тайвань» забыта, опустела,
Как будто Ялта в ноябре.
Лиловым лоском на пере
Пронзенное повисло тело.
Пора экзамены сдавать:
«Тетрадь! Полцарства за тетрадь!»

VII

Студент в конспект уткнулся рожей.
Лагранж, Коши и Маклорен,
По форме Шлёмильха и Роша
Остаточный выводят член.
Как большевик перед расстрелом
(Что вообще похоже в целом)
Студент спросонок закричит
И примет самый бледный вид.
Едва от ужаса очнется
В поту холодном. Дикий взгляд
Во тьме блуждает наугад.
Экзамен через час начнется,
И сумасшедший кобордизм
Вопьется в слабый организм.

## VIII

Экзамен, чтоб ему! Экзамен
Припомнишь через двадцать лет.
Слезами, горькими слезами
Залит тринадцатый билет.
Доцент, профессор срубит, срежет.
Тьма внешняя. Зубовный скрежет.
И смерть, и ад, и огнь, и дым.
Но Ангелом своим храним,
Аркадий наш кладет зачетку,
Берет билет. Уже готов?
Он отвечает без понтов,
Членораздельно, точно, четко.
И словно с равным сам Сербор
Заводит с ним ученый спор.

## IX

Увы, не все вернулись с поля,
Простого поля Галуа.
И я со всей душевной боли
Пишу прощальные слова.
Они ушли большой толпою.
Один не вышел из запою,
Другой учиться был бы рад,
Да не дописан ленинград*.
Увы, ряды друзей редеют.
О много, много рок отъял!
Их, как расходный матерьял,
Услали биться за идею,
Кого в стройбат, кого в Герат,
Пришли немногие назад…

. . . . . . . . . . . . . . . . . . . . . . . . .

Поэма осталась незаконченной. Что случилось с героем дальше, мы никогда не узнаем.

---

*ленинград – это тип преферанса, как сочи, ростов, ленинград, классика и т.д.; ленинград характерен трудным выходом из распасов, поэтому игра иногда затягивалась на неделю или больше. – В.Г.

Евсей ЦЕЙТЛИН

# ПОЛЕТ ОДИНОКОЙ ПТИЦЫ

*Из цикла «Откуда и куда»*

В первые дни марта 1998-го я получил из Германии плотную стопку машинописных страниц. Это были воспоминания писателя Владимира Ильича Порудоминского. По странному, а, может быть, символичному совпадению повествование называлось: «В начале марта». Читателю, пожалуй, многое станет яснее, если я упомяну и подзаголовок: «Семейные мелочи 1953 года».

Весна в Чикаго – едва ли не единственное время, когда легко и спокойно дышится. Но, знакомясь с записками Порудоминского, я задыхался: текст был пронизан страхом – неотвратимым и едким, как дым крематория. Владимир Порудоминский рассказывал о собственных хождениях по мукам, в которое для него превратилось устройство на работу в самый разгар «дела врачей». Молодой еврейский парень, вернувшийся из армии, а до того окончивший редакторский факультет, ощущает плотную, хоть и незримую, стену, выросшую между ним и миром. Ну а откуда эти два слова в подзаголовке – «семейные мелочи»? «Конечно, мелочи! – настаивал автор. – …Совесть не позволяет поименовать их иначе в пространстве и времени, где, по давнему слову, взглянув окрест себя, видишь страдания человеческие, горе и гибель».

Я думал тогда и о редком таланте мемуариста: его необычайно пластичный стиль схватывал и объединял в одну картину пронзительные портреты, случайные словечки, неслучайные умолчания эпохи, когда многое точно прочитывалось между строчками партийной газеты. Однако я не догадывался: эти воспоминания положили начало замечательной, поистине своеобычной прозе Порудоминского.

Иногда спорят: что же дает литератору эмиграция? Голоса спорящих, как правило, пессимистичны. А я часто вспоминаю при этом старого писателя Владимира Ильича Порудоминского: именно в эмиграции он обрел подлинное бесстрашие поисков.

Отвечая на одну из анкет, Порудоминский как-то написал: «Признаюсь, когда я уезжал из России, я был убежден, что моя активная жизнь, тем более профессиональная работа, завершена, и предполагал совсем иной сценарий своего дальнейшего существования. Но здесь я почувствовал раскрепощение, освобождение от многого, что меня угнетало, мешало в каждый данный момент жизни наиболее полно выявлять себя».

Кого-то это признание могло удивить – могло даже показаться: автор отодвигает от себя свои старые работы. Между тем в книгах Порудоминского никогда не было и налета конъюнктуры. Книги эти, выходившие в популярных сериях «Жизнь замечательных людей», «Жизнь в искусстве», «Писатели о писателях», открыли тысячам, если не миллионам, читателей биографии, судьбы, художественные миры: Владимира Даля и Всеволода Гаршина, Николая Ге и Михаила Врубеля, Карла Брюллова и Николая Ярошенко, Ивана Крамского и Александра Полежаева, Ивана Пущина и Александра Афанасьева, Николая Пирогова и Ивана Голикова...

И все же Владимир Порудоминский был абсолютно прав, рассказывая о своем «раскрепощении» в эмиграции.

Говоря о работе писателя, часто вспоминают приветствие, которым обменивались в начале двадцатых годов прошлого века в Петрограде члены литературной группы «Серапионовы братья»: «Здравствуй, брат! Писать очень трудно…» Полезно однако задуматься – в чем трудность? Разумеется, не просто изо дня в день водить перышком по бумаге или часами сидеть у компьютера, ища точный образ. Но гораздо тяжелее отыскать – в самом себе! – новые творческие возможности, решительно уйти от себя прежнего. С каждой новой вещью «начинать все сначала», словно и не было десятилетий литературного труда.

Я не раз размышлял о том, почему проза Порудоминского, которую он стал писать в эмиграции, до сих пор по-настоящему не оценена, а его художественные открытия не осмыслены критикой. Причин тому две. Почти все, что публикуется писателями-эмигрантами, традиционно проходит мимо столичных рецензентов: в их представлении эмиграция – это далекая, скучноватая провинция. К тому же в самих произведениях Владимира Ильича есть свойство, делающее их как бы не слишком приметными.

В предисловии к книге Порудоминского «Пробуждение во сне» прекрасный поэт и критик Татьяна Бек так описывала свои попытки найти ключ к «загадке» этой прозы, жанр которой подчас трудно определить: «Литература повышенного правдоподобия? Автобиографическая эссеистика? Словесный рисунок с натуры? Так или иначе – перед нами лирическая проза, где повествователь (он же – главный герой) чрезвычайно близок к автору, но не тождествен с ним, ибо не эгоцентричен. Он сгущает в себе время, пространство, историю…»

Не знаю, формулировал ли когда-либо Порудоминский главную тему своих исканий. Но для меня очевидно: его прежде увлекает художественное исследование памяти. Один из его персонажей, в голосе которого легко узнаю интонации самого Владимира Ильича, размышляет: «Иногда я думаю, что это не мы по собственной охоте… вспоминаем прошлое, а оно требовательно напоминает нам о себе. Ведь оно только и живо, пока живем мы… Нас становится все меньше, и оно сужается, уходит, перестает существовать вместе с нами». Это одно из многочисленных определений памяти в прозе Владимира Порудоминского. Так – легко, вроде бы, между прочим – рождаются сюжеты его повестей и новелл «Похороны бабушки зимой 1953 года», «Пробуждение во сне», «Короткая остановка на пути в Париж», «Позднее время», «Трапезы теней», «Частные уроки».

Меня завораживает в этих вещах течение жизни. Иногда кажется: течение это бурно, непредсказуемо. Но потом, приглядевшись, замечаешь в происходящем четкий, хоть и не сразу различимый, жизненный план. Я почувствовал это в одной из первых повестей Порудоминского «Неоконченная соната». Героиня повести, пианистка, бессильно пытается ответить на вопрос: почему и для чего она выжила в Холокосте? Пытается уловить какой-то высший смысл в том, что произошло с ней (в гетто девочку-вундеркинда неожиданно спасла музыка). Смысл? Да ведь он прост: искать ответ. И по-своему выражать эти поиски в музыке. «За двадцать лет скитаний она поняла, сперва чувством, а после и умом, что, только постоянно передвигаясь по белу свету, она всюду своя…» Останавливаясь, героиня «тотчас начинает чувствовать себя пчелой, которую видела однажды в энтомологическом заповеднике: пчела жила в улье, но была отделена от роя стеклянной стенкой». Героиня приняла странную неизбежность такого ритма своей жизни. Не поняла только: это и есть ответ.

Холокост подчеркивает, обостряет тему памяти.

Течение жизни, вдруг обнажающее истину, захватывает нас и в маленьком шедевре Порудоминского «Розенблат и Зингер». Мемуарный зачин опять максимально приближает к читателю происходящее. И вот они перед нами – двое погонщиков ослов в Ташкенте. Усмешка судьбы? Когда-то богатые торговцы бельем в Берлине и Вене, они теперь не имеют даже постели – спят на полу, в конуре под лестницей, в «каком-то логове из соломы и тряпья». Зато они, убежавшие от нацизма, владеют наконец-то истиной и даже пытаются передать ее еврейскому подростку из Москвы – тот, по счастью, бойко говорит по-немецки. Мальчик тоскует: в эвакуации он впервые столкнулся с антисемитизмом, а ведь «еще недавно я часто слышал от близких, что у нас, в Советском Союзе, мы позабыли, что мы евреи…»

Истине несколько тысяч лет, однако люди упорно отталкивают ее от себя. «… Розенблат смотрел на меня с сожалением; его веки были докрасна выжжены чужим азиатским солнцем. – Мальчик, – повторил он, – забыть есть взаимное дело. Мы тоже забыли когда-то, что мы евреи. По воскресениям Розенблат надевал черный фрак, цилиндр на голову, садился в коляску и ехал в кирху. Немцы улыбались мне и говорили: «Гутен таг». И я улыбался немцам, приподнимал цилиндр и говорил: «Гутен таг». Но на другой день после прихода Гитлера оказалось: немцы не забывали, что я еврей. Они уже не говорили мне: «Гутен таг». Нельзя забывать, мальчик, что ты еврей, раньше, чем это забудут другие».

Почему еврейская тема неожиданно стала насущной для писателя («еврейские» вещи Порудоминского составили его сборник «Уходящая натура»)? Автор ответил на этот вопрос в одной из статей: «Мартин Бубер называл евреев “общиной, основанной на памяти”».

…В часы бессонницы я не раз в эти годы напоминал себе: в Кельне уже утро; спрашивал мысленно: что делает сейчас мой старший друг? Что у него нового? И, конечно, думал о «загадке Порудоминского»: разумеется, она не в сложных координатах его новой прозы, а в блистательной и всегда таинственной победе творческого духа над временем, которое жестоко, как ненужный листок календаря, обрывает наши дни, труды и намерения.

Когда-то Порудоминский написал вместе с историком и писателем Натаном Эйдельманом работу о болдинской осени Пушкина. Не сомневаюсь: эмиграция стала его собственной болдинской осенью. Я не пытаюсь сейчас даже перечислить сделанное им за эти годы.

Восемь лет Владимир Порудоминский обрабатывал и готовил к печати уникальный дневник, который вел в Виленском гетто его дядя Григорий Шур. Книгу перевели на многие языки, она имела шумный успех. А Владимир Ильич писал позже: «Близкое знакомство с материалами Катастрофы – одно из сильнейших переживаний моей жизни». Добавлю: это и важнейший источник его тихой, но зачастую потрясающей читателя еврейской прозы.

Меня ничуть не удивило то, что наряду со вселенской еврейской болью Порудоминского притягивала в те же годы и немецкая боль. Над книгой «Планк, сын Планка. Фрагменты ненаписанной биографии» Владимир Ильич начал работать, точно услышав чей-то негромкий голос. Оказалось, что в доме, где поселилась его семья, хранятся материалы о жизни Эрвина Планка. Сюжет этой трагической судьбы вобрал многое: Эрвин был сыном знаменитого физика Макса Планка, умным политиком, последним управляющим делами правительства Германии (до прихода к власти Гитлера), участником немецкого Сопротивления, наконец, был казнен после покушения на фюрера в июле 1944-го.

Именно в эмиграции Порудоминский подвел итог своим долголетним исследованиям о Толстом. Я держу сейчас в руках три книги Владимира Ильича, посвященные великому старцу из Ясной Поляны. Помню, меня поразила работа Порудоминского «Цвета Толстого» – свод необычайно интересных наблюдений о том, как в зависимости от эмоционального состояния героев меняются краски писателя. А книгу «Если буду жив или Лев Толстой в пространстве медицины» я уже давно вновь и вновь перечитываю – погружаюсь в космос Толстого: там по-своему сосуществуют и спорят «диалектика души» и «диалектика тела».

За героями и сюжетами произведений читатель, как правило, редко замечает автора. Одну из лучших своих книг Владимир Порудоминский назвал, вспомнив строчку псалма, – «Одинокая птица на кровле». Мне показалось: здесь есть и его негромкая исповедь, и своеобразная формула «жизни и творчества» художника.

…Все мы – в том числе и писатели – приходим в этот мир со своей особой миссией, которую должны осознать и исполнить. Эта мысль, повторяясь, тревожно звучит в книгах Порудоминского о строителях и хранителях русской культуры. Но о собственной миссии он, всегда избегая пафоса, говорить не любит.

Я позвонил ему через несколько дней после того, как ушла из жизни Надежда Васильевна – жена, друг, бесконечно дорогой ему человек. Даже через океан я почувствовал, как ему тяжело сейчас. Но Владимир Ильич произнес, думая о своем: «Надя уже свободна, уже выполнила свой урок».

Так сказать мог только человек, глубоко верующий в Создателя и в Его высший замысел.

## Андрей ГРИЦМАН

### БЕССНЕЖНЫЙ ДЕКАБРЬ

Помнишь: на берегу застывшей реки
замер человек.
Мёртвые трубы. Медленный снег.
По полотну поседевшей земли,
помнишь, плывут города-корабли.
Где-то за краем стран и времён
дальнего поезда стынущий стон.
Сон остановленный. Поздний звонок.
Весть ли, ошибка?
К окну подойдёшь:
вот и сочельник,
тропический дождь.

### СОЧЕЛЬНИК В НЬЮ-ЙОРКЕ

И снег, скользящий по листам агавы,
и дрожь мимоз, и мыслящий тростник,
ещё не рождены, и до весны –
Москва на выдохе.
В плену прозрачной лавы
старинный сад. У дальних парников
в снегу зимуют очертанья лилий.
Сеть проводов на высоте легка,
И бабочки ещё не появились.
Растений чудных перечень прочёл
я до конца. И по оконной ткани,
по инкрустации, обледенелой грани,
дыханьем память тёплая течёт.

* * *

Близкое небо Вермонта.
Тучи, идущие низко,
за линию горизонта,
за ледяные карнизы,

за тонущие вершины
в остановившейся дали,
где фермы, часовни, лощины,
плотины в синеющей стали.

И когда день остынет,
тень сохрани сегодня:
снег на ладони сына,
тающий дар Господний.

* * *

Очнулся. Вещи переместились.
Тени повисли как части одежды.
Будто приснилось, что всё простили.
Все прояснилось, и стало, как прежде.
Кошачьей дугой надежда застыла,
а книги светились и тихо гудели.
Память повисла, как облако пыли,
в луче над загадкой раскрытой постели.
Тогда я проснулся, оделся, умылся,
вышел на реку и глянул на город.
Так же вспорхнуло затекшее сердце,
и распахнулся затянутый ворот.
И так я подумал, что вот, и живая
сквозит над рекой одиночества песня.
А клумба любви распускается к маю
всегда в красоте своей бесполезной.

* * *

пришел не пьяный но хмельной
тебе сказал бы – по одной
давай еще и день закончим
но в одиночку не берет
как патина на оболочку
слова ложатся перед ночью
и снег упорно не идет

Георгий ЯРОПОЛЬСКИЙ

# ЧУДЕСНОЕ ПОСЕЩЕНИЕ № 3
## (О сборнике «Певчий ангел». Сост. Т. Ивлева)

*Певчий ангел. Сост. Т. Ивлева. – СПб.: Алетейя, 2015. – 318 с.*

«О Делия драгая! / Спеши, моя краса…» – именно эти строки фоном звучали где-то на задворках сознания, пока я знакомился с поэтической антологией «Певчий ангел». Почему вдруг вспомнилась пушкинская Делия? Очень просто: так звали и героиню «Чудесного посещения» Герберта Уэллса – первого произведения, где ангел предстал не сусальным младенцем с жировыми складочками и не зыбким фантомом-грёзой кисти Виктора Борисова-Мусатова, но вполне материальным существом, выпавшим – из-за грозы! – из иного измерения, из параллельной реальности, в которой столь же материальны грифы и драконы, джаббервоки и херувимы, сфинксы и гиппогрифы. Подстреленный приходским священником, увлекавшимся орнитологией, Ангел становится его гостем поневоле. В полном страстей мире смертных (где «крылья сложены горбом», а играть на скрипке приходится среди чучел убитых птиц), с этой его непостижимой частной собственностью, странными понятиями о «приличиях» и невероятным обычаем пичкать детей ненужными сведениями, «забивая им черепушки датами, перечнями, всякой мурой» (перевод Н. Вольпин), Ангелу приходится нелегко, но он находит родственную душу в Делии – смертной девушке, – с которой то ли гибнет при пожаре, то ли переносится обратно в страну Ангелов.

Должен признаться, что это сугубо прозаическое произведение, прочитанное в довольно юном возрасте, во многом и надолго определило мой взгляд на поэзию как на некое связующее звено между земным и небесным, мимолётным и вечным, «прахом» и «звёздами». Поэтому «ангел» до сих пор звучит для меня как пароль, кодовое слово, известие оттуда. Ну а в том, что ангел непременно певчий, всех нас сызмальства убедил М. Ю. Лермонтов, недвусмысленно засвидетельствовавший: «По небу полуночи ангел летел, / И тихую песню он пел».

Разумеется, и ангелы в своё время подверглись девальвации, неизбежной для всего чрезмерно серьёзного в глазах так называемого Человека Играющего, но, по-моему, пора обратного течения, противостоявшего пиетету иронией, теперь уже миновала и ангелы, бывшие, по выражению И. А. Бунина, у некоторых поэтесс «что фигурки на каминной полке», опять предстают правомочным символом горней подлинности бытия.

Кстати, о «поэтессах»: понятно, что слово это в своё время вызывало неприязнь в силу некоторой пренебрежительной коннотации, но и это давно уже в прошлом, а выражение «женщина-поэт» звучит примерно так же изящно, как «женщина-актёр» или «женщина-танцовщик». Поневоле благодаришь судьбу за то, что ни одной из великих актрис или балерин не пришло в голову восстать против гендерной составляющей обозначения своей профессии.

Так или иначе, а составительница «Певчего ангела» Татьяна Ивлева представила произведения двадцати девяти поэтесс XXI века, проживающих в России и в странах ближнего и дальнего зарубежья, – двадцать девять имён встретились под обложкой, любовно оформленной петербургским художником Иваном Граве с использованием фрагмента картины Эдварда Бёрн-Джонса «Ангел, играющий на флажолете» (1878). Стало быть, 29 – это один из ответов на давний «богословский» вопрос о том, сколько ангелов могут уместиться на кончике иглы. Конечно, истинное число достойных поэтесс-современниц превышает найденное, по крайней мере, на порядок, но, увы, на «кончике пера» рецензента уместится и того меньше: это будут, в основном, поэтессы, уже представленные в международном поэтическом альманахе «45-я параллель».

Как раз с неё, составительницы, я и рискну начать: ведь именно она задаёт тон всей антологии, именно её бескорыстный энтузиазм лежит в основе данного издания, главной целью которого является сохранение русского языка и культуры среди зарубежных носителей оных. Свою подборку Т. Ивлева справедливо назвала «Tempora mea»: говоря о своём времени, текущем и наблюдаемом («На Земле то Чечня, то Майдан»), она всегда имеет в виду аналогичные ситуации в далёком прошлом («Звон мечей гладиаторов Спарты»), а посему и латынь весьма здесь уместна. Её певчий ангел, свободно перелетая между временами Каина и нынешним братоубийством, не обнаруживает просвета в строю «вервольфов и вампиров», в «смердящем крысином парадизе», но утешается тем, что «Любовь, надежда и стихи – / Вот наши смертные грехи», и готов противостоять своим врагам, даже не рассчитывая на победу.

Одной из сверхзадач антологии, на мой взгляд, является демонстрация непрерывности и преемственности поэтического осмысления действительности именно женщинами. В этом смысле показательно и то, что подборка Т. Ивлевой (а заодно и вся книга) завершается обращением к портрету Анны Ахматовой (которая признавалась: «Я счастлива, что жила в эти годы и видела события, которым не было равных»), и то, что в одном из стихотворений Т. Ивлева вступает в поэтический диалог с другой участницей антологии, Ольгой Бешенковской, одновременно поминая её как человека.

Такая перекличка между поэтессами делает антологию как более единой и цельной, так и более подключённой к общерусскому литературному процессу: ведь стихи Ольги Бешенковской вошли в известную антологию русской поэзии «Строфы века», составленную Евгением Евтушенко.

Подборка О. Бешенковской, помещённая в сборник «Певчий ангел», отмечена «ястребиным зреньем российских метафор». С самого начала она совершенно справедливо опровергает гендерную замкнутость русской поэзии как таковой, без обиняков сообщая: «Мы нараспев дышали Мандельштамом, / Почти гордясь припухлостью желёз». В то же время, обращаясь к Марине Цветаевой, поэтесса признаётся: «Мне легко танцевать по лезвию: / у меня – твой бессмертный опыт». Сравнивая свою эмигрантскую судьбу с судьбой эмигрантов первой волны, Бешенковская ощущает в душе ту же стойкость любви к России: «И я, ночами шляясь по Парижу, / Не проиграю память в казино!» Огромное впечатление производит включённый в подборку цикл «Диагноз», который поэтесса написала как прощание с жизнью и эпиграфом к которому могли бы послужить строки из него же: «Отчего суров Господь к поэтам, / А подонкам так благоволит?» Удивительно встречать в нём такие нелегковесно-радостные строки: «По небу ангелы бегали / и оставляли следы, / лёгкие, розово-белые, / тоньше морозной слюды. // Яркое солнце ноябрьское, / тихо за крыши скользя, / было похоже на яблоко / так, что банальней нельзя». Непредсказуемые качания от смирения к бунту и обратно – таков незабываемый и невыдуманный сюжет прощального цикла О. Бешенковской.

В «Строфах века» была представлена и поэтесса Наталья Хаткина, которая, несмотря на приверженность к чёткой, порой даже чеканной форме, щедро наполняет свой поэтический мир приметами, отнюдь не входящими в традиционный «суповой набор» стихотворцев: перефразируя Владислава Ходасевича, можно сказать, что «классической розе» она явно предпочитает непритязательные «дички». Порой она это даже декларирует: «Окраине поэзии – хвала. / Она к себе с базара и вокзала / безвестных стихотворцев приняла / и с городской окраиной совпала». Настоящей поэзии, по мнению Хаткиной, «на роду написано – жалеть, / смотреть, как под дождями мокнет глина, / и слушать, как в осеннюю мокреть / окраины играет окарина». Одно из характерных для неё стихотворений, краткость которого позволяет привести его целиком, – удачная попытка сочетать «учёность» с первозданной непосредственностью: «Мой август кудрявый, пора нам / с асфальта на время сойти. / Позволим нахальным бурьяном / учёным мозгам зарасти. // Приляг на поляне нагретой / и руки привольно раскинь – / в ленивых извилинах лета / цветёт луговая латынь. // И стебель мне щёку щекочет, / и жизнь копошится в траве, / и только кузнечик стрекочет / в зелёной моей голове». Двоякое впечатление оставляет её стихотворение «Шпана»: основательный повод задуматься для тех, кто в звучании слова «свобода» привык находить только сладость. Да, Н. Хаткина завершает его двойным восклицанием «О, как они были неладны! / И как они были свободны!». Может показаться, она завидует такой степени свободы, но если проследить за ходом поэтического сюжета, снова остановишься на строгом наблюдении: «От школы давно уж отстали, / глядели на всех исподлобья, / и что-то в них было от стаи / шакальей – голодной и злобной». Свобода в шакальей стае вряд ли способствует высвобождению лучшего в душе, и в наше время такие выводы звучат особенно актуально. Впрочем, сама поэтесса обоснованно считает, что поэтическое слово не предназначено для каких-либо утилитарных целей: «это – музыка. С ней – пропадать. / Ни на что она больше не годна».

То, что одно из стихотворений в подборке Светланы Куралех посвящено памяти Натальи Хаткиной, ещё более усиливает «прошивку» книги. Кроме того, в этой подборке, открывающей сборник, а стало быть, тоже во многом задающей его тональность, удивительным образом сочетается разорённое «что» с филигранным «как»: Донецк, ставший сейчас воплощённой болью мира, живописуется жёстко и возвышенно, всё ужасное, проходя через сердце поэтессы, преобразуется в прекрасное, не становясь при этом менее горьким. «Уже не важно, кто кому уступит, / уже не важно, кто кого осилит / и кто кого полюбит и разлюбит... / Навылет ранена душа, навылет», – в этих строках присутствует пристальная правдивость психологизма и нет ни грана ходульного пафоса.

Столь же правдива и виртуозная попытка автобиографии, предпринятая в «Венке октав» – форме достаточно редкой и требующей не только отменного владения техникой стихосложения, но и способностью наполнить взыскательные опоки живым, трогающим воображение содержанием.

С. Куралех, вдобавок ко всему, соединяет в этом венке оба значения слова «октава», литературное и музыкальное: все строки, складывающиеся в магистрал, начинаются со слогов, обозначающих ноты октавы от «до» до следующего «до», образуя своеобразный акростих: «Дорога до-ре-ми, дарованная мне… / Ребёнок, Новый год и запах первой ёлки. / Миг сказочной любви – недолгий свет в окне, / Фаянсовый кувшин, разбитый на осколки. / Соль, сжатая в щепоть, и чайник на огне, / Лязг брошенной подковы, грязные футболки. / Симфония весны захватывает дух! / “До” рвётся в небеса, рождая новый круг». Характерно, что ангелы, появляющиеся в стихах С. Куралех, не столько утешают, сколько внушают тревогу, а также побуждение как-то их защитить: «Куда мне бежать, и о чём эта смутная речь, / возвышенный шёпот и трепет, намёки и знаки? / Зачем столько ангелов? Как я смогу уберечь / их бедные крылья в такой тесноте и во мраке?» – вопрошает поэтесса. Сходные интонации звучат и в другом её стихотворении: «– Что, мой ангел, тепло ли? / – Тепло. / Дай твоё поцелую крыло / и ладони, и шрам у виска. / Жизнь, как видишь, не так уж горька». Человек здесь не столько ищет помощи у неких высших сил, сколько сам стремится уберечь их – а заодно и свою способность к пониманию чужой боли и состраданию. Хотя целый ряд афористичных наблюдений поэтессы (например, «где родина моя, там сердце пополам») по-иному напоминает нам о том, что музыка, составляющая суть каждой живой души, даёт только одно: при любых обстоятельствах оставаться человеком – «ни на что она больше не годна».

Как раз ни на что больше не годные («бесполезные»!) вопросы, не решаемые с помощью линейной логики, занимают Веру Зубареву: «Какие разветвления судеб / Я отыщу в раскопках прежних комнат? / Чей одинокий медленный ущерб / Всплывёт как ностальгирующий опыт?» – пишет она, и это опасение «проснуться незнамо где» очень сродни мироощущению человека, бóльшая часть времени которого поглощается разнообразными внешними раздражителями. Она продолжает: «Куда вернусь? В какое из пространств, / Из жизней не случившихся, но бывших, / Которым мой возврат – последний шанс?» Это, на мой взгляд, есть нечто иное, чем просто поиск подлинности в бесчисленном ряду мнимостей, – это признание равноправия реального и мыслимого, воображаемого. Уловить неуловимое, соткать нечто вещественное из неосязаемого, – так я понимаю стоящую перед поэтессой (точнее, ставящуюся ею перед собой) задачу, вполне сопоставимую с установлением связи и взаимопонимания между разными мирами, а значит, и созвучную общей концепции антологии «Певчий ангел». Материальное («Картина декабря, замёрзшая снаружи») у В. Зубаревой по большей части «оживляется глазом», а отношение к субстанции времени определяется склонностью к «расщепленью памятных моментов / На бесконечность краткого вчера».

Созвучны ангельской (то есть «двоемирной») концепции и

стихи Леры Мурашовой. Так, в предгрозовом небе она угадывает смутное обещание чего-то большего, чем может вознаградить посюстороннее бытие: «Какое небо, Боже мой, какое небо / над городом, распластанным в жаре! / Вина не надо, и не надо хлеба, / когда на небо смотришь на заре». А двунаправленным проводником, соединяющим дольнюю обитель с горней, может, по её мнению, послужить то самое «Слово, / которого не слышал мир пока». Так же, как и В. Зубареву, поэтессу занимают те зыбкие пространства, в которых блуждает душа во время сновидений и которые она пытается перенести с собою в явь: «Проснувшись рано, полчаса / в какой-то странной полудрёме, / в тягучей первозданной коме, / я вспоминаю голоса». Открывающееся знание представляется ей исполненным гармонии и высшего смысла – однако всякий раз ускользает, не подвластное логике яви. А обращаясь к умершей собаке (в нашей мифологии – отлетевшей в мир иной), автор пишет: «Я знаю, заживёт любви ожог, / и тонким шрамом зарастёт сомненье, / но где-то рядом поселилась – мгла, / и сердца истончается лоскут… / Придёт пора, и крылья отрастут». Ещё дальше идёт Л. Мурашова в стихотворении «Когда стану рекой»: ей удаётся вообразить будущее без себя, то есть такое, где сама она оказывается «на другом берегу, / где нездешние травы по пояс». Однако и там её продолжают томить земные привязанности: «но тебя позабыть не могу, / я и там о тебе беспокоюсь». Если у В. Зубаревой материя «оживляется глазом», то у Л. Мурашовой всё материальное выступает ещё и носителем потустороннего: «Но шумит над водою ветла – / это я, подойди. И послушай». Граница между ангельским и человеческим легко преодолима чутким слухом и зрением.

Свободно перелетает из одного мира в другой и Элла Крылова, с этой целью даже просящая у кого-то: «Вставьте мне в голову кусочек неба – / прозрачный кристалл синевы, / чтоб я земного не жаждала хлеба / и не твердила “увы”». Возможно, точнее будет сказать, что она постоянно осознаёт своё пребывание одновременно и здесь, и там, но при этом, однако, больше озабочена «медленным ростом души», подготовкой себе «пристани там, в вышине». Э. Крылова сполна понимает двуединство вещественного и божественного: «и к листьям благодарными устами / я прикасаюсь – к Божиим устам». Более того, Божий промысел она обнаруживает в совершенно плотских вещах: «И если я любимого целую – / Бог возникает в нём, влюблённый сам, / возвысив до небес любовь земную». Несмотря на случающиеся порой всплески отчаянного богоборчества, поэтесса неизменно возвращается к точке благоговейного приятия мироустройства: «Впрочем, смерть – лишь перелёт / в лучший мир, никак иначе!» Это, конечно, смирение, но смирение деятельное, смирение служения и преодоления.

Ершиста и занозиста фактура стихов Ирины Аргутиной, в значительной мере приверженной к кипящей злободневности (взять хотя бы её замечательную формулу гражданской войны: «бесконечная война зла со злом ради меньшего зла»), но это нисколько не мешает ей общаться с ангелами. «Ангел мой – из бывших женщин, / вот и плачет втихомолку», – признаётся поэтесса, и ей почему-то сразу веришь. Как веришь и таким строкам из стихотворения о ветре: «а в небе тают облака, / и в промежутках / зияет синяя тоска – / и сердцу жутко». Совершенно в унисон лейтмотиву «Певчего ангела» звучит, по-моему, стихотворение «Метель стихает»: здесь И. Аргутиной удаётся наилучшим образом совместить сиюминутное и преходящее с вечным: «За спиною не крылья хлопают: позади – / перестрелка навек захлопнувшихся дверей». Скрипучий снежок и назревающий в стране путч, тихий призрак счастья и боль в груди, – эта смесь, составленная и взбитая импровизаторским даром, напоит понимающего читателя горечью и умиротворением.

Насыщены энергией включенные в антологию стихи Натальи Крофтс. Она предпочитает живописать напряжённые, полные риска мгновения: «Я ринусь на палубу, в свежесть грозы». При этом стремление к повышенной экспрессивности органически сочетается у неё с тягой «туда, где слова / понятны ещё – / но уже невозможны». Поэтесса настойчиво обращает свой взгляд в глубину времён, так что в одном лирическом пространстве у неё сталкиваются и древняя Пангея, и усталые абоненты, которым нет смысла звонить. Она живёт с постоянным осознанием того, что «на нас глядят веками / чужих теней тяжёлые зрачки», а в программном стихотворении «Поэт эпохи динозавров», давшем название одному из её сборников, Н. Крофтс передаёт своё ощущение носительницы давнего, долго копившегося дара: «Я – нефть. Я – топливо. Я – снедь. / Меня опять сжирает пламя. / И, птеродактильно дыша, / моя крылатая душа / кружит над вами». Несколько неожиданная интерпретация ангельской темы, но, тем не менее, вполне укладывающаяся в русло представлений о взаимообмене между мирами и временами. Напрямую же о вечном воскресении поэта говорится в стихотворении «Ars poetica», которое, по-видимому, тоже можно считать программным: «дайте только срок, / дайте строк – и я ещё воскресну». Непрерывность времени – вот что обосновывает пафос Н. Крофтс, делая её трагедию оптимистичной.

Глубинное понимание цикличности времени свойственно и стихам Анны Полетаевой, однако она показывает эту цикличность не только в плане беспрерывного воскрешения, но и в плане воспроизводства негативных сторон бытия. «Эта война бесконечна, Мальчиш-Кибальчиш, – / Просто меняются страны, века и погоны», – эти строки А. Полетаевой напрямую перекликаются с приведённой выше формулой И. Аргутиной. Впрочем, негативной стороной дело, естественно, не ограничивается: «Видишь, вода потихоньку становится твердью – / А на краю её плачет такой же рыбак». Поэтесса склонна воспринимать время меняющимся именно по кругу, без замены таких оборотов более «прогрессивными» витками спирали, и потому в её голосе различимы ноты безысходности: «Видишь, мы верим, Господи, вот те крест... / Вот тебе гвозди. Выгляни, где ты есть». Однако пребывает она всё-таки «на границе горечи и веры», служа передаточным звеном между тем, что видит воочию, и тем, что предстаёт её так называемому третьему оку. Иначе откуда бы взялась потребность в сказке, лишённой каких бы то ни было чудес, но показывающей «мир справедливей, умней и добрей»? Как признаётся А. Полетаева, «Нет летучей / и невозможнее задачи... / Но если нужно – как иначе?». Именно невозможностью выбираемой задачи во многом определяется творческий потенциал пишущего. Думаю, каждому, кто берётся за перо, следует помнить о таком завете незабываемого Кристобаля Хозевича Хунты: «Бессмыслица – искать решение, если оно и так есть. Речь идёт о том, как поступать с задачей, которая решения не имеет».

Именно такие задачи по большей части ставит перед собой Татьяна Виноградова. Характерно в этом отношении её стихотворение о «тёмном Древе Молчания», которое растёт «в тихом раю слов, / за рекой туманных откровений, / по ту сторону водопадов беспамятства». Парадоксальная его концовка («Блаженство слова – / неназванным остаться навсегда») одновременно и присоединяется к тютчевскому приговору «мысли изречённой», и противостоит собственному утверждению, будучи словесно выраженной. Своё кредо Т. Виноградова, пожалуй, прямо выразила в стихотворении, посвящённом Ирине Кронгауз: «Состраданьем опалена, / Слишком крылатой была. / Пригвождена к телу, / В небо глядела. / …Слишком живой была». Осознавая – опять-таки – неразрывность временной ткани и обнаруживая тесную связь между Литейным и Летейским, Т. Виноградова приходит к убеждённости, что «усталый Бог сохраняет всё, / даже наши стихи. / Даже вздох / затонувших, угасших, вчерашних». Тем более понятны её инвективы по адресу тех, что «отнимают небо / у ветра и птичьих криков, / у веток и лунного света, / у ангелов и у меня». Балансируя между проклятием и благословением, поэтесса выписывает мир, в котором «нежный снег осыпал смертью плоть листвы», а «жёлтый клён стал чёрно-белой тенью». Однако ангельское начало (пусть даже порой ангелы выступают в роли «призраков») нетленно, и тот, кто был «слишком живым», обретает, если я правильно прочитываю подтекст, вечность.

Напрямую, называя её непосредственно по имени, обращается к вечности Елена Данченко: «Отодвинь темноту, отодвинь / синей шторкой ли, лампочкой, свечкой, / огонёк чей выпрастывал вечность / в виде рыбок глазастых ян-инь». Вечность в её понимании не то чтобы противоположна темноте забвения или небытия, но сращивает свет с тьмой, образуя равноправный «круг из двух половин». Можно было бы сказать, что поэтессу в гораздо большей мере притягивают явления посюсторонние («На чудный мир, на этот белый свет / не надышусь», – декларирует Е. Данченко), но, несмотря на обращённые к самой себе увещевания («Не думать о конце. Не сметь, не сметь! / Не представлять его во всех деталях»), она признаётся: «Ну вот опять… ничем не задавить / вертлявую змею воображенья». Однако отчётливое осознание бренности мира и здесь уравновешивается пониманием необходимости прижизненного (и пожизненного) служения этому самому эфемерному миру: «за право раздавать, что б ни просили / и плёс речной, и пёс сторожевой, / я жизнь свою, последняя разиня, / отдам, прослыв живой, живой, живой». Раздавать, защищать и оберегать – эти ангельские то ли права, то ли обязанности в той или иной мере эксплицитно возлагают на себя все авторы «Певчего ангела».

Да простят меня неназванные поэтессы, но я намерен ограничиться счастливой дюжиной упомянутых имён, а напоследок, чтобы мои заметки не выглядели чересчур панегирическими, попытаюсь добавить хотя бы крохотную капельку дёгтя. Например, заявить, что некоторые стихи, помещённые в антологию, кажутся не вполне отредактированными. Скажем, у Ольги Бешенковской случаются отступления от норм грамматики: «Я пила и хмелела полночный Нью-Йорк»; «Мне опостылела кроват / И смирный саван шить»; «Но опять нездешним острым светом / Взгляд мой тихий режет и болит». Наверное, лёгкое редакторское вмешательство этим строчкам не помешало бы: «Я, хмелея, пила полуночный Нью-Йорк» и т.п. С другой стороны, однако, это можно счесть той самой «грамматической ошибкой», без которой, по признанию Пушкина, он не любит русской речи, как «уст румяных без улыбки», или же своеобразной поэтической контаминацией правильных фраз («Я пила полночный Нью-Йорк и хмелела»; «Мне опостылело лежать в кровати / И смирный саван шить»; «Нездешним светом / Взгляд мой режет, из-за чего он болит»), самим искажением формы передающей именно степень охмеления, отвращения к обстановке или боли в глазах. Так что от этой придирки приходится отказаться: с дёгтем ничего не получается.

Вместо этого подчеркну то обстоятельство, что обязанности и редактора, и корректора возлегли на плечи составительницы антологии, Татьяны Ивлевой, которая работала без какого-либо вознаграждения, за спасибо. Она сама разыскала своих авторов, сама их пригласила, сама всё составила, отредактировала и откорректировала, сама вела всю деловую переписку. Поэтому нам, читателям, надлежит быть не просто снисходительными, но и от души благодарными. В наше время для издания поэтических книг необходимы поистине ангельские черты – такие, как терпение, щедрость и самоотверженность.

В ноябре далёкого 1985 года (подумать только, прошло уже почти тридцать лет) я попытался по-своему изложить историю Уэллса о викарии, подстрелившем ангела. Со временем и стихотворение восприняло название своего романного источника – «Чудесное посещение». Поддаваясь «обратной волне иронии», завершил я его такими строками: «Он небу взор осклабил / с улыбкой неземной… / Не будешь больше, ангел, / кружиться надо мной!» Ни в коей мере не отрекаясь от тех своих слов и мироощущения, я всё же надеюсь снова и снова видеть это кружение ангелов в небе у меня над головой. Отнюдь без желания брать их на прицел.

## Людмила ШАРГА

* * *

Не о том с тобой говорю,
и молчу с тобой  не о том я,
как обычно – по октябрю –
обострилось моё бездомье.
И пригрезились пустячки –
бесполезные безделушки,
балерины и пастушки
и кокетливые пастушки.
Я во сне прикасалась к ним,
я шепталась о чём-то с ними,
коротала остатки зим,
повторяя в молитвах имя
незнакомое,
не твоё,
уводящее за собою,
в домик маленький,
где плывёт
старый лодочник на обоях.
Где теряется давний след
в безмятежье по бездорожью,
где живое тепло и свет,
где всё те же,
и где всё то же…
Как бы мир ни сходил с ума,
есть домишко одноэтажный,
пусть беспомощен, пуст и мал,
он всё тот же,
В нём я всё та же…
Пусть останется он таким:
печка, свечи, Дюма и Пушкин…
беззаботные пастушки,
нестареющие пастушки.
Там плывёт на тепло и свет
старый лодочник на обоях...

В лодке маленькой мы с тобою,
для других её просто нет.

## УТРЕННЯЯ ПОВЕСТЬ

Читаю пригородный поезд,
как будто утреннюю повесть,
листаю личики и лица
и чай, и булочки с корицей.
В ней всё – от корки и до корки,
едва ли доберусь до сути,
но осознанье будет горьким –
как подобает книге судеб.

В ней ветхим кружевом застелен
изгиб старинного комода,
и тонкий запах иммортелей,
что всё сильнее год от года,
и летний полдень тих и ласков,
но я...
Да полно,
я ли это?
Стрекоз неистовая пляска.
Июль.
Жара.
Макушка лета.
И дальний пруд, заросший тиной,
и близкий взгляд, быльём поросший,
и капли солнца в паутине,
и тополиная пороша...
Но обрывается внезапно
любой сюжет на этом свете,
лишь остаётся тонкий запах
неувядающих соцветий.

Всё дальше поезд змейкой узкой,
всё ближе туча грозовая...
А иммортели я по-русски
бессмертниками называю.

## МИМОЛЁТНОЕ

Что бы кто ни говорил там,
но Господь меня простил,
этих улиц лабиринты
на ладонях расчертив.
Я хожу по ним, вздыхая –
просто кругом голова –
и становятся стихами
эта палая листва,
это дышащее море,
эти стылые пески,
и, поющие зимою
песни юга, маяки:
«За морями-берегами есть такие острова…»
Но становятся стихами
мимолётные слова,
что летят легко и мимо
откровеньем новых книг.
Я от них неотделима.
Я давно одно из них,
что летит себе, вздыхая,
средь словесной чепухи…
Я не прячусь за стихами,
я – и есть мои стихи.

Вадим КРЕЙД

* * *

В вышине шуршали листья,
может, т а к – для одобренья,
в тишине шатнулась лисья
эластическая тень.
Ты бродил в леске веселом,
светлом, как стихотворенье,
что когда-то так пронзило –
в дальний, ранний, юный день.

Жар серебряного света
в час, когда все приутихло,
отворил в долине лета
хор мифических дриад
не мелодии – намеки,
снов чуть плещущие весла –
неуловленные строки
в контур четных русских строф.

## ПРИТОК

То не флейты, не струн
звук – но тоже нескучен,
это мирный колдун
там шаманит над скрипом уключин,
бьет поклоны реке,
едет в лодке за маслом и хлебом,
и за ним – вдалеке
бронзовеет вечернее небо.

И молчанья печать,
только струны эфирные тихо
начинают звучать
там, где нет ни фортуны, ни лиха,

рокотанья струны,
отражаясь в багрянце закатном,
в глянце черной волны,
в горизонте квадратном.

## ВЛАДИСЛАВ ХОДАСЕВИЧ

Он мог в четырехстопном ямбе
с архангелами в унисон,
шептать о всероссийской амбе,
прозреть, увидеть вещий сон…
и столько лет слепит «Баллада»
в шестнадцать жалостных свечей,
победоносная Паллада
«бессвязных и страстных речей».

Остра, опасна, осиянна,
сквозь бархат звездной черноты
из-за какого океана
в глухую ночь метнулась ты?
И чудилось – опять спадало
с экрана жизни полотно,
слетала – и слова шептала,
но всех расслышать – не дано.

Семён КАМИНСКИЙ

# СЧАСТЛИВЧИК

...Я просто ненавижу его. И завидую! Знаю, знаю, нехорошее чувство... Всё равно завидую. И как можно не завидовать такому человеку? Ты пять дней не отходишь от этих дурацких книжек и тетрадей, зубришь, как ужаленный в задницу, сто девятнадцать билетов, но не успеваешь пройти последние три... И на экзамене тебе, совершенно одуревшему от дат, имён и почти бессонной ночи, попадается сто двадцать второй! Как раз из тех, что ты не успел повторить! И еле-еле – трояк!

А он... весёлый, краснощёкий от катания на лыжах на загородной даче у каких-то знакомых, говорит, что ничего не учил, кроме десяти билетов. Уверенно тянет билет на столе у Риммы Сергеевны и вытаскивает один из этих десяти! Пять баллов! Она его ещё и хвалит! Какая хорошая у вас подготовка! Подготовка...

А это его почти портретное сходство с известным поэтом: светлые волосы, длинные ресницы, наивно-задумчивый взгляд! И такое же, как у поэта, имя.

И это ему родители покупают чехословацкую гитару, на которой он даже не пытается научиться играть, и переносной магнитофон, который он почти не слушает. А тут в кровь молотишь на отцовской клееной-переклеенной семиструнке, переделанной на шесть, и маешься с допотопной магнитолой, которая крутится пятнадцать минут, а потом останавливается, зажёвывая плёнку.

Вы считаетесь друзьями, везде ходите вместе, и ты придумываешь всякие приколы для всей компании. И девчонки смеются, и все смеются – твоим выдумкам, но без него тебя не приглашают никогда и никуда. А сам он частенько исчезает (прикинь, Танюхе билеты достали, и мы с ней в кино ходили на закрытый показ, Ленка меня позвала, у неё паханов дома не было, у Артура дома «пулю» писали). Он вроде занимается сразу несколькими видами спорта (фехтование, бадминтон), но главное – прекрасно играет в преферанс во всё более взрослой и серьёзной компании.

А потом он оканчивает школу и «случайно» поступает в

хороший институт (чувак, я вообще не знал, куда идти, ну, открыл брошюрку, ткнул пальцем в факультет этого института, у меня медаль, сдал один экзамен, сам не знаю, как они меня взяли). Учится всё так же – легко и просто.

Ну, ты тоже учишься в институте… шатко-валко. И как-то случайно, уже на предпоследнем курсе, на отработке лабораторных, знакомишься с девчонкой. Даже удивительно, с какой симпатичной девчонкой – Валей... милой, родной Валей…

Практика у него всегда проходит на кафедре (никакого села), а после окончания он вроде и устраивается на работу, но почему-то сидит целыми днями дома. Однажды он сообщает, не очень старательно делая вид, что по большому секрету:

– Понимаешь, мне такое место предложили. Я вроде как в постоянных командировках. Мне платят зарплату, командировочные и премиальные – я никуда не езжу. Половина зарплаты – мне, остальное, а также командировочные и премиальные – моему начальству... ну, и кому-то там ещё. И делать ничего не нужно, только сидеть дома и не попадаться на глаза, приходить только в получку.

– А на жизнь хватает? – это спрашиваешь ты.

– На жизнь... я зарабатываю не этим, – чуть усмехается он, – я играю. Вот за этим столом, – он показывает на шаткий круглый стол, когда-то полированный, с множеством тёмных лунок от сигарет. – Здесь, старик, идёт такая игра... такие шальные бабки... такие люди приходят...

Квартира осталась ему от бабушки. Над видавшим виды пыльным диваном – стена с ободранными обоями, и на ней, до самого потолка, – какие-то непонятные каракули.

– А это, – он продолжает экскурсию, – «стена полового почёта» – женщины, побывавшие со мной, ставят тут свои подписи (может, он шутит?). Вот видишь, уже почти места над диваном нет, будем переходить туда – ближе к буфету... Они тут у меня и убирают… иногда.

Похоже, не шутит.

Я подхожу ближе и тупо смотрю на эту стену, на эти «каляки-маляки». И одна из подписей так ужасно напоминает... нет, не может быть, чтобы это была Валина подпись. Как она может оказаться здесь, на этой задрипанной стенке, в чужой, прокуренной до невозможности комнате... доставшейся ему от интеллигентной бабушки Раи?

Я помню его бабушку Раю, сидящую за этим самым столиком в аккуратном тёмном домашнем платье. Перед ней чашка вечернего чая, маленькое блюдечко с вишнёвым вареньем и раскрытая книжка Андре Моруа.

Тут никак не может быть Валиной подписи.

«Садитесь, попейте чаю», – всегда на «вы» говорит мне бабушка Рая.

Нет, только не Валина подпись. Но я знаю уже, что – Валина, Валькина...

– Где ты с ней познакомился?!! – ору я ему, и он от неожиданности хлопается на этот проклятый диван, а я хватаю здоровенную... что я хватаю? На столе стоит тяжёлая хрустальная... то ли ваза, то ли пепельница – это тоже осталось от бабушки Раи. И бью его по... он закрывается руками... я бью его... он закрывается. Я попадаю по голове, может быть, в висок. Он сползает с дивана на пол... и тёмное густое красное варенье – тоже на полу. И я думаю всё время, чем я буду вытирать это варенье с пола, с дивана, с забрызганных ножек стола, со стены «полового почёта». И, ничего не вытирая, я убегаю оттуда. И никто не знает, что я был в этой прокуренной комнате. И пока вечером к нему не придут его карточные друзья, никто ничего не увидит. Но и потом – никто ни о чём не догадается и никто меня не заподозрит.

И с ней я больше не увижусь и очень скоро уеду по распределению. Далеко. Она будет мне писать, много раз – я буду, не распечатывая, выбрасывать её письма. И потом кто-то из знакомых напишет мне про нашумевшую на весь город историю: что у него в квартире собиралась нехорошая компания, и они, видимо, поспорили о чём-то во время карточной игры, и его у... Короче, какой ужас, такой был удачный парень, вот что значит – плохая компания. А где она, никто из знакомых не знает. Потом, правда, кто-то рассказывает, что её видели: она замужем за слесарем. Нет, электриком городского трамвайного депо. И мне всё видится эта стена – в синих подписях и вишнёвых брызгах.

Ерунда. Ничего этого не происходит.

То есть происходит... его рассказ, и «стена полового почёта», и знакомая подпись, но я просто мычу что-то про то, что пора идти и меня ждут – и ухожу. Вечером она приходит ко мне на свидание, на наше обычное место на трамвайной остановке. И я, вместо «привет», с размаху бью по её очень красивому лицу. Рядом кто-то кричит, охает, зовёт милицию. Я молча поворачиваюсь, сажусь в подоспевший трамвай и навсегда уезжаю... Да, навсегда уезжаю. Иду служить в армию – на год (я же окончил институт), лейтенантом. А после «дембеля» работаю далеко от дома и возвращаюсь в родной город на пару дней каждый год, чтобы только повидать родителей. И что с ней, что с ним происходит – я никого не спрашиваю, не знаю и никогда не узнаю. И случается Чернобыль, и я командую ротой ликвидаторов. И я вижу, как растёт другая стена, как прячут за ней взорвавшийся реактор. Получаю хорошенькую дозу и сильно болею всю свою недолгую оставшуюся жизнь. И нет у меня жены, нет детей, нет ничего… Точка.

Нет, и не так.

Я не говорю ему, что узнал её подпись, и через полчаса просто ухожу из полумрака его старой бабушкиной квартиры. Я молчу и думаю, думаю и молчу. Вечером Валя приходит ко мне на свидание – и всё как обычно. Кажется, в этот вечер мы идём в кино. Только я много думаю. Какой-то ты стал молчаливый, о чём ты думаешь? Но проходит немного времени, и мы женимся, и проходит ещё немного времени, и появляется наш сын, потом второй, и мы работаем, и дети растут. Иногда я слушаю, что она говорит, иногда – нет. Он у меня такой молчун. Да, скуч-но-ва-то, но я привыкла... нет, я просто шучу. Он никогда не обижается. Ты же, правда, не обижаешься? Он много работает, старается, мы даже в Турции были этим летом.

И как-то я его встречаю, мы здороваемся, он цепляет меня под руку прямо посередине людной улицы и отводит в сторону, к стене дома на Садовой, где новая чайная в модном парадно-деревенском стиле. Он почти такой же розовый, но озабоченный, и долго рассказывает про свои разнообразные начинания. Мы стоим, я рассматриваю шершавую серую стену дома за его спиной. И ещё, сквозь стекло, какую-то парочку за круглым столиком в чайной. Они намазывают булочки джемом и прихлёбывают из высоких керамических кружек. Вот, знаешь, чувак, мотаюсь, с таким трудом поменял квартиру, берлогу эту, делаю ремонт, да, играю, но закрутил одно новое дело, сейчас столько всего, везде столько шальных бабок, просто валяются под ногами, надо успеть, успеть, волка ноги кормят... Есть, опять молоденькая, дурная... А как ты? Дети, жена?.. И ты всё там же? Дачку построили? Отдыхали в Турции? Да ты – счастливчик, ты – просто беззаботный счастливчик! Ну как можно не завидовать такому человеку?.. Может, зайдём, выпьем? А-а, здесь только чай...

## Владимир КОЗЛОВ

### МАЛЬЧИК КРИЧИТ В ТРУБУ

Пробравшись на стройку, мальчик кричит в трубу,
лежащую рядом с другими около котлована, на щебне.
Он голову сунул по плечи и видит свою судьбу,
хотя ради эха он тут выгибал так шею.
Кричит он отрывисто, делает паузы, ухает, как сова,
то грозно, то радостно, шепчет и слушает голос,
а тот, опираясь на эхо, гудит, как товарный состав,
летящий в туннеле на свет, где мерещится образ.
Отец и мать, сестра, фотограф, Первомай,
он сам, два шара, солнечно, неповторимо.
Он им теперь кричит, и жизнь его пряма,
с чугунной пустотою в середине.

### УМ ВО АДЕ

Я вошел к нему в номер вечером накануне –
дверь была приоткрыта: повел себя бесцеремонно, что там.
Но с нашим родом занятий элементарные правила коммуны
забываются как предрассудки, вызывающие зевоту.

Я толкнул дверь от нечего делать, томясь передышкой,
думая, может быть, нам что-нибудь замутить пока что.
Из глубины своего бизнес-люкса навстречу он мне не вышел,
и я в глубину протопал, шумно его окликая и кашляя.

Голый по пояс мальчик в углу смотрел в одну точку.
Он оглянулся на шум, как будто продолжил копаться.
Он что-то шептал про себя и пластмассовым молоточком
быстро охаживал кончики своих пальцев.

Оно как будто был сильно испуган и даже помешан –
он будто бы видел лицо ужасающей твари,
сердце второе билось в фаланги случайным предметом,
пока я, наконец-то, не понял, что передо мной мой товарищ.

О, мой товарищ! Я б не боялся спуститься с тобою
в саму преисподнюю, чтоб навести там порядок;

ты сказал бы, глядя на демонов: «Э, да тут много работы» –
мы бы с дрожью в коленях охотно усмехнулись рядом.

О, сколько я думал, откуда ты взялся такой, без страха!
Иногда рассматривал версию, что ты полный бездушный ублюдок,
который непременно должен когда-нибудь так обосраться,
что, возможно, погибнут люди.

Так вышло, что честных войн на нас никого не достало –
только предательские кампании, череда легализованных
вымогательств.
Мы превратились в говно, в нас почти не осталось металла,
возникающего под ударами особенных обстоятельств.

А теперь я смотрел, как он держит свой ум во аде.
Попытался представить, что его так впечатлило.
Не получилось. Не уловив узнаванья во взгляде,
я тихо вышел, оставив ему его триллер.

## Борис ХЕРСОНСКИЙ

* * *

Нам казалось тогда, что жизнь навсегда  состоит
из разговоров на кухне, угрюмых очередей,
ненужной работы, а после  – кружка  полит-
просвещения, улиц и площадей
родного города, лестничных клеток, дверей,
примуса, керогаза, вражеских голосов
в ламповом радио с изумрудным живым глазком,
сквозь рокот глушилки, хотелось, чтоб поскорей
все это кончилось, дрожащей стрелки весов,
хроники в кинотеатре, еще – заявлений в местком,
оздоровленье ребенка, путевок, пионерлагерей,
туберкулезного санатория, бывший «Белый цветок»,
инвалида с точильным станком, о который свой коготок
острила эпоха, еще –  фасоль с пробивающимся ростком,
дневник юнната,  погоды, набор условных значков,
еще – указка, внезапный взгляд поверх очков,
встань, повтори, что  я сказала, встать,
равняйсь, смирно, председателям сдать –
рапорт сдан –  рапорт принят, скорей домой,
гипноз, гипноз, хвать тебя за нос, вы слышите только мой
голос, вам хочется спать, спать, спать.

* * *

у станкового пулемета или просто так у станка
на районной доске почета у траурного венка
стоит рабочий хрен до водки и бабы охочий
машет правой рукой прости прощай или пока пока
в канцелярском небе горят звездочки многоточий
коротки ноги длинна рука и броня крепка

у цветущей вишни или просто так на углу
стоит или садится стул придвигая к столу
слабак несчастный блядь ко всему безучастный
привыкший к заботе скукоте стыдно сказать к теплу

вокруг голубки летают толпится народ разномастный
длинношерстный амур пускает в спину стрелу

ничего ничего бывает короткий звон тетивы
стрела торчит между лопаток и любовь и морковь и увы
безвозвратная безответная кошка гуляет по крыше
крутится детский стишок не выходит из головы
гул золотого шмеля пролетает немного выше
шелеста трав немного ниже чем шорох листвы

* * *

Ей врачи сказали правду, а ему нет.
В те времена считалось, что лучше так.
Каждое утро он просыпался чуть свет,
врубал московское радио и барабанил в такт

какой-нибудь Пахмутовой, пальцами по крышке стола,
поеживаясь, выходил в пижаме во двор,
дивясь тому, что он не ощущает тепла,
а на солнце плюс двадцать два. Какой-то вздор

говорят две соседки, упирая руки в бока,
огромную ногу одной обнимает чумазый малыш.
С утра синева небес особенно глубока.
Сизари, хлопая крыльями, взлетают с крыш.

Что-то с друзьями. С чего это все подряд
перестали звонить? Не зайдет ни одна душа.

А она вчера у подруги примеряла черный наряд.
И смотрелась в зеркало. И была хороша.

Михаил ЮДСОН

## БАРОМЕТР ПАРОМА.

(Дмитрий Быков. Ясно. Новые стихи и письма счастья. – М.: АСТ: Редакция Елены Шубиной, 2015. – 284 с. ISBN 978-5-17-087962-5)

Ну, и чего неясного? Течет речка, через речку паром, на пароме барометр... Сроду ведь душе, по шею вмерзшей, не покоя надо, а погоду знать – когда лед встанет, засталинит, а когда по реке сало пойдет (хрущи над вышками гудуть!), оттепелью запахнет...

Младой Чернышевский, как измывался Набоков в «Даре», мечтал приделать к ртутному градуснику карандаш, дабы он двигался согласно изменениям температуры – и получается, что делать, вечный двигатель! Вот Дмитрий Быков и есть сей человек-карандаш, точнее, вечное перо, дар ему такой шандарахнуло свыше – быть неусыпным барометром-самописцем, чутко фиксировать и рифмовать причуды природы да толчки народа (ода нар, баллады дембеля, цветенье зла с добром, союз дедов с салагой).

Другого величия нам не обломится,
Но сладко – взамен паникерства и пьянства –
Смотреть на стеклянную трубку барометра,
Без слов говорящего: ясно. Все ясно.

Эх, речка-жисть, паром-Расея, Быков-барометр!.. Беда, барин, буран, бунт бессмысленно-беспощадный – вся эта, блин, бессменная дурацкая дорожная карта берется на карандаш: «Заборы, станции, шансоны, жалобы,/ Тупыми жалами язвящий дождь,/ Земля, которая сама сбежала бы,/ Да деться некуда – повсюду то ж».

Версты, подорожник, камень, шатер, брага... Орда... А вот в теньке и переправа, кромка льда – живем, паром! Книга талантливая от прочих раскрасок отличается тем, что автор утаскивает, уводит, уволакивает в свой мир – и неважно, идет ли речь о сраженьях античных героев или блужданиях скучных чиновников. У меня, незатейливого запойного читайника, обычно возникает устойчивый образ текста – чаще почему-то нечто текучее, передвижное, гужевое, едущее: бричка, тачанка, трамвай, печь.

Или, к примеру, паром (ох, впилась ассоциация, аки волчец в чело!) или там ковчег. Ясно, что с Ноя пророки предсказывали, порой и в стихах – потоп и засуху, не понос, так золотуху. На берегах Коцита сидели мы и плакали над тем, как все устроено бездарно, непрошибаемо шатунно и нескончаемо убого. Но случается на счастье и луч света в чулане, я снова вставлю бойко цитату из Быкова: «Чуть завижу то, что сочту структурою, –/ Отвлечется взгляд/ На зеленый берег, на тучу хмурую,/ На Нескучный сад./ Оценить как должно науку чинную/ И красу систем/ Мне мешал зазор меж любой причиною –/ И вот этим всем».

Дмитрий Быков, мнится мне, стихийный стихиппи, мягко алчущий тиши, гармонии скитаний и перебора пиитических четок, а уж никак не переборов трехрядки и трехэтажных гражданских загибов. Его замечательные «Письма счастья» вроде и заминированы иронией, но по сути несут в клюве благую весть: «Делай ночь, а не вой». Любовь, а не кровь!

Ясно даже и Ешу (тут не издательство Елены Шубиной), что кроткая проповедь любви к человечеству нынче смешна и не пилаткорректна. Ну и леший с ними, с приличиями – не зря на задах обложки книжки вежливое предупреждение: «Содержит нецензурную брань». Коль в мире нашем лишь обсценное в цене, только послание к Трехбуквенному эмоционально доходчиво – так и храм с ним! Еще незабвенный В.В.Конецкий радовался, что матерная ругань кратка, хлестка, информативна и не поддается расшифровке противником. О, поле брани! Скажите вслух «Нах-Нах» – и волчий страх уйдет, век-овнодав отвянет. Прав Быков, участвуя в разгоне депрессии: «Пора уходить, отвергая подачки,/ Вставая с колен, становясь на карачки,/ В потешные строясь полки,/ От этой угрюмой, тупой раздолбайки,/ Умеющей только затягивать гайки, –/ К тому, кто подтянет колки».

Дмитрий Львович Быков – может, и супротив собственного желания – точный прибор, отслеживающий настроения охлоса и построения хаоса, плюс заодно задорные колебания фонетики-стилистики (градусник под язык!). Как выражались древние – кладезь на всех с прибором.

Ну, по крайности, Быков плоть от плоти той почвы речи – ловец плотвы словес, сплавец плотов стихов. Ежели по-простому, по-куртуазному: всегда он был веселый, плотоядный – вайнгартентюа! Хотя, бывало, приглядишься, однако – тю, вроде свой в доску, ан доска-то приборная! И ясно видна панорама парома...

А паром, апропо – он, братан, в законе, по планктонным понятиям – часть суши, со всех сторон окруженная суками. На деле, конечно – галера, но вохра давно смылась, охра с плакатов слиняла, колючка проржавела, а никто и не заметил, народ так и гребет потихоньку во всю гребенку – на пир победителей, ко второй каше. Паромская обитель! Куды ж нам плыть, тудыть... Дрейфует, собирает, сосредотачивается... Ползет на Ахерон на всех парах, чего ж вотще лежать под паром плоскомирно (вышки и скважины – скрепы опары, опоры квашни), барометр сулит нам крах и швах, и мор и глад, вброд покоренье тонкошеих перешейков – пророк-поэт и сам не рад...

М-да, Быков зело заразителен и сразу вгоняет в жар соблазна подражания, но все это, отцы, вторая свежесть, лажа и пиджин, не бойся, мальчик, как у него не получится – чары чакры не те... Взять хоть полюбившееся, неотрывное – узорная работа над железом дорог: «Куда он вернется? Сюда, вероятно./ По белому фону разбросаны пятна,/ Проехали станцию Чернь,/ Деревни, деревья, дровяник, дворняга,/ Дорога, двуроги, дерюга, деляга –/ И все непонятно зачем».

Мне, живущему обетованно и пьющему живительно в прожаренной стране размером с ноготок (нам простираться ни к чему), блаженно вспоминаются нескончаемые викжельные пространства, заснеженные березы вдоль путей и сладкий запах креозота. Ах, и дорожные встречи – уж как плацкарта ляжет... А проводницы с их библейской простотой: «Белье брать будете?» Чайные дребезжащие церемонии, немеркнущие в ноздрях ароматы тамбуров, окающая и акающая звукопись окрест и гортанный, с придыханиями диктант сверху. «Когда-то и я, уязвимый рассказчик,/ Имел над собою незримый образчик/ И слышал небесное «Чу!»,/ Чуть слышно звучащее чуждо и чудно,/ И я ему вторил, и было мне трудно,/ А нынче – пиши не хочу».

В притчево-метафоричных рифмах Быкова переночевала любовь и зажилась рефлексия. Чуть ли не с чаадаевской горечью автор неустанно отмечает, что он чего-то отличается от первых встречных (поперечностью? непрозрачностью?): «Не то что я лишний./ Не то чтобы злобой личной/ Томился тот, а тайной виной – иной:/ Так было логичней./ Так было бы элегичней./ Теперь вообще непонятно, как быть со мной».

Хоровое элитное множество для него закрыто – он чужой по ранжиру и инжиру, весу и вкусу, по манере вкушения уксуса. Массолита достойное стадо, дружно мычащее Мы (тавро пусть не выжжено, так прилеплено), тоже вызывает здоровое отторжение нелогичностью, горячностью и отмороженностью: «Меня не надо, и каждый, кто не ослеп,/ Видит, как я предаю Лубянку и крепость Брестскую./ Если я ем – я ем ворованный русский хлеб./ Если не ем, то я этим хлебом брезгую».

Многие и многие строчки в книге светлы и печальны, и вычитывается мне о бренности пространства и суете времени, о черепашьей пратчеттовой плоскости и закатной арзамасской полоске, о последней переправе к другим берегам и теченьям (Потомак не предлагать, ладно бы Ладору) – далеко-далеко, в бухту Стикси... Постпогостное, безтягостное – отоспаться! И видеть сны, ясные тени... «Все пройдет и уляжется», – сказал бы кладбищенский сторож у Бабеля.

А у Быкова стойкая грусть: «Я не стою и этих щедрот –/ Долгой ночи, короткого лета./ Потому что не так и не тот/ И с младенчества чувствую это./ Что начну – обращается вспять./ Что скажу – понимают превратно./ Недосмотром иль милостью звать/ То, что я еще жив, – непонятно». Тут, мне кажется, маячит и давнее потустороннее «как проходит косой дождь», это ведь о смерти – проходит косой...

Пред нами таки элегии, стихи «опосля любви». Давно же сказано, что «всякая тварь божья грустна после соития». Да и до этого славно-сладкого занятия большой радости в миру не наблюдается, блаженством не пахнет: «Тиха, как нарисованное пламя,/ Себя дает последней угадать/ В тончайшем рвановесье благодать,/ Но это уж совсем на заднем плане». Гуляй, гуляй, рванина, не мешай пилить гирьки... Ясно, что с ясонов и начнут стричь руно рано или поздно... Присущая заветная печаль в глазах мыслящего – «племя скудное, бесправное» – сколько там еще мотать до бирки-колышка, неужто мерзлота вечная? Недаром время года в книге – зима, а погода – снег. Барометр показывает «бр-р», подмораживает. Дневники ледникового, надвигающегося сугробья: «Жальче всего, конечно, тех, кто не дожил,/ Не пережил январскую Колыму:/ Так и ушли в сознанье, что мир не должен/ Им ничего, а только они ему». Или другая запись: «Нам дается для этой цели/ Две недели./ В остальное время зима». А вот совсем красиво: «Зима приходит вздохом струнных:/ «Всему конец»./ Она приводит белорунных/ Своих овец,/ Своих коней, что ждут ударов,/ Как наивысшей похвалы,/ Своих волков, своих удавов,/ И все они белы, белы».

Да уж, лишь бы серые не пришли! Дмитрий Быков, в общем-то, если и не оптимистичен, так экклезиастичен, будущее не грозит запором и непроходимостью: «Не люблю, если кто-то смущает умы обещаньем нежданных щедрот, – а люблю переломную точку зимы под названием солнцеворот... Я люблю эту высшую точку зимы, эту краткость убогого дня – но ведь живы же мы, выживаем же мы всей Отчизной, включая меня!»

Немало еще можно слов сложить о книге «Ясно», но смысл читателю разумному понятен: хорошо! И страницы, кстати, нумерованы отлично, без арифметических излишеств – одна цифирь на разворот, другую сам небось сообразишь, пошевелив извилиной – вот и труды ума, давно бы так!

Завершает книгу пьеса в стихах, фривольная «Школа жен», Мольер в привольном пересказе Быкова – битый молью постмодернизм отдыхает! Там, помните, главгерой – господин де ла Суш, что значит «пень», такие дела. Ясен пень, что вышло смешно, сегодняшне, а писано по заказу театра-студии Олега Табакова. Если будут выступать, я пойду смотреть. А всем напослед советую – читайте Быкова, получайте письменное счастье.

Инна БОГАЧИНСКАЯ

## ИННАстранные РАЗМЫШЛЕНИЯ

Я смотрю этот фильм
с отрезвляющей долей сарказма,
Где рождённые ползать
доползают до главных ролей.
Где гонимо добро.
Где светящих клюют безотказно.
Где не жизнь – выживанье.
А козырь – у тех, кто наглей.

Я смотрю с высоты
галактического охвата,
Как мелки океаны
и хрупки сверхстальные мосты.
Как родные чужды.
Просветлённые – чудаковаты.
Как в тюрьме кабинетов
шипят должностные шуты.

Я смотрю на микробность молвы.
На чванливость мурашек.
На бредовость
маниакальных боёв за престол.
Этот зверский расклад
беспощаден, уродлив и страшен.
Он орлиный размах
в черепашье низводит ничто.

Я смотрю на рассыпчатость дружб.
На соломенность брачных концернов.
На ущербность властей
и плебейское рабство служак.
Ничего, неужели совсем ничего
этот мир не исцелит?!
И куда же, куда нам

из этой психушки бежать???

Я смотрю на монашество вещих
и на похотливость монахов.
И на то, как мы не научились ценить,
предварительно не потеряв.
Я – в смятенье.
Скольжу. Спотыкаюсь. Срываюсь.
Однако
Свой запутанный путь
всё же одолеваю не зря.

Говорю себе: – Это ведь фильм,
полный ужасов и наслаждений.
Это – блажь сценариста.
Фуга фарсов, интрижек и драм.
ИННАродный я странник.
Постигнуть хочу беспредельность.
И всех раненных в душу
излечить эликсиром Добра.

## СТИХИ О ЗАТОЧЕНИИ, ПРЕДНАЗНАЧЕНИИ И ОБ ИСКЛЮЧЕНИИ

Мне в словотворном заточении,
тире свечении,
тире лечении,
Ну, а, скорей, в кровоточении,
И в том ещё, что не пойму,
Назначено сквозь все течения,
системы
и ограничения
Светить в сердца,
в потери,
в тьму,
И быть за это исключением,
не подчинённым никому.

## Борис КОКОТОВ

* * *

Удельная, Малаховка, Красково
летят на тусклый свет, как мотыльки.
Тысячеверстный гул металлофона,
электровозов встречные свистки.
Игрушка: дирижабль и самолетик.
Не потеряйся ключик заводной,
я б до сих пор кружился беззаботно
над грустной нарисованной землёй.
Нам выходить, но двери раздвижные
не открываются. Платформы нет в помине.
Я задремал у мамы на руках.
Колес по рельсам возгласы стальные.
Названья станций, словно позывные,
пугающе цветут в моих недетских снах.

* * *

Отзывается чудом зрения
холодноватый укол звезды.
Мельтешащих на дне музея
нас разглядывают холсты.
на сетчатке пейзажей слоистой
наши лица – тени облаков
проплывающих. Портретов мысли
облекаются в плоть и кровь.
Для чего было смешивать краски,
если следствия столь далеки?
На ладони твоей – марсианский
иероглиф лиловой реки.
Луч, вколоченный в грубые рамы,
отзывается сердца толчком,
и картины горят, как экраны,
сквозь которые все мы уйдем.
Куст мерцающий, мостик висячий
(приглядишься – цветные мазки!).
А за низким холмом, не иначе
чей-то дом у лиловой реки.

* * *

Сад ЦДСА, где лодки напрокат
толченым кирпичом поперчены дорожки.
Оркестрик духовой играет невпопад,
подростки группами выходят из киношки.

Неподалеку Дуров Уголок
с непритязательным своим аттракционом...
я здесь когда-то жил, со временем я б мог
служить здесь сторожем или, допустим, кленом.

Сад ЦДСА, скамеечки в саду
свежепокрашены. Пенсионер с газетой.
Дежурный лебедь плавает в пруду.
По репродуктору – обрывок менуэта.

Читальня. Шахматный дощатый павильон.
За поединком наблюдает зритель.
Противник мой великодушен. Слон
под боем, юноша, прошу, переходите.

Я неудачно разыграл гамбит
и не использовал свой шанс, наверно.
Я лебедя кормил, крошил ему бисквит,
шурша листвою к дому брел вдоль сквера.

Мой мир (пускай не мир – мирок )
на карту нанесен размашисто, неточно:
киношка, чебуречная, каток,
просветы переулков самотечных...

И этот Сад... Все правильно – нельзя,
себя обманывая, брать ходы обратно.
Я поспешил, пожертвовав ферзя.
Я здесь когда-то жил. Я жил когда-то.

Татьяна ШЕРЕМЕТЕВА

# НИКОГДА
## Рассказ второклассника

У моей мамы большие неприятности. Осенью на нашем обеденном столе часто стояли цветы, потом они стали появляться все реже, потом какой-то букет засох, а теперь в эту вазу дедушка складывает разные квитанции. Говорит, чтобы не забыть вовремя заплатить. Бумажки некрасиво торчат во все стороны, но мне это нравится гораздо больше, чем те розы. И дед с бабушкой тоже так думают, я знаю. Однажды дед сказал: «Ненавижу эти цветы. И его ненавижу», а бабушка прибавила: «Женатый человек, и чего увивается…»

Им кажется, что я не слышу. И когда они на кухне тихо разговаривают, и когда я уже сплю. А я на самом деле не сплю, а слушаю, вернее, подслушиваю. Мне же нужно знать, что у нас происходит.

Мама приходит с работы очень поздно. Она по вечерам получает второе образование. Я все хочу ее спросить, почему это второе образование? Я знаю, что когда я родился, она уже училась в институте, а перед этим в школе. Значит, два образования уже есть. А это образование, из-за которого мы теперь совсем не видимся, значит, – третье? Мне совсем не нравится, что мама пошла учиться. Вечером она приходит, когда я уже сплю, а утром уходит на какие-то курсы от работы, когда я еще сплю. И если мне что-то нужно ей сказать, я пишу ей записки. Так получается очень часто. Ну, например, я прошу ее поднять меня пораньше, чтобы нам повидаться, пока она еще не ушла.

Пишу, что если я буду сопротивляться, она бы подергала меня за ногу. Для того чтобы было понятней, я обычно рисую еще картинки. Ну, например, когда меня надо разбудить пораньше, я изображаю, как лежу и как мама должна меня разбудить.

Еще внизу под картинками я всегда рисую ей сердечки. Мама обычно смеется и мои записки целует, а про сердечки говорит, что они у меня похожи на попу. И тоже их целует. А меня прижимает к себе и говорит, что я ее счастье.

Я больше всего люблю вечера, когда мама не учится. Мы ложимся спать, я немножко жду, потом на всякий случай ее предупреждаю: «Мама, ты ужасно вредная, и я иду к тебе». И быстро перепрыгиваю к ней в постель. Наши диваны стоят очень близко и перепрыгнуть к ней мне совсем не сложно.

Сначала мама выпихивает меня, и мы возимся, а потом она начинает слушать. Мне же надо ей рассказать свои главные тайны. Их каждый день набирается так много, что мне трудно дотерпеть до выходных. Я говорю шепотом, а мама хохочет и объясняет мне, что у нее уже все ухо от меня мокрое. Ну, как еще рассказывать, я не знаю… Это же тайны…

Наш дед в такие моменты всегда заглядывает к нам. Он оставляет свет в коридоре, пристраивается на краешке маминого дивана и сидит с нами, хотя нам всем тесно. Но на соседний диван пересаживаться не хочет, потому что, по его словам, ему и на нашем хорошо. Мы вместе говорим о разных вещах, дед гладит меня по голове и, как выражается бабушка, «тает». Он может так «таять» долго, пока бабушка не призывает нас к порядку. Она говорит, что завтра всем рано вставать и что деда от нас «оттащить невозможно».

Бабушка заходит к нам в комнату на минутку – просто послушать, о чем мы говорим. Очень скоро фартук на ее животе начинает подпрыгивать – бабушка смеется, потом тоже подсаживается к нам, и мы принимаемся шутить и смеяться все вместе. И так иногда хохочем, что мне даже в туалет приходится бегать, чтобы не описаться. Ой! Ничего, что я так сказал?

Когда мы вот так, все вместе – на мамином диванчике, мне кажется, что это наша лодка и мы в ней куда-то плывем.

Бабушка у нас самая главная. Это мама так говорит. А дед – самый добрый дед на свете. Мы с ним любим сидеть на кухне, разговаривать и есть черные сухари. Их бабушка специально для нас делает. Дед считает, что это лучше всех пирожных. Бабушка режет бородинский хлеб на маленькие кусочки, солит их и отправляет в духовку. А потом мы пьем чай. Если чай сладкий, а сухари соленые, получается очень вкусно. Мама сахар в чай не кладет, говорит, что для фигуры плохо. А нам, как говорит наш дед, фигура не страшна, и мы пьем сладкий.

Больше всего я люблю быть дома. Раньше я даже не знал, что это так здорово.

Раньше мы жили с папой. И они с мамой часто ругались. На меня мама тоже кричала, потому что я на продленке плохо делал уроки, и мне становилось очень страшно. Она тогда была похожа на злую, лохматую собаку, и мне казалось, что она даже может укусить меня. Это была не моя мама. Она кричала на меня, потом плакала и просила у меня прощения, потом опять кричала и опять просила прощения. И я понимал, что это все-таки была она, только уже некрасивая. По ночам мама часто не спала, а ходила по кухне и выливала в туалет водку из бутылок. Утром папа кричал на маму, зачем она вылила его водку. И мне было жалко ее. Я же знаю, как страшно, когда на тебя кричат. Однажды я сказал им, что взрослые такие не бывают, потому что они все время ругаются. Мама встала на коленки и обняла меня, а папа был пьяный.

Я стараюсь не вспоминать то время. Тогда мама была другая. Мне кажется, что она даже не любила меня.

Однажды вечером она ушла в театр. А перед этим спорила о чем-то с бабушкой по телефону и опять кричала, что не может лишить ребенка отца и французской школы. А жизни у нее все равно нет. И что она тоже человек. И поэтому пойдет сейчас с тетей Мариной в театр. И что я уже большой и могу дома один посидеть. Бабушка в таких случаях говорит, что лучше совсем без отца, чем с таким отцом, и что пропади она пропадом эта французская школа. Мама ушла в театр. Я сидел один, и мне было ужасно скучно и холодно. И я боялся, что придет папа. Потом опять позвонила бабушка, спрашивала, что я делаю и что я ел на ужин. Я сказал, что мама оставила мне сырники, и на всякий случай наврал, что я рисую. Потом я услышал, как бабушка сказала кому-то, что весь этот кошмар она моей маме никогда не простит.

Но это было давно. Я не люблю думать об этом. Когда мы переехали к деду с бабушкой, я даже сначала ничего не понял. Просто однажды в субботу мама сказала, что мы поедем к ним в гости. Я обрадовался, она собрала сумку, взяла мой портфель, и мы уехали. А здесь уже мама мне объяснила, что теперь мы будем жить все вместе. Я сразу спросил, а как же мой медведь, он же остался на старой квартире. Если бы я знал, я бы взял его с собой. И книжки, и мои альбомы. Мама пообещала, что все мне привезет. И действительно, медведь скоро тоже переехал к нам и теперь сидит на моей подушке. Я стал ходить в новую школу, а мама начала учиться в своей академии. Она говорит, что ей нужно очень много работать, чтобы купить квартиру, и что мы у дедушки с бабушкой на голове сидим. Зачем нам квартира, я совершенно не понимаю. У нас здесь есть своя комната, там и наши диванчики, и мой стол, и шкаф умещаются.

Мама очень изменилась. Она опять стала красивая, как раньше. Тогда я был еще маленький и часто спрашивал ее, почему она такая. А мама брала меня на руки, целовала, потом залезала носом мне под шею и глубоко вдыхала. Там у меня, оказывается, необыкновенно пахнет. Не знаю, я старался понюхать, но ничего не почувствовал.

Теперь мама добрая, она больше не кричит, и я ее совсем не боюсь.

Наоборот, мне хочется ее защищать.

Однажды мы с ней поехали на Азовское море лечить мое горло. Мы никак не могли найти, у кого остановиться. Нам везде говорили, что комнат нет, все занято. Мама шла такая расстроенная. А я ее утешал и говорил, что мы обязательно что-нибудь найдем. И чтобы ей было веселее, даже обнимал ее за талию, хотя мне было очень высоко и неудобно. И все получилось, как я сказал! Одна старушка, Ефросинья Михайловна, у нее потом еще котята родились, нас приютила. Она нам предложила большую комнату, но предупредила, что там с нами два других человека будут жить. Мы согласились. На следующий день появились еще две тети – одна молодая, другая старая. И мы так все подружились! По вечерам мама нам всем читала мою книжку. Мы спросили разрешения, и эти тети тоже стали перед сном слушать, как мама читает, и даже потом обсуждать с нами разные сказочные истории. Вот так здорово мы жили.

Утром мы купались в море, а после ужина я возвращался на берег спасать медуз. Днем медузы плавали в воде, и все знали, что они, хотя и огромные, но совсем не кусачие, а наоборот, совершенно беспомощные. Зачем их каждый раз вытаскивали на берег, я не понимаю. Они лежали на горячем песке и умирали. Поэтому перед сном мы возвращались туда, и я оттаскивал медуз обратно в море.

Они были часто израненные и такие несчастные, что я, хоть и сдерживался, все равно плакал, а мама закрывала глаза рукой и все спрашивала Бога на небе, как же я буду жить. Потому что у меня нет никакого защитного слоя.

Но это было давно – летом. А сейчас зима, у нас с мамой каникулы. На нашей кухне каждый день очень вкусно пахнет, и в большой эмалированной миске под полотенцем лежат пирожки с капустой. А в стеклянной салатнице – плюшки с вареньем. И по вечерам мы все вместе пьем чай.

А позавчера был самый счастливый день в моей жизни. Утром мы с мамой с утра поехали в цирк. Там мы смотрели на жонглеров, клоунов и тигров. Мне больше всего клоуны понравились. А потом мы пошли на Центральный рынок, самый большой в Москве. По дороге я дал маме честное слово, что не проговорюсь и нашу тайну не выдам. Она мне рассказала, что написала какую-то статью и что ей заплатили много денег – сорок рублей. И у мамы план – сделать деду и бабушке сюрприз. Она спросила меня, как я – не против? Ну зачем она такие вопросы задавала? Сюрприз был такой: купить на рынке разных вкусных вещей и еще подарки к Новому году. Вокруг было много народу, и все были веселые – и продавцы, и покупатели.

Мы купили виноград, хурму, груши, какие-то еще фрукты и овощи. Я никогда не видел в магазинах такую красивую еду. Мама иногда приносит с работы что-нибудь вкусное – говорит, что это «Заказ». Но так бывает не часто. А потом у старушки на выходе купили для деда – толстые шерстяные носки, а для бабушки – пушистые варежки с красивыми снежинками и помпончиками.

Дома мы потихоньку в ванной все фрукты помыли, сложили на большой поднос и накрыли его чистой тряпочкой. Потом я отвлекал бабушку в большой комнате, а мама прятала поднос под моим письменным столом. А вечером наступил Новый год. И мы с мамой торжественно внесли наш поднос и подарки в большую комнату, где уже стоял стол с красивой скатертью и разной вкуснятиной. Как сказала бабушка, они с дедом потеряли дар речи от радости. Дед сразу натянул носки на ноги, а бабушка все прикладывала варежки к щекам. Мы кормили деда с бабушкой фруктами и помидорами, и это было так здорово, что мне самому совсем не хотелось есть. Правда, потом меня уговорили, и я тоже съел две большие груши.

Я теперь мечтаю о том, что на следующий Новый год мама опять напишет какую-нибудь статью, и мы опять устроим дома сюрприз. А у меня в тот вечер появился друг. Его мама с бабушкой по ночам для меня придумывали. Они взяли мои старые ползунки, набили их чем-то мягким, потом пришили ручки и головку. Глаза сделали из черных пуговиц, бороду и усы – из моей старой шубы. У него жилетка из дедушкиного пальто и красная косынка из маминого пионерского галстука. У него даже есть маленькие сапожки. Это настоящий Морской волк, и мы решили, что теперь он будет охранять от бурь нашу семейную лодку.

А маму я всегда поздравляю сам. И каждый раз пишу ей о том, как люблю ее. И рисую сердечко, пусть оно и похоже на попу. Это неважно. Мама ведь все понимает. Я хочу, чтобы в нашей вазе не было больше цветов. Никогда. Пусть лучше там лежат дедушкины квитанции.

## Феликс ЧЕЧИК

* * *

Всё путём – и сомнения нет,–
диалектика, брат:
ты когда-то смотрел на рассвет,
а теперь на закат.

Ты смотрел на рассвет, не дыша,
и боялся спугнуть,
и росла у ребёнка душа,
как в термометре ртуть.

Но важней и дороже смотреть
на закат старику,
и в закате увидеть не смерть
и не тлен и труху,

а возможность, уйдя далеко,
разминуться с концом
и рассветное пить молоко
жёлторотым юнцом.

* * *

мой брат на склоне дней
мы больше не враги
попридержи коней
а лучше распряги

и отпусти в луга
где травы зелены
и возлюби врага
до будущей войны

## БОРИС ПАСТЕРНАК

под небом надвое расколотым
гусиным клином или громом
лежали молчаливым золотом
и мокли листья перед домом

и выйдя на крылечко мокрое
и сбросив сновидений бремя
я память разукрасил охрою
и выкрасил в багрянец время

## КОЛЫБЕЛЬНАЯ

*А.А.*

Те и эти, те и эти,
окружают нас с тобой:
разномастные соседи
по планете голубой.

И планета голубая
любит этих, любит тех,
и ночами байки бая,
убаюкивает всех.

Баю-баюшки, младенец,
баю-баюшки, кащей;
переделать не надеясь
ход событий суть вещей.

Спи любимая – не бойся, –
баю-баюшки-баю,
пролетая мимо Босха,
мрачной бездны на краю.

## Наталья РЕЗНИК

* * *

Когда уже сметёт с лица земли
И нас с тобой и внуков наших внуков,
Забыв тысячелетнюю науку,
Сюда придут иные корабли.
Иные пилигримы принесут
Свои законы, истину спасая,
Неверных псов камнями забросают,
Как постановит их недолгий суд.
Оставшихся оденут, остригут,
А жёнам чёрным занавесят лица.
Детей научат истово молиться,
И книги наши радостно сожгут.
Ещё тысячелетье проживут
И станут нас во много раз мудрее,
И народятся новые евреи,
И покрывала женщины сорвут.
И к тем благословенным временам,
Возникнет поколение другое,
В котором будут новые изгои.
Но им не будет страшно так, как нам.

* * *

Закончились правильные слова,
Рифмы, ровные стихотворные размеры.
Врачи упрямо утверждают, что я жива,
Но врачам у меня с детства не было веры.
Какая может быть жизнь без гладких рифмованных строк,
Изгнанных, правда, из современной поэзии, – вон рутину!
Ещё до того, как сплошной стихотворный поток
Захлестнул всемирную электронную паутину.

Что за стихи без подсчёта слогов в строках,
Делающие жизнь всё бессвязнее и корявей!
Я думала, что могу её удержать в руках,

Но она вырвалась и покатилась,
разбрасывая человеческий гравий.

Стихи как жизнь: на словесной дыре дыра,
Жизнь как стихи: беспорядочное движение.
Это всё-таки жизнь – твердят упрямые доктора.
Но что они понимают в стихосложении!

* * *

Приезжай на Московский, я всё ещё там,
Я только что вернулась из Туапсе.
Один кавказец ходит за мной по пятам,
Пойдём, говорит, угощу кофе-гляссе.
Но я не иду: мне всего двадцать лет,
И я вообще боюсь незнакомых людей.
А ты опаздываешь. Опаздываешь на двадцать лет,
Ты двадцать лет шляешься неизвестно где.
Приходи, иначе не будет здесь больше моей ноги,
Мне страшно представить, что я без тебя ушла,
Что я ушла давно и совсем с другим,
И даже не помню точно, кого ждала.

## РЕЧКА

Сколько в речку ни плюй, ты её не задержишь теченья,
Наводненья не вызовешь, дурья башка.
Ей, реке, наплевать на страданья твои и мученья
И на приступы ярости в травах её бережка.

Сколько в речку ни плачь, эта речка останется пресной,
Хоть рыданья годами в неё заливай.
Ей не грустно, не больно, ей скучно и неинтересно.
Убегает река, и прохожий садится в трамвай.

Лиана АЛАВЕРДОВА

## НЕЛЁГКИЕ МИРЫ ТАТЬЯНЫ ТОЛСТОЙ

Татьяна Толстая вновь приехала в Америку и вновь посетила Бруклинскую публичную библиотеку, где выступала уже не раз. Прошлое выступление, говорят, совпало с началом урагана Сэнди. Мне, как и многим тогда, было не до встречи с писателями. Сейчас же состоялся вполне спокойный разговор о литературе, который Т. Толстая вела не одна, а в сообществе с мефистофелеподобным Александром Генисом. Сама Т. Толстая тоже выглядела в меру демонически: черные волосы, черные сапоги и черное платье, на котором, смягчая облик литератора, белело стилизованное изображение головы человека, похожего на Давида работы Микеланджело. Если вам показалось, что я пишу немного зло, вы не ошиблись; видимо, подзаразилась от Татьяны Никитичны, прочитав ее новую книгу «Легкие миры» (Москва: АСТ, 2014). Улыбчиво-лукавый Генис удачно контрастировал с тяжеловесной собеседницей. Я имею в виду не столько внешность, сколько манеру общения: резкую, безрадостную, пусть даже улыбки и проглядывали иногда на челе писательницы. Да она и не скрывает свой непростой характер. Так и сказала «Я человек отдельный, я человек надменный» в беседе с Иваном Давыдовым (интервью из той же книги). Если после чтения Петрушевской, по словам Т. Толстой, не остается никаких надежд, то после чтения Т. Толстой – никаких иллюзий.

Но вернемся к нашей встрече. «25 лет назад, – бодро начал Генис, – пала берлинская стена. А 30 лет назад вышел рассказ «Соня»». Как считает Генис, сие событие ознаменовало явление новой литературы народу. Татьяна Толстая, по мнению критика, «сшила серебряный век с нашим веком». Тут не могу не вклиниться в поток комплиментов, более уместных во время застолья. Безусловно, Т.Толстой и А. Генису было не впервой беседовать, чего они и не скрывали, но все же есть предел даже для самой безудержной лести. Так-таки серебряный век и, раз тебе, Татьяна Толстая, к нему пристегнутая. Рассказ «Соня» и в самом деле замечательный. Я его перечитала. Щемящий, печальный, удивительный рассказ. Настоящая литература, нечего и говорить. Но только не надо представлять дело так, как будто этот рассказ совершил переворот в литературе. Мало кто способен совершать перевороты. Сказано же было: Пруст, Джойс и Кафка. А остальным слабо.

Еще один комплимент Александра Гениса: «Таким бы был русский человек, если бы не было революции». И тут не могу с ним согласиться. У Татьяны Толстой и воспитание прекрасное, и талант, и родословная (кто еще может похвастаться, что один дедушка – А.Н. Толстой, тот самый автор «Петра Первого», а другой – М. Л. Лозинский?). Но, если б не было революции, мы бы не услыхали матерков в ее письменной речи, да и устная могла бы быть помягче, что греха таить. Если б не было революции, возможно, не было бы и этой горечи и боли за Россию, и отсутствия иллюзий по поводу народа. Как пишет она сама: «Я народ не идеализирую. Я его люблю черненьким». Так что Генис, перехваливая Толстую, оказывает ей медвежью услугу. Читаем на суперобложке книги: «Сливаясь и расходясь с автором, рассказчица плетет кружевные истории своей жизни, в том числе – про любовь, как Бунин». Ну при чем здесь Бунин? Как будто никто не писал о любви, кроме него, право. Превзошел Гениса Иван Давыдов, назвавший Т. Толстую «живым классиком». Это высказывание приводится в конце книги (на суперобложке места не хватило). Но на лесть покупаются даже те, кто ни на что не покупается. Что адекватно человеческой природе.

Основная часть встречи протекла в рассуждениях о филологии: о новообразованиях типа «ботаник» и «шнурки в стакане», и об уменьшительных суффиксах русского языка. Дескать, как много в них смысла, и как невозможно перевести на английский «селедочки», «огурчиков», «сучара», пардон. Т. Толстая, по ее словам, не пурист (а то мы б не догадались!). Иное вульгарное слово в необходимом месте может заблестеть, как алмаз. Трудно не согласиться, но еще труднее не заметить, что этих алмазов у Толстой что-то рассыпано немеряно щедрою рукой, («не счесть алмазов пламенных в лабазах каменных»), и в слове на букву «б» у нее то «т», то «д» в середине. Отчего это? Интересно было слушать и о том, как ей пишется, или, казенно выражаясь, о творческом процессе. Что ты не знаешь, о чем ты напишешь. Что смыслы возникают, как силуэт человека-невидимки, когда его обрызгали грязью из-под колес и облили дождем.

У нее особая острота зрения.Такая здоровая злость на идиотизм, которого много вокруг, куда ни глянь. Но люди в основном его не замечают, привыкли. Иногда ее стиль напоминает Жванецкого и Шендеровича по хлесткости, афористичности. Иногда она проговаривает вслух то, что просто, казалось, лежит на поверхности, но вот не было сформулировано. Со мной срезонировали ее слова: «Изобразительное искусство потеряло свой язык» (это о том, куда завел процесс разрушения с его пресловутым «Черным (чертовым) квадратом». Или «Демократия – страшная вещь. У всех появился голос». Или о том, как ей не нравится звучание собственного голоса. Как и всем нам.

«Пока я здесь, мне есть что сказать» – некогда декларировалаТолстая Генису, и в это веришь. Бог и вправду поцеловал ее в темечко. Читаешь ее прозу – и смешно, и грустно, и восторг, в общем, настоящая литература. Все же Толстая не Жванецкий и не Шендерович. У нее есть настоящая лирическая нота, трепетная и неподдельная. В нее абсолютно веришь. Когда она пишет о самом дорогом: об отце, матери, доме, о любви (как Толстая, а не Бунин). Вот как заканчивается ее коротенький рассказик об умершем человеке. «Там такой незастроенный, огороженный участок, и на нем дерево в белом цвету, в темноте не разберу какое. И посреди этой городской вони, и опасных подвыпивших мужиков, и ментов по соседству, и всей этой бессмыслицы и безнадеги зачем-то на дереве расселись соловьи и поют. Совсем с ума, наверно, посходили. Совсем». Т. Толстая великолепно умеет поставить точку в конце рассказа. Последние строки – ударные. Ей это дано, как хорошему поэту. А «Легкие миры» – это метафора, как вы могли бы догадаться. Нечто необъяснимое, то, чего нет на самом деле.

Спросила публика ее о Дине Рубиной. Тут, боюсь, героиня моего рассказа слукавила. Она, дескать, сейчас никого не читает, так как ей зрение не позволяет: все расплывается, и читать она может только крупными буквами с экрана компьютера. Я бы пожалела страдалицу, но при мне она довольно бодро прочла записки, поданные из зала... «А как Вы относитесь к Быкову? А к Акунину?» Тут уж Генис рассердился, хотя виду не подал, но заметил, что, мол, пришел к Вам писатель, а Вы ее расспрашиваете о других. Зачем?

Я, признаться, грешным делом собиралась уколоть Т. Толстую за антиамериканизм. Примеров пруд пруди. В Америке «цветы не пахнут, овощи не имеют вкуса». Бедные мы бедные, что мы здесь едим, что обоняем? Прочитав «Легкие миры», убедилась, что некто и по другую сторону океана может упрекнуть ее за антироссийские сентименты, и анти- еще какие угодно. Таков ее взгляд, диапазон – от лирика до сатирика. Словно бы открещиваясь от всех подобных обвинений, Т. Толстая написала: «Я, в общем, к Америке хорошо отношусь, нынешний антиамериканизм, как и все националистические фобии, мне претит. Баланс хорошего и дурного в Америке очень приличный, а если президент болван, так скоро другого выберут. Но жить там я не хочу, я хочу жить тут. Здесь совсем не лучше. Просто там чужое, а тут свое».

Сказала, как отрезала. Вопросы есть?

Сергей СУТУЛОВ-КАТЕРИНИЧ

## ОСЕЧКА

Какие дни – такие мысли.
Ворчу… Но чую: ворочусь
В десятый класс. И грянет выстрел!
Читайте Чехова, Мисюсь…

Ружьё стреляет в третьем акте?
Девчонка в первом завизжит.
В запое ямб. В загуле дактиль.
Хорей штампует миражи.

Смакуя мёд противоречий,
Как юный Пушкин, волочусь
За примадонной… Место встречи?
До пятой серии, Марусь!

Какие сны – такие ночи.
Иносказаний круговерть.
И чёт, и нечет обесточен.
Поэт – в окошко. Пуля – в дверь.

Вкушая яд трагикомедий,
На пепелище возвращусь.
Художник врёт. Давай уедем.
Билеты куплены, Мисюсь!

Какие псы – такие волки.
И никогда – наоборот.
Бомжара в крашеной ермолке
Аккордеоном душу рвёт.

…Вотще исчёркан сотый листик,
Напрасно в прошлое стучусь:
Прощу тебе вторичность мысли,

Но отвергаю дубли чувств.
Девчонка-женщина-старуха
Лукавит, но орёт взахлёб.
Вполглаза прожила, вполуха.
Осечка. Выстрел. Вечность – в лоб!

## ЗА-РАССВЕТНЫЙ РЕДСОВЕТ

сонет: 40 лет спустя

*Воланду ни слова о Любви!*
Сергей Сутулов, 1969

Господи, у Спаса-на-Крови
Первую любовь благослови!
Жертвую магический сонет –
Ты меня услышишь или нет?..

Ноты переврали соловьи.
Ангелы осипли – се ля ви…
Сорок сороков и сорок лет
Длится за-рассветный редсовет.

Господи, любовь благослови –
Позднюю, абсурдную, послед…

Около Собора-на-крови
…днюю, Вечность чуя, мрачный дед:
Воланду ни слова о Любви!

Молния январская – в ответ.

1969–2009

Нина БОЛЬШАКОВА

## ПОХОРОНЫ МАСТЕРА ТАТУАЖА

На центральной площади города, на свободном месте между исполкомом и баррикадой, собралась толпа; там были и горожане, но больше всего было ополченцев республики. Они хоронили своего боевого товарища Сережу из Макеевки, вчера погиб как герой. Ополченцы воевали с украми; им слили из оперативного центра АТО, что войсковая колонна укров пойдет по лиманской дороге, сказали день и время, примерно. Они ждали в засаде восемь часов, уже и пиво кончилось, бодрились; дождались, покрошили укров в капусту, сожгли два бэтээра вместе с солдатами, но и Сережу потеряли. И вот его хоронили, с ним прощались соратники по борьбе, клялись отомстить проклятым "бендеровцам", защитить русский народ, палили в воздух.

В домах вокруг площади в своих квартирах, в глухих углах подальше от окон за компьютерами сидели люди, общались в чате.

– Стреляют, – написала Алевтина.

– Вас это еще удивляет? – ответил Владимир.

– Похороны, – уточнил Дмитрий.

– Стреляют в воздух, – отметил Александр.

– Да, – потвердил Владимир. Его квартира смотрела окнами прямо на площадь. Он опустил жалюзи и задернул плотные шторы еще месяц назад, но слышимость оставалась все равно хорошая, даже слишком.

– Это залпы на площади, кого-то они хоронят, – Ольга , как всегда, четко обозначила событие, место, действие.

– Душевно как, – порадовался Владимир.

– Они там сделали кладбище? – удивилась Алевтина.

– Так кого? – в чате появился Юрий.

– Вчорашнього упиря, видать, – предположил Сашко.

– А кто вчера у них погиб? – спросил Юрий.

– Террорист, который убил наших десантников, – ответила Алевтина.

– Да вообще-то не факт, – вмешался Александр, – говорят, вчера в исполком “Скорая” приезжала на передоз. Может, с этим связано.

– Чтоб они там все перекололись и передохли, Господи, – помолилась Алевтина. – Кто он, еще один “реконструктор” с России, приехал к нам в войнушку играться?

– Та ні, він с Макіївкі, в салоні тату майстром в минулому житті працював, вбили наші, ще вчора інфа була. Є такі сайти, на яких ведуть облік мертвих і живих бойовиків, – сообщил Сашко.

– Сили АТО, військові. Але якщо чесно, не знаю я, хто його вбив. Ополченці говорили, що військові, а там хто його знає. Могли і свої, нанюхалися чого, їм і поблазнілось, стали палити в усі сторони, – ответил Сашко.

– “Просто наши” – это настолько расплывчато сейчас..., не то, что в детстве, «наши и немцы», – написал Владимир. – Как это ни парадоксально и ужасно, но большинство погибших с обеих сторон, это всё «наши». Боже, как это страшно. Ведь с этим нам придётся жить всю жизнь.

– Ребята, я не знаю, кого вы тут хороните, но вот только что, буквально пять минут назад, какие-то козлы с автоматами вошли в городской паспортный стол и приказали всем выйти, – в чат вернулся Дмитрий. – Я туда забег за загранпаспортом, никак не могу получить. И чего я туда пошел, ясно же было, что не дадут, они украинские бланки все попрятали, или сожгли со страху, а эта фейковая республика, какие у них паспорта... Да с ними и в тюрьму не примут.

– Господи, хотела пойти сегодня... Пойду в пятницу, а сейчас выпью успокоительное. Когда это все закончится? – Алевтина писала, пропуская гласные, – уже и Путлер отказался от них. Что им еще надо? Пусть валят в рашу! домой!

– Глаз левый дергается постоянно... никто не знает, это лечится? – спросила Ольга.

– Девочки, держите себя в руках, не раскисайте. Лучше фотки посмотрим давайте, бог с ним, с паспортным столом, я нашел фото этого, кого хоронят. Подтверждают, что он из Макеевки, сейчас закачаю. Вот смотрите...

Дмитрий вывесил в чат фотографию молодого крепкого

мужчины, с простым грубоватым лицом, в майке без рукавов, на шее косынка широким углом вперед, чтобы лицо закрывать, на поясе, на ремне, пистолет и граната, зеленые камуфляжные штаны заправлены в черные кожаные сапоги со множеством ремешков и блестящих бляшек. Он стоял, широко расставив ноги и строго смотрел в объектив; за ним на длинном комоде был выставлен ряд разнообразных икон и черно-красный с золотым орлом флаг республики.

На некоторое время в чате наступила пауза, все рассматривали фотографию.

– Весь в наколках, – оборвала паузу Ольга.

– Мне это кажется, у него синячки в локтевых сгибах? – спросила Алевтина.

– Наколки, это у него профессиональное, само-реклама лучших образцов, чтобы гопота заказывала, кому надо. А синячки, не знаю, может, тоже наколки какие... звали его Сережа, молодой был совсем, – отстучал Юрий.

– Никогда еще так остро не хотелось в своей вышиванке с украинским флагом пойти на площадь. Но умом понимаю, что это глупая смерть, – написала Алевтина

– Слава Богу, что мозги ещё остались, – порадовалась Ольга. – Лучше уж завернуться в вышиванку, накрыться флагом и ползти в сторону близлежащего кладбища. А где они своих хоронят?

– Та на кладовищі, уздовж забору нарили екскаватором могил в ряд і ховают, ставлять хрест в головах, все як положено, – отбил Сашко.

– А чеченам они куда крест ставят?

– Туда же, куда и осетинам, хотя нет, эти вроде христиане, – пустил смайлики Юрий, – а кроме шуток, этих в Ростов увозят, их семьи хоронят. Это у нас никто никому не нужен, а у них семья – святое дело. Как наберут Камаз, так и в Ростов. Ладно, давайте на ночь определяться, вроде тихая будет ночь...

* * * *

– Хорошее дело личка, спасибо тому кто придумал, а то в этом чате все на виду. Знаешь, а у меня есть Сережина татуировка, –

приласкалась Алевтина к Юрию.

– Да ты чо, в самом деле? – Юрий ткнулся носом в пахучую впадину между алькиными грудями, завозился там, защекотал усами, – ну покажи, где? Здесь? Не здесь? А где, здесь?

– Отстань, Юрик, подожди, налью, помянем, – Алевтина отпихнула милого дружка, застегнула халат на груди. – Счас, помянем, и покажу. Он талантливый был, Сережа, особенно пока на иглу не сел. Да чего теперь, откололся во всех смыслах.

Она достала из книжного шкафа бутылку водки и разлила по чашкам, положила кружок колбасы на хлеб и подала Юре:

– Царство небесное Сереже.

Они выпили, заели бутербродиками, помолчали.

– Ладно, иди сюда, – Юрий притянул Альку к себе, – жара такая нечеловеческая, а мы водку пьем, черт-те кого поминаем.

– Если бы не война, мы бы завтра утром у него в салоне сидели, каталог рассматривали, – тишина, поцелуи, мягкое пихание.

– Если бы не война... три месяца назад никто и не думал воевать... никому и в ум не могло войти... а сегодня у нас на работе обсуждали, где надо ховаться во время артобстрела. Баба Капа говорит, она в тамбуре сидит, у нее двери стальные, а Ленка в подвале отсиживается. Никто смерти не боится, если сразу... а вот если руки-ноги оторвет, это да, этого все боятся. Господи, как жарко, ты мокрый, я мокрая... с тебя пот прямо капает... ахххххааа...

Некоторое время они молчали, слышно было только ритмичное мокрое плюханье соприкасающихся тел и вздохи.

– Света нет, а вода есть? Душ бы сейчас, холодный... –

Алевтина прошлепала в ванную, открыла кран, послышалось слабое журчание воды. Юрий позвал с кровати:

– О, так есть вода? Есть? О'кей, я иду!

Они помыли друг друга, окатывая пригоршнями воды, оскальзывая и протирая ладонями каждую складку, каждый изгиб и особенно впадины, кое-как вытерлись одним полотенцем и вернулись в комнату.

– О, простыни мокрые, надо их поменять, – Алевтина стянула с постели простыни, бросила в угол. – Как ты думаешь, это надолго?

– Наверное, завтра уже не будет, если стирать, то прямо сейчас. Давай я в ванну их брошу и воды наберу.

– Да нет, я о войне. Когда же она кончится? Так я устала, так устала... нет сил, ни вставать, ни идти на работу, ни звонить родителям каждое утро, узнавать, живы ли... встать бы утром, а все хорошо, все разошлись по домам и никто не стреляет. Кому это надо?

– Мне это надо, мне это надо... – он целовал дорожкой левую ключицу, переходил на плечо, она смеялась тихонько, горлом.

– Боже, какая ночь... как тихо, не бомбят... прозрачно небо, звезды блещут... подожди, я достану из шкафа простыни. Нет, не спрашивай меня о завтра, может ... нет никакого завтра... спроси меня о послезавтра, о послезавтра...

– Так где эта знаменитая татуировка, что-то я ее не нахожу...

– Ищи, мой дорогой, ищи лучше, Юрочка ... скоро рассвет.

Сергей НАДЕЕВ

* * *

Чёрный лес, чересполосица,
Кромка столика вагонного.
Всё, что нажито – отбросится:
Чуть покажется – уносится
Вдоль леска аэродромного.

Тень, по пажитям бегущая,
В кисловатой дымке угольной,
Словно главка предыдущая,
Всколыхнувшая, гнетущая
Посреди природы убыльной.

Да прореженного ельника
Непросохшая обочина,
Рваный войлок можжевельника;
И лощина, ниже пчельника,
Безнадёжно заболочена.

Что молчим, как виноватые,
Словно внове посвящённые
В эти виды небогатые,
Угловатые, дощатые
И до слёз опустошённые?

* * *

Каким немыслимым круженьем
И мы с тобой заражены?
Воздвиженье – передвиженье:
Осы очнувшееся жженье,
Воды остывшей отраженье
Неумолимы и сложны.

И возбуждает нетерпенье
Медлительный гусепролёт:
Всю ночь – покуда хватит зренья –

Они ломают оперенье,
Крылами скалывая лёд.

Как будто движутся к исходу.
Но простоят до Покрова
Леса, процеживая воду,
Пока осиную колоду
Откроет мёртвая трава.

Возможно ли представить было
Ледок у края колеи,
Недвижущийся дым, уныло
Вошедший в лес, как холод – в жилы,
А в сбрую – парные шлеи?

Так что же сетуем на это
И целый день раздражены?
В Нахабино  уже не лето,
Воздвиженье царит и свето-
вращение, и так нелепо
Река и пруд обнажены.

* * *

Мы так прониклись этим бытом,
Засаленным, поджавшим губы,
Вот этим кафелем разбитым
И скрежетом, проевшим трубы;

На кухне топчемся и мнёмся
Под жёлтой лампочкой суконной,
То чай прольём, то обожжёмся,
То – хлопнем створкою оконной.

Всё прожито – до самой гари.
И разве не сложилось вечной
Привычки составлять гербарий
По аннотации аптечной?

И неужели не досталось
Примет значительней, грознее,
Чем раздражение, усталость,
К несостоявшемуся жалость
Да вкус к осенней бумазее?..

Но не представить, как бы жили
Без мелочей, без неприязни –
Какой бы волей дорожили,
Какой бы ожидали казни?

* * *

Труднее с возрастом и петь, и умирать –
Предметы скопятся, а в кровь войдут привычки:
И коммунальных благ разбухшая тетрадь,
И нажитые лычки.

Не чаяли, а как-то всё свелось
К негромкой должности и рифме простодушной,

И мы цепляемся – как рукавом за гвоздь,
Сбежав по мостику далёкой ночью душной.

В конце концов, всё высказали мы,
Что мучило, бессонницей пытало, –
Заря  в окне, и не хватает тьмы
Слова связать устало.

Порвать с накопленным? – Вольно тебе стращать!
Уже не вырвемся.
Да захотим ли сами,
Как в юности, бездомность совмещать
С почтовыми листами?

* * *

У плотной линии прибоя
Сбивается прибрежный сор,
Как между мною и тобою
Незавершенный разговор.

Упала ветка, сбилась латка
На гладких, плоских небесах,
И брызнул дождь, намокла прядка,
И оторопь в твоих глазах.

Я сам придумаю ответы
На все, что не сказала ты,
Смирю, смирюсь, скажусь нелепым,
Как облетевшие кусты.

А как дойдет до разговора –
Уже и нечего сказать:
«Как хорошо, что осень скоро…»
«Как жалко, что дожди опять...»

Елена ЧЕРНИКОВА

# ДОМ НА ПРЕСНЕ

*Из «Избранного»*

*Лучше всего был исследован классический древний мир, затем соприкасающаяся с ним ранняя эпоха средних веков, затем уже менее тщательно – позднейший период средневековья и, наконец, менее всего новое время, где богатейшие и многочисленные архивные источники вряд ли разобраны с достаточной систематичностью, да и кроме того часто бывают недоступны из-за соображений, касающихся интересов государства или царствующих домов.*

Проф. Герман Шиллер

*Мы ясно видим* спесивую кандальницу Клио; гуляет со свитком, звеня оковами, тормозит по требованию, вписывает незнамо что. Я знаю её в лицо, ибо живу в районе Москвы, куда капризная дочь Мнемозины регулярно заходит как к себе домой. Достаточно глянуть в окно – идёт.

Сначала моё окно смотрело на Малую Никитскую, тогда *Качалова ул.*, строго в окна ГДРЗ, и потому 19 августа 1991 года я увидела у подъезда танки (*Дом радио – режимный объект*). Стены противостоящих домов, моего и радиокомитетского, слева танк и справа танк – образовали прямоугольник. Я приглядывала за геометрией Клио с моего третьего этажа все три дня. Маневрируя, танки попортили асфальт. Моя дочь строго указала танкистам, что портить асфальт у нашего подъезда нельзя. В свои четыре года она знала элементарные вещи.

Всё, что было на Садовом кольце, я тоже видела своими глазами, поскольку наша пресненская Клио всегда щедро суфлирует мне, *куда пойти сегодня вечером*. Ни разу не промахнулась. Уважает прессу.

Дом наш был из *доходных* 1905 года постройки. Парадный подъезд, чёрный ход, нежно-молочный кабанчик по фасаду, метлахская плитка на площадках, лестницы широкие, ступеньки низкие – под спокойную человеческую ногу; деревянные перила, витые балясины, лепнина по потолку; дубовый паркет оттенков майского мёда, подоконники мраморные. Я любила дом, бесчисленных соседей, работу в газете, Москву безусловно и беспримесно, и жизнь долго-долго была дивно хороша. Ни большая зарплата, ни отдельная квартира – то есть обычные причины семейного разлада – не светили нам, и переживать за целостность и градус домашней любви не приходилось.

Сейчас мало кто помнит, почему до демографического провала 1992 года был взрыв рождаемости – в 1987-1988 гг. Уникальный. Единственный за весь XX век. Вовсе не из антиалкогольной кампании 1985 г., как шутковали пошляки, о нет. Источник взрыва – иррациональный бабий восторг. Перестройка и Горбачёв пообещали социализм с *человеческим* лицом. Ну, не смогла перестройка. Не вышла ни лицом, ни социализмом. Однако рожать побежали все, кто могли.

Выросшие в мирное брежневское время, когда история, казалось, навсегда упокоилась в учебниках, – молодые взрывные мамаши не чаяли, что им выпадет бороться за жизнь. Научились, ибо несметные плоды взрыва хотели есть, а еда в стране кончалась.

Аккурат под распад СССР я научилась виртуозно менять детсадик на детсадик, азартно убегая от галопирующей цены. С кормом везло: как сотрудник *писательской* газеты, я еженедельно получала комплектик из двух квадратных бумажечек: право на *заказ*. Дата, круглая печать и адреса магазинов означали, что я всё-таки накормлю семью. Заказами выжили многие. Заказать в значении *выбрать* было невозможно и даже немыслимо, но ведь и не в едоцком глупом своеволии было дело. Главное – прийти в очередь в отведённое время, купить готовый набор и радоваться шелестящему хрусту тёмно-песочной бумаги, похожей на почтовую.

Наборы *не*овощные, с именем *продуктовые* – из колбасы, сгущёнки, масла и тому подобного – нам продавали, например, во дворе «Диеты», что по соседству с бывшими «Подарками» на улице Горького, ныне Тверской. Если повернуть в Георгиевский переулок, где нынешняя Государственная Дума, то сарайчик с очередью за едой – сразу под аркой налево во двор. Был.

К декабрю 1991 года даже в сакральных сарайчиках стало

пустовато, с вызовом. 25 декабря отрёкся М. С. Горбачев. Клио внесла в свиток: СССР (1922-1991). Ночью 31 декабря с обращением к народу вместо президента выступил сатирик Задорнов М. Н. Логично.

А 2 января 1992 года в гастрономе на Баррикадной появилось много съедобного товара, в том числе три сорта колбасы. Но по цене, по которой народ ещё не едал. И – кончились деньги. Инфляция, как предуказал и. о. премьер-министра Е. Т. Гайдар, должна была *выжечь* всё негодное и устаревшее своим *очистительным огнём*, а президент Б. Н. Ельцин публично дал национальную идею: «Обогащайтесь!».

Началось.

* * * *

Объявили приватизацию жилья. Насельникам коммуналок тоже разрешили, но не поодиночке вразнобой, а только если *все* съёмщики всех комнат квартиры согласно и добровольно пожелают стать частными владельцами *каждый своих* метров, а все вместе – общей квартиры в соответствующих *своим метрам* долях. Поскольку коммунальный быт кое-где у нас порой отучил граждан от единодушия, местами завертелись шекспирово-зощенковские сюжеты.

В наш дом, бесспорно лакомый (улица Качалова, ныне Малая Никитская) и сплошь коммунальный, повадились плечистые юные негоцианты: уезжайте без базара, ведь мы же вам купим однокомнатные квартиры в превосходных микрорайонах столицы. Или… Пауза. Истинно *качаловская*.

Топонимы земель обетованных ничего не говорили моим соседям, из которых Надя всю жизнь работала на Трёхгорке, Татьяна Алексеевна девочкой научилась плавать на Москва-реке ещё до революции 1905 года; Саша усердно пил и с удалью суицидничал, но и он, как-то проспавшись, подивился топонимам, поскольку в трезвое время суток был таксист; Антонина Фёдоровна была еще не замужем и заинтересовалась, но призадумалась, поскольку в её шестьдесят лет, по её словам, уже *надо понимать*. Главное, никто не желал знать дорогу в кудамакар-телят-не-гонял, и все расстроились.

Негоцианты, не встретив восторга, тоже немного удивились; выкупили первый этаж и открыли *офис*. Они напустили в лексикон нашего подъезда немало новых слов, а мы мотали на ус.

По прошествии месяца к нам зачастили новые пророки, тоже крупные телом. Манеры – оторви да брось. Наконец мы перепугались по-настоящему, поскольку на соседних улицах участились пожары, занимавшиеся обычно с четырёх углов: крыши старинных домов исторического центра оказались картонными.

Люди с пожарищ, понятно, поехали по любым топонимам. Мои соседи возопили. Я собрала сход и предложила: мы приватизируем нашу коммуналку, а придут братки – договор им в нос: собственники мы, не поедем в обетованные земли, не имеющие, на наш общий вкус, *никакого географического наименования*. Энергичная Татьяна Алексеевна, пережившая в этом доме всё, включая длительное соседство с Лаврентием Павловичем, особняк которого находился влево наискосок, гордо фыркнула.

Это *наивность*. Или *шапкозакидательство*. Больше, чем неминуемого поджога, соседи перепугались дружной приватизации – кто до зелёных чёртиков, кто до белой горячки. Но я, упорно склоняя всех к солидарности, пообещала твёрдо, что однажды к нам придут люди вежливые, безоружные, они скажут волшебное слово *пожалуйста*. Я проповедовала терпение в психоисторических условиях, неуклонно приближавшихся к боевым. Риторическая сила моя, незаметная ранее, вдруг пробудилась пред лицом очевидной будущности: запах гари с соседних улиц либо слух об очередной гари прилетали бесперебойно.

Уговорила. Приватизировались. Холодея от ужаса. Некоторые от стыда, что *присваивают*. О, сколько нам открытий…

И пришла-таки Зина. Интеллигентная женщина с простеньким бумажным блокнотом вместо пистолета. И действительно спросила: чего *вы все* изволите?

Мы все изволили. Мы, два подъезда, четырнадцать густо-не-то-слово-населённых квартир, мы так изволили, как уже вряд ли когда-нибудь, хотя кто его знает. Весь дом изволил. Никто не сробел. Я опять возглавила и своими руками начертала нашу судьбу в виде сводной таблицы: обязательные условия, желательные, безразличные. Каждый вписал в реестр, что смог вообразить, включая метраж и количество комнат в роскошных изолированных квартирах у свежесфантазированных станций метро. Многие потребовали *плюс* красивый ремонт, бережный переезд и даже земельные участки впридачу. И чтоб никаких *топонимов*!

Складывая мечты в реестр, мы – батальон уникально взвинченных людей всех возрастов, – чувствовали себя шаманами, заклинающими тучу. Наискосок от нашего дома всё дремал, будто покуривая в своём историческом углу, особнячок североафриканского посольства. Бывший дом Берии. Было в нашем футуристическом творчестве нечто потустороннее, острое, резкое, сумасшедшее, было, было.

Как ни удивительно, авторы фантастического списка *все* выжили и получили именно то, что сумели вообразить, – все. Мы подарили очаровательной Зине наши антикварные комнаты, а Зина в ответ подарила нам отдельные квартиры в соответствии с индивидуальным метражом, общим куражом и личным ражем. До сих пор перезваниваемся и кокетничаем: были же времена! и чего разъехались! хорошо жили!

Лишь мне не надо было напрягать фантазию. У меня случился звёздный час в журналистской карьере. Аккредитованная пресс-центром Верховного Совета как парламентский корреспондент, я ходила в Белый дом, а когда съезды – в Кремль, дабы доложить читателям своей газеты, как идут реформы. Мой путь и тактику определили именно эти магические слова, ранее для меня, беспартийной, нереальные: *парламентский корреспондент*. Клио подарила мне контрамарку в закрытый театр, где первые *не*профессиональные политики, они же последние, сочиняли новую Россию. И Кремль, считай, всегда под рукой. До редакции вообще сорок секунд ходу. Мой любимый старый дом – точка сборки мира. Кайф уникальный. Я не могла расстаться с удачей.

И вписала я в свою графу двухкомнатную квартиру

*обязательно на Пресне*, телефон, балкон и тихий дворик под окном. Мне хотелось по-прежнему ходить на ту же работу тем же пешком, не теряя ни секунды драгоценного созерцания. Азартна я вельми. Как увижу голубой мизер, вся белею, и мурашки по затылку. Больше не играю, кстати.

* * * *

В декабре 1992 года двухкомнатная квартира на Пресне стала законно моей.Оставалось собраться и переехать.

В том же декабре 1992 года решилась и судьба Гайдара. Из и. о. премьера в настоящие премьеры он не попал. Я присутствовала, как положено, на заседаниях Съезда народных депутатов.

Пожалуйста, сосредоточьтесь.

Большой Кремлёвский дворец. Перед голосованием, со словом о Гайдаре, уговаривая Съезд продлить его политическую власть, мощно выступали весомые да знаковые, но знаменитый историк-генерал Волкогонов, известный бровями и разоблачениями, рванул на редкость. Сокращённо цитирую генерала: "Дорогие друзья! Я сейчас хочу только одного: чтобы Всевышний нас всех одарил мудростью и спокойствием... Я думаю, что лет через десять-пятнадцать люди, отдалившись от сиюминутной суетности и успокоившись, скажут о нашем времени как о переломном, историческом. Скажут доброе слово о тех, кто не дрогнул, кто был архитектором этого нового курса. Я прошу не смеяться – в истории смеется тот, кто смеется последним... Мы все должны понять, что у нас есть один общий враг – кризис. Понимаете?.. Поодиночке никто не выберется... И сегодня, по существу, кандидатура Гайдара является символом компромисса – исторического, если хотите, компромисса: необходимости сохранения реформ и коррекции этих реформ. В этих условиях фигура Гайдара является консолидирующей... Сегодня имя Гайдара – это символ: или мы пойдем вперед, к новой России, или мы повернем вспять. По существу, выбор очень судьбоносный..."

Стенограмма у меня сохранилась.

Объявили перерыв, и кто не депутаты, пошли гулять и гадать о будущем. В зале тепло, но меня знобит. Холёные лестницы Дворца наэлектризованы; обезумевшие работники прессы ежедневной сбивают с ног работников прессы еженедельной. Ковровые дорожки краснеют. Гуляю. Хочется куда-нибудь пойти. Георгиевский зал. Гуляю. Вкусно пахнет из буфета. Гуляю. Сверкают ларьки с эксклюзивными ёлочными игрушками. Надо бы, думаю, заморских лампочек купить, но гуляю в гардероб, одеваюсь, выхожу во двор и вижу Архангельский собор. Мой любимый собор. Не гуляю. Небо серое, ветер гоняет по брусчатке белую, чистую кремлевскую поземку. Куда я? Что-то подталкивает в спину, но куда? Никогда ничего не надеваю на голову. В любую погоду. Почему я принесла сегодня пуховый, белый платок? Шаг, второй, Архангельский собор все ближе, ближе; я снимаю платок с шеи и надеваю на голову. Расправляю, поднимаюсь на крылечко собора. Кланяюсь. Дверь легко поддается. Вхожу. Внутри – никого. Вдруг слышу:

– Здравствуйте. Вы к нам?

“Не может быть”, – думаю я.

– Вы со съезда? – и ко мне, вежливо наклонив голову, идёт седой мужчина в мешковатом коричневом костюме.

– Да, – говорю, – добрый день. Можно?

– Вам – можно, – отвечает он. – Проходите, я вам всё покажу.

И ведет меня вдоль усыпальниц. Тихим голосом поясняет, где кто покоится. По-домашнему так, по-свойски. Князь... Царь... Князь... Будто по семейному склепу – личного гостя выгуливает. У нас тут и Грозный есть. Иван Васильевич, с сыновьями. В *алтаре*.

Я притормаживаю метров за пять до запретной дверцы. Я хоть и в платке, но по-нашему в алтарь женщинам нельзя. Я где угодно могу пропустить любое “нельзя” мимо ушей, но спорить с алтарём и запретом, особливо ввиду Грозного, не готова.

Мой внезапный гид необъяснимо радушен. Останавливается возле дверцы. У входа в усыпальницу Грозного, с сыновьями.

Достает из кармана ключ и вставляет в замочную скважину. Поворачивает ключ. Скрип. Оборачивается ко мне, зовет рукой. Я ни с места. Я действительно боюсь. Вдруг стены рухнут. Земля разверзнется. Туда же нельзя вообще никому. Не только женщинам.

– Мы сюда однажды самого Горбачёва с супругой и с иностранцами не пустили, – шепотом говорит мой гид. – Нельзя сюда *никому*. Идите сюда...

Околдовал он меня что ли. Делаю шаг. Другой. Третий. Обнаруживаю себя в дверном проеме. Вергилий мой включает свет, пропускает меня в усыпальницу, а сам выпрыгивает за порог и шепчет:

– Идите туда быстрее. Вам сегодня можно...

Справа три саркофага в тёмно-бордовых бархатных обивках, с серебряными крестами. Грозный и сыновья. В глубине комнаты – узкий постамент, бронзовый бюст.

– Это сам Иван Васильевич, – шепчет испуганно мой гид из-за порога, – его лицо Герасимов восстановил. Посмотрите в глаза...

Я осмелела и близко подошла. Руку протянешь – бороды коснешься. И посмотрела ему в глаза. А Грозный посмотрел в мои глаза. Насквозь. Живыми глазами.

Вергилий замер, притих. Я вспомнила о нём, повернула голову: стоит, смотрит на меня через порог и молчит. Чувствую, обмер. Сделал невесть что, сам не понял почему, а теперь страшно. Я кивнула, что иду. Посмотрела ещё раз на Ивана Васильевича и медленно потопала к выходу, боясь споткнуться на ступеньках. Там идти-то три шага, но будто века. Вергилий выключил свет, закрыл дверцу:

– Ну, спасибо, что зашли. Вы напротив пойдите. Там вас пустят сегодня. На яшмовом полу постойте, всё пройдет...

Оказавшись на морозе, я подумала секунду и пошла в храм напротив. Сюжет повторился. Бабуля, недипломированная дежурная, поднялась навстречу и повела за собой.

– А вот тут, видите, специальное место отвели, чтоб Грозный молился. Грешен был... Жёны отдельно…Вы смотрите, смотрите, у нас сейчас всё закрыто, не работаем, никого нет, а вы смотр*и*те...

Я смотрю. Пестрый пол, отшлифованный, уютный.

– Это яшма, – говорит бабуля. – Она лечит и успокаивает. Наши девочки как придут с утра на работу, ну, кто с мужем поругался, знаете, ведь все на пенсии уже, нервы там разные, здоровье, словом, снимают туфли и бегают босиком в чулках перед иконостасом по яшмовому полу. И всё проходит. Как рукой.

Попробуйте там постоять.

И ушла куда-то, оставив меня на яшмовом полу пред царскими иконами.

Постояла я на яшмовом полу. И пошла в Большой Кремлевский Дворец.

Бровастый генерал в холле скользнул по мне хмурым тревожным взглядом. Почему-то по мне. Я снимала свой ажурный платок, вспоминала храмы, принявшие меня не по чину, и подумала: а где провел этот, судьбоносный, перерыв между заседаниями, когда Россия должна была, по его жаркому призыву, сделать исторический выбор с помощью депутатских бюллетеней, где он-то провел перерыв, генерал-то? Собственно голосовать недолго, минут пять, бросил бюллетень и пошёл; а ещё два часа где был? В храме – чтобы *Всевышний нас всех одарил мудростью* – точно не был. Я же видела.

Перерыв к концу идет, голосование состоялось. Начинают.

Вопросы по ходу, поправки к документам, микрофоны, гул, ожидание. Ожидание. Два журналиста на пресс-балконе открыли тотализатор: ставки сделаны. Большинство уверено, что кандидатуру утвердят. Двое-трое поставили на неутверждение. На них посматривают с соболезнованием. Я вслушиваюсь в свой внутренний голос, не на шутку разговорившийся сегодня, и слышу правильный ответ. Через пять минут этот ответ слышит весь мир. На трибуну выходит представитель счётной комиссии:

– ...в бюллетени для голосования была внесена кандидатура Гайдара Егора Тимуровича… председателя совета министров... правительства... депутатам роздано девятьсот семьдесят шесть бюллетеней... при вскрытии обнаружено девятьсот семьдесят пять... признаны действительными девятьсот пятьдесят три... недействительных двадцать два... голоса распределились... за – четыреста шестьдесят семь... против – четыреста восемьдесят шесть... таким образом, кандидатура... не набрала требуемого для утверждения числа голосов... председатель счетной комиссии... секретарь...

Вот и все. *Вот и нету великана*, подумала я. В зале как вымерли. Потом чуть ожили. С балкона Большого Кремлёвского Дворца было хорошо видно и отлично слышно всё, включая лицо свергнутого и. о. Пресса онемела, потом разразилась: съезд тянет страну назад! Я была одинока в тихой радости своей, что автор стратегии *выжигания* людей не утверждён на роль председателя правительства моей родины.

Я шла домой чуть пританцовывая. По улице Герцена, которая ещё не знала, что опять будет Большой Никитской, почти бежала я, складывала слова, чтобы рассказать дома, что я пережила сегодня. А потом написать правду в своей любимой газете, позволявшей мне всё.

Тот, кто ждал меня дома, очень любил мои рассказы про политиков, Белый дом и Кремль. Ему нравилось играть в угадайку: я раскладывала перед ним числа – “за” и “против” – на завтрашние голосования. Вот такие будут пункты повестки на съезде – а вот такие будут результаты. Не до последнего знака, разумеется, а в принципе. Я угадывала всегда: чувствовала точно, как бывает на вдохновении.

…Клио – графоманка с причудами: публикуется за свой счёт, но за строчку платит бессмертием.

– Это всего лишь седьмой съезд, – говорил друг, – а что ты будешь делать ближе к десятому? Посылать факсы с полной картиной всех голосований на весь съезд вперед с дублирующей отсылкой в мировые средства массовой информации?

Ему казалось, что шутки всё это, шутки.

– Нет, – говорю, – к десятому съезду им надо будет сухарей подсушить...

– Да не может быть такого, глупая ты женщина!

– А увидишь, – безропотно отвечала я, потому что неприятно спорить, когда знаешь наперед *точно*.

Мы спорили до утра.

А под утро мне приснился Грозный. Его лицо работы Михаила Герасимова сбросило бронзу, вылетело из алтаря Архангельского собора, сделало семь кругов над Москвой, ринулось вниз, на Пресню, к Малой Никитской, 29, и, отшвырнув задремавшую на моём подоконнике Клио, заглянуло в моё окно. Царь повелел обратить внимание на то, что будет – и *число* мне назвал.

* * * *

…Декабрь 1992 года, с Кремлём, Гайдаром, митингами по жилью – закончился. Под Новый год соседи мои поехали по вожделенным квартирам, бегают все, счастье, свадьбы, крестины, сверхъестественные диспуты о кафеле, шторах под цвет чего-то.

Я тоже могла бы прыгать и петь. И ходить на охоту в Белый дом привычным пешком, разве что другой стороной, по Предтеченскому переулку, мимо храма и парка. Оставалось лишь переехать всего-навсего через Садовое кольцо. Две остановки на троллейбусе. Меня уже торопили. Кругом валялся богатый реквизит для русского неореализма в трактовке Венгерова, но сто лет спустя. В раскуроченные квартиры бесстыдно вели навек распахнутые двери. По пружинным диванам скалились онемевшие старые фарфоровые куклы, эти отставные воспитательницы хороших девочек, а двуногие брошенные табуретки на сквозняке попискивали *мама.* Бедные игрушки века, уходившего на потеху Клио в геенну прошлого: под обоями открылись газеты 1937 года плюс-минус. С антресолей повыглядывали забытые иконы. Сбежавший в лучезарное будущее дом оставил свою расконвоированную изнанку, драное исподнее, несбывшиеся мечты, хлам иллюзий, надежд и прочие колодки.

Одна я упорно жила в своей комнате. Иногда брала отвёртку и отвинчивала латунные ручки с дверей. Иногда поглядывала на дубовый паркет: не разобрать ли? Вытирала слёзы. Смотрела в окно. Положила на мраморный подоконник яблоко и следила неделями, как оно вялится, но не портится, ибо мрамор – природный антисептик.

Вовсю галопировал детективный 1993 год. Январь. Февраль. Март. Я – ни с места. Хожу себе и хожу в Белый дом из моего старого дома, беседую с бесподобными персонажами: *оппозиция*. По всей прессе её кляли на чём свет, поскольку оппозиция была против инфляции. Либерализацию всего и сразу не все пережили, многие умерли, особенно когда всё потеряли. Но прессу заклинило, она хвалила новую идеологию, её архитекторов, лобызала *младореформаторов*. Я же, ввиду характера задиристого и самоуправного, писала портрет: кто говорил мне, что он оппозиционер, я его тут же описывала. Как правило, в интервью. Диктофон был плохонький, часто приходилось запоминать наизусть километрами; но у меня природная память. И зачем-то я, как пылесос, собирала все бумажки: листовки, стенограммы, проекты конституции, манифесты, партийные программы, отчёты, пресс-дайджесты. Партитура кантаты для сводного хора с оркестром имени Клио. Мне кажется, я любила этих, скажем так, первых романтиков второго неореализма: с улицы, вчерашние аспирантики, но вдруг с депутатскими значками – они в 1989 году свои выборные материалы на ватмане рисовали, сами по заборам клеили, а речи импровизировали – от *души*. К 1993 году, конечно, заматерели, но с нынешними не сравнить. То были чисто дети. Нынешние никогда уже не будут как дети. А те остались у меня в шкафу. Я успела унести архив *до* установки оцепления. Колючка была со склада, не надёванная, помню, блестела на солнышке. Почти до самого расстрела.

Помогая мне страдать и медлить, в моём качаловском доме работало электро- и водоснабжение. Дом пустой, я одна, но всё работает. Представьте. Намедни провернувшая блистательный аттракцион с расселением большого коммунального дома в историческом центре Москвы, я, лидер всеобщего счастья, наступившего реально и в сжатые сроки – вечерами смотрела в свои древние стёкла, неровные, тонко плывущие, будто заливное. За стёклами плыли два лица, как две греческие маски, а я глядела в их совершенно одинаковые глаза и думала *о стерляжьей ухе с шампанским по-царски*; Боже мой, почему! а какое дружное домоводство и понимание бросаем мы тут, а ночные ливни; а воскрешённый Храм Большое Вознесение! и недавнее моё крещение в православие, нитями да струнами связанное с благозвучным и благодатным миром именно здесь; меня же крестили вместе с дочерью – дома. В этой комнате. Я ладонью гладила стены моей, то есть уже не моей, обожаемой красавицы, полной векового воздуха, двадцатисемиметровой, о двух высоких окнах, с потолками выше четырёх метров, прислушиваясь к фантасмагорической тишине и внезапной моей, уже моей, лютой тоске. Жаль моих заливных стёкол.

В итоге переезжала я с Малой Никитской на Пресню,

считай, девять месяцев: с декабря 1992 года по август 1993 года. Перевозила по одной книжечке, по две чашечки. Если бы мой рояль можно было перевезти по одной клавише, видимо, так и ехал бы он мелкими порциями.

В своей газете я написала вдруг, что чувствую себя пассажиром метро, а в вагон со всех дверей внезапно вошли контролёры и проверяют билеты, и ругаются на нас, поскольку ни у кого билетов нет, поскольку билеты не предусмотрены и не продаются. Но контролёры упорно требуют билетов.

Дочери оставался год до школы. Устроила её сказочно: в замечательную и бесплатно, рядом с новой квартирой; осталось ещё год поводить её в детский сад, а мне ещё немного поклеить обои, а я всё ехала и ехала на троллейбусе через две остановки, перемещая то кастрюльку, то бирюльку. К сентябрю на подъезде старого дома новые хозяева, умаявшись со мной, решительно поставили решётки, мою мебель упаковали, доставили, всё. Всё. Накануне бунтовщицко-мужицкого Указа № 1400, это который о поэтапной *конституционно реформе* в России, я доклеила обои. Вытерев слёзы, расставив мебель и смирившись, вышла я 20 сентября 1993 года на балкон своей новой квартиры – и увидела на горизонте кремлёвскую звезду. Мне понравилось, что хотя бы одну звезду видно.

Один мой знакомый интеллигент, из потомственных, понятно, дворян, до сих пор уверен, что 4 октября по Белому дому стреляли холостыми. Пропасть между мной и интеллигенцией непреодолима: я никогда не смогу рассказать интеллигенту, что мне посоветовал Грозный. Помните, как я попала в алтарь Архангельского собора Кремля? Прости Господи меня грешную.

Грозный сказал, что вечером 4 октября 1993 года мне надо будет прятать ребёнка, потому что полетят красные пчёлы, смертельно красивые.

Когда к вечеру затрещало в нашем дворе, выгнулись красные дуги-трассы на фоне тёмно-синего неба, ребёнок побежал к балкону, потому что красиво. Я успела перехватить ребёнка и спрятала в глубине нашей новой квартиры.

В декабре 1993 года новый состав парламента, который уже Дума, а не расстрелянный наивный Верховый Совет, принял новую Конституцию России. Помню, ходила *типа* шутка: а что вы делали в ночь с 21 сентября на 4 октября? От ответа зависел карьерный рост. Теперь, по прошествии двадцати лет, это называется социальный лифт. Что бы сказал Иван Васильевич…

*Москва, Пресня, Малая Никитская ул., Трёхгорный вал, 1991 – 2013*

Олеся НИКОЛАЕВА

*Барону В.Г. фон М.*

До двадцать первого века дожил, как лель и тролль.
Русский немец, барон и ворон, тайник секретов,
обломок и самородок, миф, архетип, пароль,
родовая травма страны Советов.

Не полнился Творец в лепке, тонкописи, резьбе,
не отказал ни в искусности, ни в прихотливой силе:
в веке двадцатом явно покровительствовали тебе
сам Государь Николай Александрович и Святитель
Василий.

День наш грядущий – извилист, прошедший – мглист,
но когда среди пролетариев, юродов, фриков
появляется дворянин – церковник и монархист,
воскресает Россия к недоуменью языков.

Может, не все потеряно? Не все закатано в гать?
Может, нам внушено надуманное сиротство:
девочка ищет отца, мальчик находит мать
и восстанавливают утраченное первородство!

На сердце положа руку, от имени своего
так говорит русский герой, проходя мытарства:
«Равенства нет даже в самой природе, но нет его
и выше: под нами – бездна, над нами – царство».

Так говорят чудом спасенный аристократ,
Богоизбранный народ, херувим пернатый,
так говорит нам солнце, звезды так говорят,
и усеченный мечом апостол, и змей заклятый.

«А к революции, – одним движением губ, –
русские немцы отнеслись брезгливо-высокомерно:
представьте, грызун восстает на медведя иль гриб на дуб.
Это и погубило нас всех, наверно!»

* * *

Покуда кутят, наслаждаются,
тусят, снуют туда-сюда,
романы крутят, объедаются,
жизнь прожигают господа,

их челядь с мыслями неровными
руками щупает испод,
интересуется любовными
интригами своих господ,

интересуется достатками,
убытками, мошной, ларцом,
духами, тайнами, ухватками, –
все с важным пробует лицом!

И друг пред другом – по касательной:
– Мои – богаче и сильней!
– Мои – прославленней, влиятельней!
– Мои – роскошнее царей!

И столько искренности, страстности
в их откровеньях искони,
что ощущение причастности
семейной гордости сродни.

И правда ведь – закат пылающий,
и экзотический самшит,
и пруд, под вечер обмирающий,
к которому дворец пришит,
не челяди ли, это знающей
на ощупь, – здесь принадлежит?

…Не так же ль смерть, с артритом в голени,
как слуг, господ низвергнет с круч:
«Без отпускного вы уволены!
Верните ключ!»

Григорий ЛИТИНСКИЙ

# ПОД ВИТЕБСКОМ. ОТРЫВКИ ИЗ ДНЕВНИКА

*Дорогой читатель!*

*Предлагаю тебе отрывки из военных дневников моего отца, младшего лейтенанта Григория Литинского. Отец перепечатал свои дневники спустя 50 лет после описанных событий, уже живя в Нью-Йорке, в 1994 году. Я не изменила в тексте ни строчки...*

Елена Литинская

## НА МАРШЕ. Октябрь 1943 – январь 1944 гг.

Поезд довёз наш полк до Великих Лук – маленького, разбитого войной городка. Ничего «великого» мы здесь не увидели. Выгрузились и пешим маршем двинулись через столь же разбитый Невель в Белоруссию освобождать Витебск. Путь невелик: около двухсот пятидесяти километров. Но осень, дорогу развезло, сапоги вязнут. Молодые солдаты идут усталые, сонные. На привале моментально засыпают. Это юноши семнадцати, восемнадцати лет, они еще не успели стать мужчинами. При подъёме нужно всех разбудить, собрать, а ночью и разыскать. А тут ещё куриная слепота появилась: в темноте бедняги ничего не видят. Бредут цепочкой, мелкими шажками, держась один за другого. Куда таким воевать! Но их не отправляют даже в медсанбат.

Авиация немцев налетела на полк всего один раз. У нас была дневка в лесу. Это заметила «рама». Позже появились «юнкерсы» – и началось... Особенно досталось штабу полка. Были потери. Убило и санинструктора – боевую подругу замполита.

Вскоре он провёл урок устрашения для всего нашего батальона. Мы были остановлены на марше. Перед строем вышел майор-замполит. Два автоматчика вывели солдата с забинтованной рукой на перевязи. Майор зачитал приказ: «За самострел солдата расстрелять!» По щекам паренька катились слёзы, но он молчал. Автоматчики дали по нему очередь. Солдат упал на снег. Раздалась команда, и потрясённый батальон снова пришёл в движение.

На привале я обедал вместе с приятелем, взводным Спицыным. Володя был старожилом полка и порядки знал. Мне представлялось, что самострела лучше бы подлечить и отправить в штрафную роту.

– Есть приказ, и никакой комиссар не может его нарушить, – сказал приятель. – В полку существует СМЕРШ, а сзади нас стоят заградчики. Если драпанём, они будут по нам стрелять. Так что есть все «условия» для наступления.

Действительно, позади полка расположились подразделения НКВД с крепкими, хорошо кормлеными солдатами.

От Спицына я также узнал и о страшном ЧП, когда на Орловщине командир нашего полка перебежал к немцам. У него был конфликт с замполитом. Немцы писали об этом в своих листовках. Володя тогда служил при штабе, но за какую-то оплошность был переведён в нашу роту.

## Наступление началось

Наш поход закончился. Батальон находился во втором эшелоне. Вокруг расположились артиллерийские орудия. Вместе с реактивными миномётами – «катюшами» – и огромными ящиками – «андрюшами». Эти орудия заняли всю свободную площадь. Через несколько дней, утром, они загрохотали. Канонада, от которой, казалось, могли лопнуть барабанные перепонки, продолжалась более часа. Артподготовку поддержали наши самолёты. Было видно, как они сбрасывают свой смертоносный груз. Наступления пехоты мы не видели, но вскоре по дороге потянулись раненые. Знакомый молодой лейтенант шёл счастливый и высоко держал здоровой рукой забинтованную: «Я – в госпиталь, на отдых!»

Но прорыва обороны немцев не произошло. На третий день ночью в окопы передней линии ввели наш батальон. Сменять практически было некого. Раненых отправили в медсанбат, а убитые лежали на дне окопов. Их никто не убирал и не хоронил. Мы буквально ходили по трупам.

На утро выяснилось, что немцы отступили. Батальон открыто

вышел из окопов, построился и пошёл колонной догонять противника. Мы шли по подмёрзшей и припорошенной снегом равнине, не встречая никакого сопротивления. К вечеру местность изменилась, и мы подошли к поросшей лесом возвышенности.

## Бои с заградчиками

Роты вошли в лес, поднялись на гряду и двинулись вдоль глубокого оврага. Но здесь нас встретили пулемётным огнём с другого берега. Комбат приказал взводу выбить противника. Это был наш первый бой. Трудным оказалось поднять в атаку сразу весь взвод. Одни солдаты уже вышли из окопов, другие сидят, не решаются. Пока поднимешь этих, первые вернулись в окопы. Но вдвоём с помкомвзводом криком, матом и пистолетом мы подняли всех. Солдаты побежали, крича, ругаясь и стреляя на ходу. Преодолели овраг, ворвались в окопы. Немцы бежали. Тех, кто остался, добили. Разгорячённые солдаты взяли первые трофеи: галеты и консервы. Наши потери – всего два человека. Комбат операцией остался доволен. Он был майором и носил громкую фамилию – Суворов. В мирной жизни был учителем. Ко мне благоволил, наверное, за исполнительность и способность ориентироваться. Это чувство у меня врождённое.

Движения батальона вдоль оврага возобновились. Стало уже почти совсем темно, когда мои солдаты обнаружили впереди ещё одни окопы с немцами. Те не просто ждали нападения и громко разговаривали. Опытный помкомвзвода предложил забросать их гранатами. Но вмешался комбат и приказал обойти немцев. Почему смалодушничал Суворов и не принял бой, я не знаю. Батальон начал обход, но немцы нас заметили и открыли огонь. Все помчались вниз по склону. Это уже было не подразделение, а стадо, которое просто расстреливали. В конце склона я упал, и ординарец, решив, что я ранен, схватил меня и попытался тащить. «Я в порядке!» – кричу. К счастью, мы все оказались вместе: помкомвзвода, снайпер и я с ординарцем. Опомнившись, стали отстреливаться. Рядом стоял огромный валун. Откуда-то сбоку выскочили немцы, поставили на валун пулемёт и стали расстреливать нас в упор. Но наша команда встала во весь рост и перестреляла пулемётчиков. Остатки батальона катились с горы. Под руки волокли замполита: он был ранен в обе ноги.

Был смертельно ранен и наш снайпер. Он хрипел и просил: «Пристрелите меня!» Этот худенький мальчик, стольких спасший, не хотел попасть в плен к немцам. Его отнесли в сторону, и вскоре он затих. Мы не хоронили своих погибших. Это делала похоронная команда.

Долго по ночам мне снилось: «Пристрелите меня!» Он просил не спасти его, а пристрелить. Непостижимо!

Бой, если эту бойню можно так назвать, кончился. Под горой оказалась чудом не сожженная деревня. Мы обогрелись и переночевали в одном из домов. А на утро поредевший батальон колонной вновь двинулся вперёд. Местность открылась равнинная. И мы опять шли, не встречая сопротивления. Впереди по горизонту поднимались дымы – немцы жгли деревни. Мы находили только печи, трубы и догорающие угли. Жителей угнали. Равнина сменилась холмами. На них снова сидели немецкие заградчики. Огнём они остановили наш батальон. Взвод залёг на краю кустарника, а батальон углубился в рощу.

Когда стемнело, меня вызвали в штаб. Комбат сказал: «Есть задание захватить “языка”. Пойдёте с этими людьми». Рядом стояли пятеро в белых костюмах, вооружённые автоматами и ножами. «А это сержант», – продолжал комбат. – «Он знает, как лучше выполнить задачу». Познакомившись, отошли покурить. Пятеро производили впечатление настоящих головорезов. Откуда они – не говорят, но не наши полковые.

– Младшой, – поинтересовался сержант, – а ты местность знаешь?

– Знаю, – говорю. – Днём заметил, где они сидят.

– Тогда пошли.

И мы цепочкой двинулись в темноту. Ракетят – ложимся, темно – идём. Я понадобился этим разведчикам как проводник. Подвёл их к высотке. Сержант осмотрел подходы, махнул рукой, и все поползли. Немцы периодически бросали ракеты и постреливали – то ли из бдительности, то ли для храбрости. Нас они обнаружили, но достать не смогли. Опытный сержант отступил по мёртвой зоне. Посидели, отдохнули – и к новой высотке. Снова сержант всё осмотрел и повёл группу дальше. Опять неудача: немцы обнаружили нас раньше, чем мы смогли ворваться в их окопы. Они закричали и стали стрелять из всех своих стволов. Одного из разведчиков ранило в ногу. Отошли и перевязали его. Я высунулся с предложением атаковать третью высотку. Сержант ответил резко:

– Ребята устали.

– А как же вернёмся без «языка»? – снова возник я.

– Ты жить хочешь? Если да, то веди обратно.

Наконец до меня дошло. Перспектива схлопотать пулю от своих меня не устраивала.

– Пошли! – говорю. И повёл группу назад. Раненого разведчики поддерживали под руки.

К моему сообщению о неудаче рейда комбат отнёсся спокойно. Не его это было дело.

Разведчики к нам на кухню не пошли.

– Прощай, младшой! – и подались в тыл к своим.

Повар накормил и напоил меня без нормы. Продукты и водку получали по старым спискам, включавшим выбывших в медсанбат и… на тот свет. Я, захмелев, уснул у кухни. Проспал, может быть, час, так как не успел ещё замёрзнуть. Уже рассвело. Меня разбудил новый замкомбат.

– Принимай взвод и выбей немцев с высоты перед батальоном!

Я моментально протрезвел.

– Будет тебе поддержка. Пошевеливайся!

Начальство ко мне явно «благоволило» – ночью в разведку, днём в бой. А в батальоне ещё восемь взводов!

Пришёл к своим, объяснил. Пробрались мы через край рощицы и броском по склону вверх. Да не тут-то было. Немцы обрушили на нас шквал огня. Мы залегли да и назад в рощу уползли. А здесь меня поджидал замкомбат.

– Ты же обещал поддержку, – говорю.

А он вынимает свой ТТ и говорит:

– Не возьмёшь высотку – пристрелю!

Пошептались с ребятами и дружно, стреляя на ходу, ещё с «ура!» – бегом в атаку. Немцы сначала отстреливались, а потом побежали. В окопах лежал убитый немец и брошенный пулемёт «шмайсер».

У нас тоже были потери: ординарца ранило в бок. Я его как-то перевязал – место неудобное – и отнёс к своим в батальон. Рана оказалась неопасной. Позже я встретил его на посту, около медсанбата. Радостный, он благодарил меня как своего спасителя.

Тем временем взвод расположился в немецких окопах, а батальон так никуда и не двинулся из рощи. Когда стало смеркаться, ко мне пришёл поболтать Спицын. Мечтой Володи было получить лёгкое ранение и отправиться в госпиталь. Мы вышли вперёд за окопы, тихо переговаривались, курили махорку, пряча цигарки в рукав. Выглянула луна и осветила равнину бледным светом. Вдруг мы увидели силуэт идущего на нас человека.

Залегли. А когда он поравнялся с нами, вскочили и направили на него оружие. Традиционное: « Хенде хох!» Он бросает винтовку с оптическим прицелом и поднимает руки. Снайпер. Володя резко бьёт его по лицу и снимает с руки часы. Я решил отвести пленного в батальон. Ведь это же шикарный “язык”. В штабе комбат устроил ему короткий допрос. Я был за переводчика. Главное, что стало известно: перед нами “Люфт Ваффе”, то есть части отборной воздушно-десантной дивизии. Комбат сообщил в полк, и очень скоро за пленным прибежали. А он всё повторял, что он – рабочий, и жаловался, что его побили, показывая приличный фингал.

Так неожиданно успешно закончилась поимка «языка», и я позабыл о нём. Бежали дни. Бои с немецкими заградчиками кончились. Мы остановились перед новой сильной линией немецкой обороны. Наши окопы полного профиля находились в низине, а немецкие – на высотах. Ничего существенного у нас не происходило. Правда, один раз пошли наши танки. Они двигались по одному маршруту, и при выезде на нейтральную полосу их подбивали немецкие пушки. Какое-то время танк горел, а потом взрывался. Мы были промёрзшие до костей. Кто-то додумался выскочить из окна погреться у танка и юркнуть снова в окоп. Я тоже принял участие в этой игре. Видимо, моя психика как-то сдала в результате длительного физического и душевного напряжения. Почему танки не меняли своего маршрута, не понятно. Только танкового прорыва не получилось.

Окопная жизнь отличалась монотонностью. Обычно нас кормили ночью. Приходил старшина с термосами и наполнял наши котелки едва тёплой пищей. В одну из ночей старшина, накормив нас, спросил:

– Кто здесь Литинский?

– Я, – говорю. И он передаёт мне небольшой свёрток. Внутри была коробочка с орденом Красной Звезды. Ситуация была не торжественная, и я просто спрятал коробочку в карман гимнастёрки. Подумал: «Наверное, за “языка”». А Володя Спицын ничего не получил. Убило его, и мечта о госпитале не сбылась.

Потери в полку были столь велики, что из ездовых, сапожников и других “старичков” собрали одну роту. Командиром этого «воинства» назначили меня, как уже самого опытного и единственного младшего офицера.

Приближался новый 1944 год, а мы с осени не были в бане. На морозе вши нас не трогали, но стоило зайти в землянку погреться и жизнь становилась не мила. Они досаждали нам больше немцев. Мы раздевались догола, старались вытрясти этих кровососов из белья в костёр. В пламени они звонко трещали, а мы, как дикари, радовались. Но это мало помогало. Другим мучением было отсутствие питьевой воды. Мы растапливали снег и пили, а он был весь в пороховой пыли. Добавкой к голодной диете был «махан» – варёная конина из убитых лошадей. Долго это не могло продолжаться. Я заболел. Лечил меня старшина, заставляя пить водку с солью. Думаю, это усугубило моё состояние. Наконец, меня, обессилевшего, увезли на маленьких саночках в медсанбат – ходить я уже не мог. Старшина всхлипывал, просил взять его с собой.

Во время врачебного осмотра я видел несколько других пострадавших. Но запомнился один, возможно, узбек, который показал свои обмороженные гениталии. Это были две большие красные дыни с крошечным напёрстком сверху… членом. Такое может приснится в кошмарном сне.

В медсанбате мы помылись в бане и сменили бельё. Вот это жизнь! А через день нас отвезли на железнодорожную станцию и отправили в теплушках в Калининский госпиталь. Шёл январь

1944 года.

Госпиталь находился в здании школы. Наша палата на 4-м этаже была просторной. Я лежал в середине, не имея тумбочки, не касаясь стенки. После передовой, казалось, что попал в рай. Чисто, светло, сытно кормят. Доктор – заботливая пожилая еврейская женщина. Ребята быстро приходили в себя. Многие были награждены. Они надели свои ордена и медали прямо на рубахи. Это выглядело очень красочно. Никаких скандалов и разборок, хотя под подушками было оружие, и никто не требовал его сдать.

Вскоре я окреп и записал события, пережитые под Витебском в дневник. Райское житьё продолжалось около месяца. Я выписался в свою «часть» и на собственный страх и риск поехал на пару дней в Москву.

В Витебске я так никогда и не побывал. Старинный город видел на картинах Шагала в Пушкинском музее. А современный – уже в Нью-Йорке по ТВ. Там проходил музыкальный фестиваль Украины, Белоруссии и России. Нам показали красивый современный город на полноводной Западной Двине. В городе был праздник, и невозможно было представить себе события, происходившие здесь полвека назад.

**Младший лейтенант Григорий Литинский, 1944 год**

## Ефим ЯРОШЕВСКИЙ

* * *

В лесах,
лишенных злобы и вражды,
идут грибные тихие дожди...
Предутренний туман
над озером клубится.
Уже сентябрь (октябрь?) заносит, как убийца,
серп месяца над соснами в траве,
и так бледны в зеленой мураве
грибов испуганные лица.
...
Зима мерещится... и старый пчеловод
глядится в бездну вод
и скоро узнает,
какие новости в районе и столице.
Уже летят на юг встревоженные птицы,
уже оплакала свою красу
Алсу
в родном лесу...
Уже завершены
грибные и кровавые набеги,
(и паутина тянется до Веги)
И дети женами заражены,
и в собственных правах поражены
и в танковых ночных боях обожжены...

### ВАРИАЦИИ

Мимо лета, мимо арбалета,
мимо ядер солнечного света,
Мимо опрокинутой метели
(Что давно в России пролетели),
Мимо гимна, мимо партитуры,
Мимо гениев литературы,

Мимо града, мимо винограда –
кораблей крылатая армада.
Мимо мира, мимо Армавира,
Пролетает вольный сын эфира.
Мимо лета, мимо пистолета,
В ожиданье божьего привета.
Мимо революций, мимо бунта,
Где прошлась таинственная хунта.
Облака кочуют мимо славы,
мимо загазованной державы.
Мимо горя, мимо керосина –
проплывает город Хиросима...

* * *

Есть ужас подлинности в бритой голове
и страхи ревности в тумане,
и призрак старости в насупленной траве,
и прелесть юности в обмане.
Есть ужас холода
в простуженной Неве,
и холодок ключа в кармане,
и знаки вечности в небесной синеве,
и синева в Нахичевани…

* * *

Гудит прощальная трава,
как прибыль сказочного лета.
Картины Ветхого Завета
в корзинах веры и добра.
Гори, распивочный лоток,
всей яростью весенних красок!
И пуще, пуще разгорайся,
трамвайной ссоры уголёк!
Лети, безудержный трамвай,
кабриолет пустого лета!..
Пустеет парк. Выносят вето,
осенних лавок каравай.

Ефим БЕРШИН

# МОЯ ВОЙНА. МОЯ ПОБЕДА

О войне я узнавал, прячась под столом, потому что за столом мне еще не было места. За столом сидел отец. За столом сидели еще молодые, несколько лет назад вернувшиеся с фронта мои дядьки и соседи. Они пили водку и говорили о войне. А я ползал между ногами и учился считать. И у меня все время что-то не сходилось. Потому что на пять человек приходилось почему-то только восемь ног. Я выглядывал наружу, пересчитывал сидящих – их было пять. А ног всего восемь. Война входила в мое сознание безногой. И еще песней, которую, изрядно выпив, фронтовики затягивали за столом: «Выпьем за Родину, выпьем за Сталина, выпьем и снова нальем».

Я не знал, кто такой Сталин. Но я очень любил этих людей, молодых, пьяных, сверкавших орденами и медалями. Иногда они разрешали потрогать эти сверкающие кружочки, и я гордо приобщался к их подвигам.

* * * *

Однажды Инна Лиснянская вспомнила рассказ мужа, Семена Липкина, о его споре с близким другом, писателем Василием Гроссманом о Сталинградской битве. Это было перед самой Победой. Будущий автор «Жизни и судьбы» стал что-то говорить о роли партии… «Не вижу никакой роли партии в победе, – отрезал Липкин, – победил Бог, вселившийся в народ». А позже написал:

Если в воздухе пахло землею
Или рвался снаряд в вышине,
Договор между Богом и мною
Открывался мне в дымном огне.

Итак, тогда свершилось то, чего не понимают сегодняшние безбожники: победили не партия, не Сталин и никто иной. Победил

Бог, вселившийся в народ. И потерпел крах дьявол, вселившийся в других людей. В безумцев, которые бросили вызов Богу. Но в борьбе Бога и человека всегда побеждает Бог! А Бог тогда был с нами. Богу было нужно, чтобы мы были. Чтобы мы жили. И Он был с нами.

«Тогда Господь сказал Иисусу: в сей день Я начну прославлять тебя пред очами всех сынов Израиля, дабы они узнали, что, как я был с Моисеем, так буду и с тобою». И Иисус Навин с народом своим перешел Иордан. Мы с Богом перешли Днепр, Днестр, Березину, Вислу, Одер и еще много всяких рек. А те, другие, по сей день ревнуют нас к Богу. Потому что Он был с нами, а не с ними.

* * * *

Он хотел, чтобы мы жили. Пусть плохо жили, но – жили. А жили мы плохо. Страшно жили. И мне не нужна ни написанная, ни переписанная история той войны. Потому что я вырос на ее развалинах. Война катком прошлась по нашему маленькому городу, сделав счастливыми полуободранных пацанов нашего двора. Потому что не надо было ничего придумывать. Мы целыми днями играли в войну на самых настоящих военных развалинах. Мы запросто находили среди них самые настоящие гильзы от патронов. Мы бросали жребий и делились на русских и немцев. Потом менялись. Потому что никто не хотел постоянно быть немцем. И мы воевали до темноты под ворчание соседей. Иногда кто-то подрывался на оставленной войной мине.

А рядом, в том же дворе, на наспех сколоченных лавках молодые фронтовики пили и пили свою водку. И дрались в кровь. Они никак не могли отойти от той войны. Жизнь казалась пустой и никчемной. Потому что Победа пришла вместе с развалинами, вместе с нищетой, с непониманием, как жить дальше. Бог был с нами на войне. А потом оставил нас. Но я этого не знал, не понимал. Я играл в войну на развалинах. И только много лет спустя написал стихи.

Я вырос на руинах той войны,
там, где за водкой и в кровавых драках
вернувшиеся с фронта пацаны
дострeливали жизнь свою в бараках,

хватаясь за ножи и топоры,
размазывая братьев по заборам.
Я тоже мог по моде той поры
заделаться убийцей или вором.

Но у меня своя была война,
свой вечный бой, который вечно длился
меж двух дворов.
И не моя вина,
что я родился там, где я родился.

Пока вели угрюмый разговор
крутые мужики в угаре пьяном,
мы пядь за пядью занимали двор,
заросший повиликой и бурьяном.

Мы шли на штурм разболтанных оград
чужих садов, ломая ветки с хрустом,
не славы ради и не для наград –
там был наш враг.
А я считался русским.

Я шел вперед. Я был почти комдив.
Мы против комьев в полный рост вставали.
Ворчал сосед: мол, мало вас, жідив,
фашисты на войне поубивали.

Безногая, безрукая война
еще блуждала в переулках стертых,
выменивая хлеб на ордена,
сверкавшие на грязных гимнастерках.

И что нам до Великой Мировой,
застрявшей в историческом провале,
когда уже и с нашей, дворовой,
иных уж нет, а те – отвоевали.

* * * *

Отец, конечно, был сталинистом. И это несмотря на то, что успел отсидеть в сталинском лагере. Почему? В молодости я, уже все зная, все прочитав, спорил с ним до хрипоты, до полного разрыва, до слез матери. А потом перестал. Зачем? Это его жизнь. А еще позже задумался: может быть, они знают что-то такое, чего мы не знаем? Чувствуют что-то такое, чего нам почувствовать уже не дано? И в самом деле, кто сегодня вспоминает о том, что режим Моисея, выводящего людей из Египта, был не просто жестоким – жесточайшим. Кто помнит, сколько крови соплеменников пролили Иисус Навин и Илия, названный пророком? Но с ними был Бог! Может быть, нам, живущим сегодня, стоит уже помолчать. Отдать историю – истории, где безумствуют стихии, как безумствуют ветра, метели, ливни, спорить с которыми, возмущаться которыми – нелепо. Может быть, так и надо поступить? Может быть, мой отец и его друзья до конца жизни тосковали по времени, когда Бог был с ними?

А мама тоже что-то чувствовала, но иначе. Потому что в тот самый день, когда умер Сталин, я нечаянно описался. Мне не было еще полутора лет, но я точно запомнил, что сидел на тумбочке, в какой-то миске, а мама меня мыла и переодевала. И тут вошла ее тетушка:

– Включай радио (а у нас на стене висела «тарелка»)! – закричала тетушка. – Сталин умер, все идут на площадь, а ты тут сидишь!

– Какой может быть Сталин, если ребенок описался? – спокойно ответила мама.

Повторяю, мне не было еще полутора лет, но я все запомнил так, как будто это было вчера. Впрочем, что было вчера, я уже не всегда помню. Но что было тогда, помню очень хорошо.

И что делать, если я всю сознательную жизнь ненавижу

Сталина, но людей за нашим столом, которые пели «Выпьем за Родину, выпьем за Сталина», просто обожаю?

* * * *

Да, «уже и с нашей, дворовой, иных уж нет». Да и двора, наверно, нет. А ведь он был. И не только наш. Уцелевшие люди лепили из развалин жилища. В ход шло все, что валялось под ногами. Я держал банку с краской, а отец красил крышу соседям и чертыхался. Единого цвета не получалось. Потому что перекрытием служили два огромных крыла от сбитого немецкого самолета.

А по воскресенья мы шли на базар. И вдоль всей прибазарной улицы, чуть ли не через каждый метр сидели безрукие и безногие фронтовики и просили милостыню. И нечего было им дать. Потому что мы только шли на базар. И я уже знал, что по дороге мы обязательно заглянем в мастерскую к безногому дяде Грише, другу детства моего отца, сапожнику. И в мастерской будет пахнуть свежей кожей. И мне подарят там пару маленьких сапожных гвоздей, которые обязательно пригодятся мне на той, дворовой войне. О настоящем молотке я мог только мечтать. И еще я знал, что там же, у ворот базара, мы встретим балагулу Яшу, огромного, как его лошадь, с которой он постоянно ругался, как будто она была ему женой.

– О, ты уже такой большой, как почти моя лошадь! – кричал он, завидев меня. – Хочешь покататься на подводе?

– Хочу.

– Нельзя, – огорчал меня Яша. – Ты же не товар! Ты же уже почти человек. А человек – не товар.

Они были молодыми. И я никак не могу понять, почему они казались мне стариками. Эти «старики» по субботам, сменив рабочую робу на чистые пиджаки и рубахи, частенько собирались прямо в мастерской дяди Гриши. И снова говорили о войне. И снова пили. И снова спорили. А я все слушал и запоминал. Чтобы потом, через много-много лет вспомнить и написать.

И когда это было – мне вспомнить уже не дано.

На царапину памяти не наложить подорожник.
Но всплывают ночами, как кадры цветного кино,
балагула, веселый портной и безногий сапожник.

Три ошибки войны, по ошибке оставлены жить
в этом маленьком городе, там, где по воле Господней
вечным Жидом назначен был каждый расстрелянный жид,
под стволом автомата встававший на край преисподней.

Три ошибки судьбы выпивали сперва по одной,
бесконечный свой спор завершая едва ли не дракой.
Балагула – уздечкой, портняжьим лекалом – портной,
а безногий сапожник сурово размахивал дратвой.

И на их пиджаках полыхали войной ордена
за Берлин и Варшаву, за взятие рая и ада.
За безногую жизнь осушали стаканы до дна,
и за то, чтобы помнилось то, что и помнить не надо.

Три ошибки беды – рядовой государственный сор, –
как подбитые птицы, клевали субботнюю пайку
и тянули вино, и тянули пустой разговор,
и тянули, напившись, свою «тумбала-балалайку».

Где я видел их лица? Зачем выплывают они
из далекой страны, нагоняя тоску и усталость, –
из забытых времен, от которых остались одни
головешки пожарищ, и даже страны не осталось.

На руинах страны догорел окровавленный век,
что охотился так, как за дичью охотится лайка.
Только ветхая память осталась, сухая, как Ветхий Завет.
Только три старика. И суббота. И «тум-балалайка».

* * * *

Поэт Ефим Бершин (слева) с отцом

В нашем городке, на который в 1992 году новые нацисты обрушили новую войну, есть небольшой холм. На нем когда-то давно была устроена танцплощадка, и новая молодежь плясала на ней свои шейки и твисты. На костях. Потому что на этом месте нацисты расстреляли и закопали живьем несколько тысяч человек. Я это знаю. Я вообще теперь многое знаю. Я знаю, кто сжигал людей заживо в ноябре 1941 года на ведущей к Одессе Люстдорфской дороге. И я знаю, кто сжигал их живьем совсем недавно, год назад, там же в Одессе. Я знаю фамилию соседа, который выдал немцам моего прадеда и сам же под их присмотром закопал его прямо во дворе. Живого. Его фамилия – Савченко. Говорят теперь, что, закапывая в землю моего прадеда и прабабку, он таким образом боролся за свою независимость. Будь проклята такая независимость!

Повторяю: мне не нужна ни написанная, ни переписанная история той войны. Тот, кто пишет, врет. Тот, кто переписывает, врет вдвойне. Кого они хотят обмануть? Бога?

Меня тоже нельзя обмануть. Потому что у меня с этой войной своя история. Своя хронология.

*1941-й. Бабушка моя погибла в разбомбленном санитарном поезде.*

*1941-й. Вторая бабушка не выдержала эвакуации, умерла в дороге.*

*1941-й. Прадеда и прабабку закопали живыми в их собственном дворе в Тирасполе. Выдал сосед.*

*1941-й. Дед, вырвавшись из плена, вернулся в свой двор и заколол штыком того соседа.*

*1944-й. Родной брат матери, мой дядя, погиб, освобождая Польшу.*

*1945-й. Другой дядя дошел до Берлина и отомстил за всех.*

Ни дьявол, ни слуги его никогда не побеждают. Надев маски, они способны только ввести в заблуждение. Но не надолго. Побеждает Бог. Кровавый, страшный Бог был тогда с нами. А значит, и со мной. И потому – это моя война! Это моя Победа! Уберите от нее руки.

Ирина ДУБРОВСКАЯ

## ИНТЕЛЛИГЕНТНЫЙ АВТОР

Интеллигентный автор
творческим занят актом.
(Не путать его с поп-артом –
он из другой муки).
В ушах у него бананы
(простите за слог, гурманы),
а на глазах – удобные
розовые очки.

Интеллигентный автор,
он весь такой “мирный атом”:
какой бы там чёрт рогатый
ни лез бы на нас из дыр,
очки он на нос надвинет,
проценты свои прикинет,
высокую позу примет
и вымолвит: “Миру мир”.

Он автор интеллигентный,
он смотрит на суть момента
с брезгливостью той латентной,
что так из него и прёт.
Не люмпен, не шаромыжник, –
он аристократ и книжник!
Культурных начал подвижник,
он двигает мир вперёд.

И даже когда, допустим,
Земля захлебнётся грустью
и рек пересохнут устья,
и снова распнут Христа,
он взглянет умно и тонко:

ну что, мол, стоять без толку?
Пройдёт стороной негромко
и вымолвит: “Суета…”

## НА РОДНОЙ ЗЕМЛЕ

Это – взорванный злобой мост.
Это – тот, в мышеловке, сыр.
Искалеченный это мозг,
Перевёрнутый это мир.

Это нечисти жуткий бал –
Мы прогнать её не смогли.
Золотого тельца оскал,
Властелина всея земли,

Это он заслонил собой
Опечаленный солнца лик.
Это хаос, распад, разбой,
Это мнений враждебных стык.

Это вихри народных драм,
Вечный сказ о добре и зле.
Это то, что осилить нам
Предстоит на родной земле.

Прасковья СЮРОВА

# ДЕТСТВО, ОПАЛЁННОЕ ВОЙНОЙ

*Отрывок из одноимённой книги*

**Прасковья Петровна Сюрова (1933-2006) – моя мама – родилась в 1933 году, в селе Подбужье, Жиздринского уезда, Орловской губернии. Похоронена в Калуге. В книгу вошла часть воспоминаний и несколько фотографий из семейного архива (издательство «Optimum», Одесса, 2008). Мама была русской женщиной из простой крестьянской семьи. Всю жизнь она проработала в школе – несла детям свет знаний, чистоту родного русского слова. Рукопись она редактировала сама, и издать книгу собиралась сама. Болезнь помешала. Всё, что вошло в книгу, отредактировано ею. Остальное, практически две третьих тетради, вычеркнуто ею же. Те страницы я сохранила. Но издать не посмела. Раз она решила их не включать, то так тому и быть.**

**Людмила ШАРГА**

В июне месяце страшная весть облетела наше село. Помню, как притихли мы, дети, как заплакали мать и бабушка, как возле дома на завалинке отец долго курил и думал о чём-то. Тогда в нашей семье было пятеро детей: старшему Василию – 13 лет, а младшему Пете – 2 годика. Везде, во всех домах звучало страшное слово – война.

Отец в то время работал секретарём в сельском совете. Начали приходить повестки. Проводы на войну были короткими, строгими, со слезами, но без лишних истерик и рыданий – на правое дело провожали своих мужей, братьев и сыновей русские женщины. В конце июня отец получил повестку. Он пришёл домой и сказал, что подготовил последние списки военнообязанных. Помню, как мы все провожали его до околицы, как плакали, как отец давал нам наставления, особенно старшему брату, чтобы мы жили дружно и берегли мать и дедушку с бабушкой. Тогда мы и узнали, что мать наша была беременна и осенью должна была родить нам братика или сестричку.

И потянулись тяжелые длинные дни, так и хочется назвать

их хмурыми и пасмурными. Казалось, что и солнышко светит как-то не так, как при мирной жизни, а может, мне так казалось оттого, что наша улыбчивая и весёлая мать улыбалась тогда очень редко. А для улыбок не было повода: через село отступали наши солдаты, слышался рёв фашистских самолётов, – мы быстро научились отличать их от своих и бежали прятаться от бомбёжки в окопчиках на огороде. Не прятался только дедушка Василий – он оставался в доме, потому что считал себя старым, считал, что ему пора умирать. Вскоре он действительно умер, но не от бомбы, а видимо от старости.

Наступил час, пожалуй, один из самых тяжёлых в истории нашей страны. Немецкие самолёты бомбили наши города и сёла, а люди были в недоумении: что же это? Почему же мы не можем дать отпор захватчикам? Разве не самая сильная в мире наша Красная армия? Разве не самый справедливый бой ведёт она, очищая свою родную землю от фашистской нечисти? Ответ на этот вопрос мы не узнали и много лет спустя после войны, да и нет его и сегодня, единственного верного ответа.

А тогда через наше село отступали русские солдаты.

Грязные, оборванные, голодные.

Бабушка варила картофель в мундирах, и мы, дети, набирая его в карманы, шли на дорогу, на огороды, по которым отступали наши. Мы отдавали им картошку, а они, бедные, ели её прямо в кожуре. И никогда мне не забыть виноватые их взгляды. Они избегали смотреть нам в глаза, словно чувствовали за собой вину перед нами, несмышлёнышами.

Помню, как появились первые немецкие солдаты на мотоциклах. Они со страшным рёвом проносились по селу, поднимая клубы пыли на дорогах. Они заходили в дома и не просили, нет – требовали молоко, яйца, сало, хлеб. Бабушка, когда они пришли и в нашу избу, вынула из русской печки огромный кувшин с топлёным молоком, налила в кружки и, молча, подала немцам. Они жестами дали понять, что сначала она сама должна отпить из кувшина, и только когда она сделала несколько глотков, начали пить молоко. Теперь-то я понимаю, что они боялись отравы, а тогда была удивлена, надо же, какие добрые – бабушку «угощают»…

Село заняла немецкая часть, очень многие жители остались без крыши над головой – их выгнали из родных домов. Там теперь размещались немецкие солдаты и офицеры. Люди ютились в сарайчиках, в коровниках и курятниках. Некоторые выкапывали землянки и устраивались там. В нашей избе теперь тоже жили солдаты. Они вечерами напивались и во всю глотку орали песни.

В центре села появилась комендатура и, конечно же, сразу нашлись и те, кто пошёл добровольно служить новой власти. Но и среди полицаев люди были разные: одни просто захлёбывались от радости: кончились мол, ваши Советы, а другие прятали глаза при встрече с односельчанами, видимо им было стыдно.

Если раньше дни были пасмурные и хмурые, то теперь их можно было назвать чёрными, беспросветными. Началась оккупация, которая длилась с октября 1941-го по август 1943-го.

В церкви теперь держали раненых военнопленных, наших русских солдат и офицеров, а около церкви под открытым небом находились остальные военнопленные, те, кто не поместился в церкви. Помню, как они жались друг к другу от холода, ведь тёплой одежды у них не было. Мы носили им отварную картошку в «мундирах» и кидали за ограждение, чтобы не увидели немцы. Потом пленных увезли куда-то, куда – никто не знал, но все догадывались, что их расстреляли.

Я и сейчас помню наглые, самодовольные лица немецких солдат. Они чувствовали себя хозяевами на нашей родной земле. Но самые страшные впечатления остались от того дня, когда в село пришли эсэсовцы. Казалось, даже птицы притихли, даже ветер затаился.

На территории нашего района действовал партизанский отряд «В бой за Родину». Непроходимые брянские леса стали спасительным укрытием для партизан. Сама природа, сама земля русская встала на бой с фашистскими захватчиками. В нашем селе был связной (конечно об этом стало известно только после войны). Немцы страшно боялись партизан, и выжигали целые сёла и посёлки, если получали сведения о том, что там появлялись партизаны. Такие сёла как Рессета, Долина, Бруссна и многие другие, были сожжены, а их жители расстреляны за содействие партизанам. Особенно злобствовали полицаи, выслуживались перед новыми хозяевами. Староста не раз предупреждал нашу мать, чтобы она поменьше выпускала нас на улицу. Он был очень спокойный человек, я бы сказала даже добродушный, несмотря на то, что служил фашистам. Очень многим жителям нашего села удалось избежать расстрела только благодаря ему, казалось, он сочувствует своим односельчанам.

Через несколько лет после окончания войны мы узнали, что он-то и был тем самым связным. Но ему чудом удалось избежать смерти. Когда наши освободили Подбужье, старосту схватили и хотели повесить, как предателя. Люди не дали этого сделать, и тогда солдаты предложили ему просто уйти из села – ведь не все же знали, кем он был на самом деле.

Ещё помню, как поймали женщину-партизанку и привезли в село. У неё не было одной ноги, но фашисты заставили её подняться по лесенке на высокое крыльцо комендатуры и показали её всем жителям, заранее согнанным туда. На груди у женщины была табличка с надписью о том, что она партизанка. Потом её увезли в с. Хвастовичи и там казнили – сожгли заживо. Теперь, на выезде из районного центра Хвастовичи стоит обелиск. На этом месте были казнены многие люди.

Мы боялись спать по ночам, боялись ночных стуков, малейшего шороха.

А писем от отца всё не было. Мы не знали что и думать, а мать едва оправившись после родов (у нас появился братик Миша) пыталась нас успокоить. Представляю, что творилось у неё в душе в то время. Дни в оккупации тянулись – не шли. Люди голодали – не было хлеба, а что такое соль, мы все давно забыли. Помню, как бабушка в кипящую воду окунала дощечку от бочки, в которой когда-то хранилась у нас соль. Дощечка была крепко просолена, и это давало какой-то результат – вода приобретала солоноватый привкус. Питались мы в это время в основном картошкой да свёклой, а у большинства наших односельчан и того не было.

Конечно же, мы все с нетерпением ждали нашу Красную Армию, ждали освобождения, в которое верили все от мала до велика.

Но в один из жарких июльских дней 43-го года в селе появилось множество немецких солдат, охранников, полицаев. У многих из них в руках были вёдра и факелы. Всех жителей согнали на дорогу, ведущую к Слободе (село расположенное недалеко от Подбужья, километрах в семи) и погнали по направлению к Брянску. А село наше уже пылало, охваченное огнём. Нам не дали даже собраться, в чем были, в том и выгнали на дорогу. Нас гнали в течение нескольких дней, под дулами автоматов. Ночевали мы в поле. Никогда не забуду как мы, перепуганные насмерть, бежали, держась за бабушку. Мать несла на руках маленького Мишу (он родился в октябре 41-го). Так мы прошли около ста километров и оказались на станции Любохна, Брянской области. Там под открытым небом был лагерь для тех, кого собирались отправлять на Запад, но не хватало вагонов. Потом нас погрузили в вагоны и долго везли, а рядом с нашими составами шли другие, с ранеными немецкими солдатами, с контейнерами, нагруженными награбленным – немцы вывозили всё, что представляло собой хоть какую-то ценность.

Непривычно суровой и молчаливой стала наша бабушка, которая всегда находила общий язык и с соседями, и с нами детьми. До революции она была очень дружна с матушкой, женой сельского священника. Она выпекала для них хлеб, а они всегда приглашали её в гости на чаепитие. Лицо её словно светилось от доброты и люди называли её ласково «Николаичка». А теперь она не знала, как нас утешить и только одно твердила постоянно: «Берегите мать, я – что, я свой век, считай, прожила, а вот мать надо беречь и для вас же самих, и для отца».

Вот так мы и ехали в товарных вагонах, не зная куда. Спали на соломе, а что ели, я и не помню, давали ли нам какую-нибудь еду. Но очень хорошо помню гул советских бомбардировщиков, он вселял в нас надежду.

А фашисты спешили, ведь 1943-й год был годом наступления наших войск, и немцы всеми силами пытались вырвать нас у наших. Советские войска шли буквально по пятам вслед за нами, и охранники были начеку. Кое-кто пытался бежать, когда поезд останавливался, но это редко кому удавалось – их ловили и сразу же расстреливали.

От скученности и грязи, от нечеловеческих условий в вагонах, появились больные тифом. Их выбрасывали на остановках, а иногда прямо на ходу.

В конце сентября 1943-го года нас привезли в Эстонию, в крупнейший лагерь в Прибалтике. Увидев огромное количество бараков, ограждённых колючей проволокой, многие не выдерживали – плакали, кричали. Плакали и наши мать с бабушкой, и мы, предчувствуя близкую смерть. Разместили нас в бараках, тоже скученно; кормили один раз в день – давали баланду из турнепса с отрубями да маленький кусочек хлеба, который никак не жевался. Грязь, вонь, полуголодное существование сделали своё дело – началась эпидемия тифа. Вот таким был лагерь Клоога, расположенный в Эстонии недалеко от Таллина. Лагерь имел множество блоков, вокруг главного барака – радиусом в 30 км, там были и спецбараки, где пытали людей. Были и бараки для больных тифом, конечно, оттуда никто не возвращался. Были на территории лагеря и салотопки, сладковатый удушливый смрад которых я помню до сих пор.

Мы очень боялись, что заболеет мать, и она заболела, изнурённая дорогами, голодом, непосильным трудом. Бабушка постоянно молилась за неё. Наши соседи (так получилось, что мы попали в один барак с нашими соседями по улице) подсказали нам, как прятать мать от охранников, которые приходили каждый день с проверкой – нет ли новых больных тифом, чтобы забрать в тифозный барак. Мы знали – из тифозного барака никто не возвращался, поэтому изо всех сил старались спрятать мать. Мы с сестрой насобирали тряпья и закрывали мать этим тряпьём с головой. Приходилось даже иногда зажимать ей рот, чтобы не было слышно, как она стонет в бреду. Старший брат (ему в то время было уже почти 15 лет) был на оборонительных рубежах – рыл окопы для немцев. Там он простудился и очень долго болел. Мы все надеялись, что и мать, и он выздоровеют. Наконец, начала потихоньку подниматься мать. А в лагере, не переставая, дымили салотопки. Нас тоже ждала такая же участь, ведь лагерь Клоога был карантинным, перевалочной базой. Отсюда людей отправляли дальше: кого на тот свет, кого в страны, где царил фашистский режим.

Шёл 1944-й год – год освобождения Прибалтики. Фашисты метались и от ярости просто зверели на глазах. В конце 44-го они буквально вырвали нас из рук освободителей и перегнали в другой лагерь на острова Саарема, на остров Гзаль – самый крупный из этого архипелага. Перегоняли сначала по ледяной дороге, под мокрым снегом. Мы мокрые, замерзшие, не шли, а ползли все эти 20 километров. Потом нас погрузили на баржу и через Балтийское море переправили на острова. И вот снова бараки, на этот раз в дремучем лесу, за колючей проволокой, рядом со складами боеприпасов. Помню, что было страшно холодно – кирпичный барак не имел окон, ничем не отапливался, и мы постоянно дрожали от холода. Кормили баландой, только теперь она была рыбной. Рыба, конечно, была тухлой, ну никак эта баланда не лезла в горло. Бабушка насильно вливала нам её в рот – хоть какая-то еда, но нас сразу же рвало, хотя жутко хотелось есть. Иногда старший брат брал кого-то из нас, младших, и через лаз в колючей проволоке  протаскивал в лес. Там было много всякой ягоды: черники, брусники, клюквы. Мёрзлая, но вкусная ягода была для нас настоящим спасением. Мы ели её сами и собирали для матери, бабушки и маленького Миши.

В лагере было неспокойно, очень часто эстонские пьяные полицаи устраивали проверки и били нас плётками. Теперь уже все начали понимать, что шансов на спасение у нас нет. Только бабушка всё молилась и молилась – а что ещё оставалось? Старшего брата взяли в батраки богатые эстонцы, хутор которых стоял неподалёку от лагеря. Он пас скот, выполнял много другой тяжёлой работы по хозяйству. Там, в хозяйских сараях, наш брат прятал одного русского военнопленного, которому посчастливилось бежать из лагеря. Ни одна живая душа не знала о том. Можете себе представить, что бы было, если бы его обнаружили. И военнопленный этот выжил, благодаря нашему старшему брату. Родом он был с Украины, из Винницы. После войны они переписывались, и раза два или три он приезжал к брату в гости со своей семьёй.

Однажды, поздно вечером, фашисты окружили наш барак, заперли двери наглухо, а потом долго возились с фундаментом барака. Оказалось, они заминировали бараки, а сами куда-то уехали на грузовиках. Они удирали от русских, ну а нас решили взорвать. Мы плакали и молились, обнимались, прощаясь друг с другом. Через некоторое время раздался звук моторов – мотоциклы. Конечно, мы и предположить не могли, что это были наши, советские солдаты, но терять нам было нечего, и мы начали кричать. Наши поняли, что в бараках находятся люди, и, выломав двери, выпустили нас на свободу. А мы, обессиленные, ползли к ним, целовали их сапоги. Возможно ли описать те мгновения?

Пока минёры возились с разминированием бараков, люди плакали, не веря в своё освобождение. Нас накормили хлебом с тушёнкой.

Было ли в моей жизни что-то вкуснее этого хлеба, этой тушёнки? Нет, не было! У этой пищи был особенный вкус – вкус свободы, вкус нашей скорой победы.

Вскоре приехал и брат – хозяева сразу же его отпустили. Потом мы жили в тех же бараках, ожидая машины, которые должны были отвезти нас на пристань. Но совсем по-другому мы себя чувствовали – ведь мы были свободны. Машины отвезли нас к пристани, мы пересекли Балтийское море вместе с нашими ранеными солдатами, и снова оказались в том же лагере, где пребывали на карантине. Разместили нас в тех же самых бараках, только теперь они были чистыми, внутри пахло карболкой. Здесь мы ожидали, когда будет поезд – нас отправляли на родину, домой. Наши солдаты были очень приветливы и добры к нам, детям. Мы видели печи, в которых сжигали людей, горы одежды и обуви – заключенных сжигали голыми.

Спустя некоторое время нас посадили в вагоны; помню, что они были холодными, но внимания на это никто не обращал, нас всех переполняло чувство свободы. Мы выехали из Эстонии по направлению к Нарве, затем на Ленинград, а затем на родной Брянск.

За окнами вагонов лежала обугленная, разрушенная, опустошённая земля. От больших городов остались одни руины, а от деревень и сёл только сиротливо торчащие печные трубы. На железнодорожных станциях и полустанках не было электричества, проводники зажигали керосиновые фонари. Казалось, вся Россия погрузилась во мглу.

Наша бабушка, глядя на всё это, плакала, руки её дрожали – она сильно сдала за это тяжкое время, хотя находила силы поддерживать нас морально. Теперь же она поникла. «Смотри, Катя, – говорила она нашей матери, – что они, изверги проклятые сделали с нашей землей. Я же эту землю, родную нашу кормилицу, своими руками рыхлила, разминала, удобряла, поливала…».

Она протягивала свои высохшие руки: морщинистые, с набухшими венами – руки великой труженицы. И в который раз они обе плакали. «А ты, Катя, не горюй, дети вырастут, и земля воскреснет, оживёт».

Сюров Петр Ильич (слева) с сослуживцем

Сколько же было в этих людях оптимизма, веры в возрождение.

Но вот, наконец, и Брянск. Мы уже предвкушали, как вернёмся в родное село, но нас почему-то пересадили на другой поезд – до Москвы. Мы в недоумении проехали станцию Судимир, от которой до милого Подбужья рукой подать, километров семь – не больше.

Нас высадили на Киевском вокзале, затем на метро перевезли на Ярославский вокзал. Мы все были встревожены – ещё бы, а что дальше-то? Почему нам нельзя вернуться на родную землю, в родное село? И эйфория от освобождения утихла, на её место пришла тревога от неизвестности, неопределённости – что там, впереди?

А впереди была Ивановская область, маленький городок, закуток на две семьи…

Мать устроили работать на ткацкий комбинат; старшего брата – электриком туда же. Снова голодно, страшная дороговизна продуктов – буханка хлеба на базаре стоила 150 рублей. Опять мы питались в основном картошкой, да хлебом, который получали по карточкам. О том, чтобы покупать хлеб, и речи быть не могло.

Вот так мы и попали из огня да в полымя. Очевидно нам, как бывших узникам немецких лагерей, нельзя было возвращаться к себе домой вплоть до окончания войны.

За что? Почему? Мы долго не понимали, в чём же тут дело, и только в шестидесятые годы кое-что начало проясняться. Мы же были живыми коридорами для немцев. До недавнего времени, люди, выезжающие за границу, поступающие на некоторые виды служб, вынуждены были заполнять унизительные анкеты, где в числе прочих был вопрос о нахождении в плену, в концлагере или на оккупированной территории. Так в чём же была вина немощных стариков, малолетних детей, женщин? В чём была вина тех, кто попал в плен раненым или без сознания? До сих пор этот вопрос остаётся открытым…

Вот так, на чужбине, дожили мы до победы. Но домой нам разрешили вернуться только в конце 46-го года.

## Марина САВВИНЫХ

* * *

О, если б те… с живыми гривами…
И недалёкий путь домой!..
Но мы не можем быть счастливыми,
Пока под нами круг восьмой.
Уже придуман воздух тления,
Уже восславлен и возник.
И мы о нашем искуплении
Прочтём в одной из детских книг,
Где вместе с жалобой вчерашнею
На кашель, градусник и йод,
Дитя любимое, бесстрашное,
Свой приговор произнесёт.

* * *

Прочти меня, мой Чёрный Человек,
Как, может быть, лишь Крест читает Розу,
Как музыкант, не размыкая век,
В самом себе читает Лакримозу…
Листай меня – не брезгуя – подряд,
С моим почётом и моим позором:
Пускай страницы тлеют и горят
Вслед за твоим колеблющимся взором…

* * *

Милый демон с глазами ребёнка,
Над бровями – волнистая мгла.
Этой мглы не касалась гребёнка.
Эти руки не ведали зла.
Он ещё поглощён новизною
Мира, круглого, как колесо,
Неба, ветра, пространства и зноя
И грядущей странички Руссо.
Он не знает ещё, что однажды,
Истощась в бесполезной борьбе,
Задыхаясь от гнева и жажды,
Воплотиться захочет в тебе…

* * *

Голубые, как вены, руины
Голой веткою вниз по запястью…
Ты костлява, рука балерины,
Ненормальных зовущая к счастью.
Черный газ и – разрывом – коленка…
А еще этот визг за спиною!
Огнедышащий танец – фламенко.
Болеро же, как стыд, ледяное.
Только вальса ночная долина…
Раз-два-три… не работа – прогулка…
Умирать – отлетая… так длинно…
Так томительно, страстно и гулко
Отлетая… как дымка подола
Отлетает в классическом шаге,
Как от уст отлетают Эола
Лепестки папиросной бумаги…

* * *

*Сергею Курганову*

Мой современник Данте Алигьери
Сквозь щель пифагорейского числа
Увидел смысл в сомнении и вере,
Узрел добро в самораспятьях зла.
С учтивостью протягивая руку
Незнаемому другу и врагу,
Он родствен лире… или родствен луку…
Стрела и песня пробуют дугу
Между его спокойными зрачками,
Где зыблются Голгофа и альков…
Асфальта не касаясь башмаками,
Как тёмный вихорь между облаков,
Он движется… подобное в подобном…
Себя мы вспоминаем лишь в аду,
В неугасимом пламени, способном
К великому гончарному труду!

Галина КЛИМОВА

# ТРИЖДЫ ЖИВОЙ ЛЕЙТЕНАНТ ЗЛАТКИН

*Отрывок из книги «Юрская глина. Путеводитель по семейному альбому в снах, стихах и прозе» (М., 2013).*

Ясно вижу его в смешных ситцевых трусах, маленького, жилистого, в тазу со святой водой в московской квартире отца Валентина, совершающего таинство Крещения.

Отец Валентин весьма мощен и живописен (не зря вдохновил Шилова изобразить его на фоне Троицкого собора в Раменском), он похож то ли на Мусоргского с портрета Репина, то ли на Волошина с портрета Кустодиева, но только – зеленоглазый, рыжий и очень бородатый.

Мой папа решил креститься в 85 лет. Как это пришло ему в голову? Никаких признаков верующего ни в будничной, ни в праздничной жизни он не проявлял. В церковь не ходил, разговоров о Боге не вел. И вдруг… Крестной матерью вызвалась стать Лидия Александровна, мама отца Валентина, тоже фронтовичка, почти ровесница папы, любившая жизнь как непрекращающийся театр, где она всегда – главная героиня, мхатовка.

Папа стоял в тазу навытяжку, а позади – мы с Лидией Александровной, подпевая и держа горящие свечи. Отец Валентин надел, наконец, на папу крестик… Серебряный крестик был таким маленьким даже на его цыплячьей груди, что у меня с сожалением вырвалось:

– Такой маленький?!

– Это же детский крестик, – улыбнулся отец Валентин, вкладывая в эти слова некую многозначительность, понятную лишь посвященным. Завершив таинство, они остались наедине. До нас, сидящих на кухне, донеслось:

– Теперь, Даниель Федорович, вам надо покаяться, и в ближайшие дни хорошо бы исповедаться и причаститься в храме. Крещение, как известно, освобождает от грехов, – сколько же их накопилось… Вы из нас всех теперь самый чистый, самый безгрешный. Но наверняка есть что-то, в чем в первую очередь хотелось бы покаяться? Ведь вы прожили такую большую жизнь! Может, что-то особенно мучает?

– Да, вы правы, отче, жизнь прошла большая и интересная.

В папином голосе я расслышала гордость за себя, радость за случившееся и какую-то праздничную расслабленность.

Отец Валентин повторил:

– На мелочах не зацикливайтесь, но случается, что совесть мучает…

– Да что вы, батюшка, поверьте, честное слово, мне не в чем каяться. Я – хороший человек, подлостей не делал, не доносил, не «стучал», и люди меня любят…

– Ну, хорошо, – вдруг отступился отец Валентин, – приняли святое Крещение, стали как младенец…и спрос с вас как с младенца, только причаститься не забудьте!

Отец любил играть в буриме, писал лирику – и пейзажную, и любовную в духе символистов, – был неплохим версификатором. Он писал и дневниковую прозу, а в последние годы жизни, будучи секретарем Совета ветеранов Карельского фронта, увлекся военными мемуарами. Не так давно нашелся его голос в интернете. Это было невероятное потрясение: услышать голос отца почти через десять лет после смерти. Из космоса? Из вечности? Родные интонации, узнаваемый – без искажений возрастом и временем – теплый баритон.

Отец оставил воспоминания из своей фронтовой жизни. Читаю их, будто вчера озвученные им самим.

*3-го июля1941 года после выступления по радио тов. Сталина я вместе со всеми пошел в народное ополчение. Там узнали, что я сапер-подрывник, младший командир – три треугольничка, и назначили старшиной отдельной саперной роты. Дали мне человек триста. Почти все инженеры, были и кандидаты наук и даже поэты, писатели и композиторы, кто угодно, но только не рабочие, – редкий случай в саперной роте. Я всех построил и как рявкну: «становись!». Повел в парикмахерскую, и несмотря на злобные выпады, их постригли-побрили, потом – баня. Через день мы вышли из Москвы и прошли по Можайскому шоссе около тридцати километров, до деревни Толстопальцево, где началась армейская жизнь: овладение оружием, боеприпасами, подрывными средствами.*

*Однажды меня вызывает дивизионный инженер:*

*– Надо поехать в Ивановскую область и получить шесть тонн взрывчатки. Возьми 150-200 противопехотных и противотанковых мин и пять-шесть кухонь. Даю тебе взвод солдат и Газ АА».*

*– А на чем же я все это богатство повезу обратно?*

*– Ты сапер или самозванец?! Каждый сапер должен соображать, где что взять.*

*Проезжая Подольск (с какой стати мы там оказались?), я увидел автобазу, и у меня мелькнуло…*

*Подхожу к директору автобазы, наган на стол:*

*– Ты здесь в тылу жрешь, а мы воюем (хотя мы еще пороху не нюхали)…*

*– Что надо?*

*– Минимум двенадцать автомашин, чтобы привезти взрывчатку.*

*– Где я их возьму? У меня разнарядка…*

*Тогда я своим ребятам отдаю команду:*

*– Ни одной машины не выпускать, но впускать любую!*

*Директора запер в кабинете и поставил часового. Собрал шоферов:*

*– Ребята, у меня с собой два мешка сухой колбасы, два мешка хлеба и полмешка сахара. Водки и консервов нет. Нам надо поехать в Ивановскую область, получить там взрывчатку и другие нужные для войны материалы. Кто поедет?*

*Согласились все. Я собрал пятнадцать машин и выезжаю с этой кавалькадой. Еду через всю Москву до места, потом – обратно. Глубокая ночь. Останавливаемся на Метростроевской улице, где мы формировались, в институте Иностранных языков.*

*– Ребята, до 4-х утра всех отпускаю, остаются трое. Ровно в 4 уезжаем, понятно?*

*Сам я спланировал заглянуть к знакомой девушке, и все знали, куда. Мы с ней только поужинали, как вдруг стук в дверь. Входят два милиционера:*

*– Это вы взрывчатку привезли в Москву? Вы старший?*

*– Я старший.*

*– Вы что опупели что ли?! Москву с минуты на минуту начнут бомбить! А Вы возле самого Кремля остановились! Вас арестуют и расстреляют!*

*Я трухнул и решил сблефовать:*

*– Какая взрывчатка?! Вы что?!*

*– А что в машинах, что в ящиках?*

*– Там инструмент, фонарики электрические от машин.*

*– Пошли разберемся.*

*Подходим. Спрашиваю у своих:*

*– Кто сказал, что здесь взрывчатка?*

*Все молчат. Я говорю:*

*– Это не взрывчатка – это инструмент.*

*Милиционеры постояли, смотреть не стали:*

Отец Г. Климовой Даниэль Златкин, 1945 г.

*– Мотайте отсюдова поскорей!*

*Приезжаю в свою роту, где должен сдать инструмент, взрывчатку и мины на склад. Но тут мой комбат Майский:*

*– Привезли?*

*Я ему все рассказал.*

*А он:*

*– Знаешь, что? Вы этот ящик с фонариками не сдавайте на склад, оставьте нам.*

*– Товарищ командир роты, не имею права.*

*– Я вам приказываю!*

*– А я не выполню...*

*Он как закричит:*

*– Повторите приказание оставить ящик с фонариками!*

*– Не повторю приказания...*

*– Я вас сейчас расстреляю!*

*– Расстреливайте!*

*Он вынимает парабеллум. У него, вижу, пена на губах, ногами топает и кричит изо всех сил:*

*– Повторите приказание!*

*Я расстегиваю гимнастерку:*

*– Стреляй! Повторять приказания не буду!*

*Майский кидает пистолет на пол, пилотку на пол, топчет ногами... Больной, видно, человек, психически расстроенный.*

*Так меня чуть не расстреляли в первый раз.*

*Я перестал быть старшиной этой роты и попал во взвод к моему приятелю Васе Карпенко. Через день к нам приехал какой-то вояка с тремя шпалами и собрал всю роту:*

*– Кто с высшим и средним образованием два шага вперед!*

*Я вышел.*

*– Товарищи, вы поедете в училище, где получите звание соответственно вашей специальности. Вот вы кто?*

*– Я инженер-строитель.*

*– Вот и получите звание военный инженер-строитель 3-го ранга.*

*И нас везли почти до Вязьмы, где всех рассчитали и назвали Первый пулеметный Взвод Первой Роты первого батальона.*

*Я спрашиваю:*

*– Какой из меня пулеметчик? Я приехал получать звание*

*военного инженера?*

*– Молчать! Не разговаривать!*

*Вечером сажусь писать рапорт, что меня ввели в заблуждение, обманули. Назавтра получил ответ: «Тов. Златкин. Стране нужны пулеметчики».*

*С 6 утра и до 8 вечера с винтовкой на плече. Мы ходили строевым шагом, горланили песни, клацали пустыми затворами, – так нас обучали быть пулеметчиками. А кормили – утром чай с сахаром и кусок хлеба, в обед какая-то баланда, даже картошечки ни одной не плавало, на ужин каша, сахар и кусок хлеба. За десять дней все так отощали, что еле ноги таскали, но с 6 утра до 8 вечера надо ходить, тянуть песни и клацать пустыми затворами.*

*– Когда же нас будут обучать пулеметному делу? И где они, эти пулеметы?*

*– Молчать! Не твое дело! Не рассуждать! Как начальство прикажет, так и будем делать.*

*Однажды вечером вышел из землянки, слышу запах – жареная картошка! Боже мой, картошка!*

*– Где взяли?*

*– Где, где? У повара.*

*Я бегом к повару:*

*– Как картошку получить?*

*Он говорит:*

*– Картошки захотел? Ее надо заработать.*

*– Я хочу заработать! Я голодный!*

*– Тогда, – говорит мне почти на ухо повар, – приходи завтра, как стемнеет, будешь пилить и колоть дрова и, чтоб к пяти утра, когда я приду, вода уже кипела во всех котлах, понял?*

*– Понял.*

*Всю ночь я носил с речки сухостой и мокрый валежник, пилил их ручной пилой, колол топором, который все время соскакивал, и, наконец-то, развел огонь. Вода кипела во всех котлах. Повар увидел:*

*– Молодца! Один, а смотри, как работаешь! У меня два-три человека так не сделают. Ты – хороший парень, бери картошку, заработал.*

*– Сколько можно взять?*

*– Да бери, сколько унесешь.*

*На мне была короткая кавалерийская бекеша. Я в один карман, в другой, – а мне все мало. Вынул финку, прорезал карман и обложил себя вокруг картошкой. Иду, не нарадуюсь:*

*– Щас пожарю или в золе испеку.*

*Навстречу какой-то чин с тремя шпалами:*

*– Товарищ курсант, ко мне!*

*Я подошел. Он уставился на мою бекешу и говорит:*

*– Что здесь такое?*

*– Картошка.*

*– Украл?*

*– Нет, не украл, заработал.*

*– Врешь, мерзавец, украл! Заработать здесь негде, мы не на заработках! Украл!!! Иди-ка сюда.*

*Было время завтрака. Все пили горячую воду, якобы чай, с сахаром и куском хлеба. Чин обращается:*

*– Товарищи красноармейцы, немцы получают 200 г хлеба в день и воюют. И как воюют! А вы получаете 500 г, но среди вас есть бандиты и воры, которые вас грабят и жрут вашу еду. Гляньте!*

*Он начинает вынимать из моих карманов картошку и стучать по столу. Вынимает и стучит, вынимает и стучит, и приговаривает:*

*– Видали бандита? Это ваша картошка! Она у вас на столе должна быть!*

*Ну, солдаты, ясное дело, загудели, когда целая гора картошки появилась на столе, килограмма три-четыре, если не больше. Он как гаркнет:*

*– Встать на стол! – Я встал.*

*– Снять звездочку с пилотки! – Я снимаю.*

*– Снять пояс! – Я снимаю.*

*– Снять обмотки! Я снимаю.*

*Он объявляет:*

*Именем Российской Федеративной Советской Республики*

*приговариваю бандита и мародера к расстрелу!*

*Вынимает пистолет, и я отчетливо вижу – наводит на меня. Но тут вдруг я слепну – ничего не вижу, ничего не слышу, только твердо стою на ногах и только одна мысль:*

*– Сейчас выстрелит...*

*Проходит мучительное время, сколько – не знаю. Я не слышу этого выстрела и упорно стою на ногах, когда меня кто-то дергает за руку. Открываю глаза, – комбриг, которому я писал рапорт, и он тихо так говорит мне:*

*– Давай, слезай!*

*Я падаю и теряю сознание. Комбриг приводит мен я в чувство, сам надевает мне звездочку, потом пояс...*

*– Обмотки наденешь сам... Забирай картошку.*

*Я слушаюсь, забираю картошку. И мы вместе уходим. Полная тишина, хотя вокруг солдаты... завтрак не окончен. Но тишина...*

*Вышли на улицу, он обнял меня и спрашивает:*

*– Где картошку-то взял, говори?*

*Я разревелся и все ему рассказал.*

*Так меня чуть не расстреляли во второй раз.*

*Через три дня сажают в теплушку, в ней человек 60-80 – повернуться нельзя. Неизвестно куда везут. Наконец, выходим. Слышны пушечные разрывы, стрельба. Совсем близко. Здесь же раненые. Спрашиваю:*

*– Ребята, как там?*

*– Немец десант выбросил.*

*– А где мы находимся?*

*– Здесь река Плотва недалеко, и где-то тут Бородино. А это деревня Мышкино.*

*И я запомнил – Мышкино.*

*Вечером нас согнали в баню. Какой-то старший сержант начал учить:*

*– Вот, товарищи, перед вами новейший пулемет Дегтярева, танковый пулемет. Минимум три человека должны его обслуживать: один носит ствол, другой – колеса, а еще подносчики носят патроны. Понятно? Ты, – кинулся он ко мне,*

*– ты будешь первым номером, понял? На тебе ствол!*

*Я взял ствол.*

*– А ты второй, – бросил он кому-то не из моего взвода, – даешь колеса. Еще двоих назначил подносчиками.*

*– Для того, чтобы стрелять, надо это отжать, это прижать, это натянуть, это вставить и стрелять, поняли?*

*Все закричали: поняли! Но никто ничего не понял. С таким вот знанием пулемета мы вышли, и сразу были обстреляны...*

*Я впервые услышал свист пуль и тут же почувствовал смерть, хотя потом уже узнал: пуля, которая свистит – не твоя, свою – не услышишь. Хоть я и не трус, но пригнулся, присел на корточки, руки и ноги задрожали. Казалось, что все стреляет, все стреляет именно в меня, но почему-то не попадает. Оглядываюсь – нет моего второго номера, нет моих подносчиков, я один со стволом, а у меня еще винтовка СВТ 10–тизарядная, вещмешок, противогаз...Черт знает, чего только*

Отец Г. Климовой Даниэлбь Златкин, 1943 г.,
Карельский фронт

*на мне не висело! Топор еще – я сапер, и топор при мне всегда! В общем, вся амуниция весила предельные 32 кг.*

*И вдруг:*

*– Мерзавец, вперед, за Родину, за Сталина! – и мне в затылок наганом. Я понял, что закричал: вперед!*

*Но кто сзади?! Никого... Я да он. Бежим вдвоем. Где же все наши? Смотрю: валяются, лежат.*

*Короче, нас вывели в голое поле, а немец укрылся за деревней. Самолеты расстреливали на ходу, мимо меня прошла самолетная очередь, я лежу, потом поднимаю руку и кричу кому-то: вперед! За Родину, за Сталина!*

*И вдруг удар в правую руку. Не понимаю, что за удар, но теряю сознание. Очнулся от холода. Ночь. Крупные звезды. Очень холодно. Было 15 октября 1941-го года. Я очень замерз, потому что был без ботинок. Кто-то снял с меня ботинки, и я в одних портянках. Пробиты два пальца и кровоточат. Я разорвал на себе нижнюю рубаху, кое-как перевязал рану, – первичных средств не было. У нас была в противогазе противоипритная жидкость на спирте, которую мы всю выпили еще до того, как прибыли на линию фронта. Мы пропускали эту жидкость через цемент или через уголь, и получался прекрасный спирт... Хотелось есть, но при себе ничего... Перед боем дали два сухаря и две воблы, а мы два дня в этом самом бою.*

*Разве это бой? Это – бойня: мы на земле и не видим противника, а противник нас видит и никому не дает подняться, никому.*

*Вот таким был мой первый бой.*

*Я все-таки поднялся и пошел искать. Кого? Только трупы, только убитые... Нашел флягу, а во фляге вода замерзшая, взял... Потом сухарь взял у убитого, потом сапоги... Захотел снять с кого-то шинель, смотрю, зашевелился человек:*

*– Браток, помоги...*

*Я ему:*

*– Кто ты?*

*– Петька Пилякин.*

*– Что с тобой?*

*– В коленку ранен, помоги мне, не бросай здесь!*

*Он был старше меня и, очевидно, имел больший опыт.*

*– Знаешь, ведь немцы уже прошли, а нас с тобой за убитых приняли, с тебя ботинки сняли, сам видел.*

*– Мы что же, значит, в окружении?!*

*– Хуже, браток, не только в окружении, мы на немецкой территории.*

*– Петя, дорогой, надо ж как-то идти!*

*– Доведи меня хотя бы до того стога сена, – он был очень грузный, бывший главный пивовар Бадаевского завода Москвы.*

*Этого Петьку я на себе волок метров сто пятьдесят до ближайшей скирды. Там вырыли что-то вроде норы и залезли туда, согрелись. Когда вода оттаяла, попили воды, съели сухарь на двоих, и Петя сказал:*

*– Напротив через речку деревня. Надо перейти речку, и там до крайней хаты дойти, попросить чего-нибудь пожрать.*

*Я плавать не умею, хоть и родился на Южном Буге, и три раза тонул. Я нашел два бревна, связал их прутьями, переплыл речку и постучался в крайнюю избу. Там дед как увидел меня:*

*– Ой, сынок, беги, у нас полно немцев.*

*– Дедушка, я не один, у меня еще товарищ раненый, а есть нечего...*

*– Сами живем, чем Бог послал...*

*Вынес пару морковин и дал совет, как перейти речку и найти наши части. Ночью мы с Петей пошли: он опирается на меня, я его волоку на себе.*

*– Петь, не обижайся, не могу больше, сил нет. Ты бы хоть прыгал на одной ноге.*

*Он стал прыгать на здоровой ноге, опираясь на меня, но легче мне от этого не стало. Тогда мы нашли три доски (Петя умел плавать), речка была не очень глубокой... я лег на одну доску, а Петя рядом – на две, и начали грести. На самой середине случилось то, что я и предвидел: доски разошлись, я пошел ко дну, и все, что было при мне, тоже пошло ко дну: диплом об окончании высших инженерно-строительных курсов, диплом инженера-строителя... Хорошо что Петя был рядом, он подхватил, дал отдышаться и говорит:*

*– Ты скачками, давай, прыжками.*

*Я на дно, глотаю воду, выпрыгиваю, глотаю воздух, а Петя*

*меня тянет и тянет, и сам плывет. Наконец мы выбрались – зуб на зуб не попадает, одежда леденеет на глазах. Не прошли и двухсот метров, вдруг:*

*– Стой, кто идет?*

*И нас взяли. И сразу разобщили. Я – в обледеневшей шинели – захожу в дом. Там капитан, он вынимает наган и кладет на стол:*

*– Садись! Рассказывай!*

*– Что рассказывать?*

*– Кто такой?*

*Рассказываю по порядку, кто такой.*

*– Врешь! Не верю. Расскажи лучше, как завербовался.*

*И тут я все понял. И говорю:*

*– Скажите, я что, попал в НКВД?*

*– В какое НКВД?! Какое тебе дело, куда ты попал?! Ты попал в советскую армию, понял? Давай рассказывай, кто завербовал? С каким заданием пришел к нам? Кто тебе делал мягкое ранение? Только не бреши, пристрелю сразу! – капитан подошел ко мне с наганом вплотную, и стволом – в зубы. Губу порвал – раз, второй...*

*– Почему вы меня бьете?! Я буду говорить.*

*– Ого, молодец! – а сам опять в губы, опять разбил, опять пошла кровь.*

*– Что рассказать? Скажите, что надо рассказать?!*

*– Кто тебя завербовал? Где твои сообщники? Твой приятель рассказал, что вы во Франкфурте-на-Одере завербованы, чтобы уничтожать комиссаров! Какое задание ты получил?*

*Я растерялся:*

*– Какой товарищ рассказал?*

*– Да вот, твой Петька рассказал.*

*– Сволочь, – пронеслось в голове, – я его от смерти спас, на себе вытащил.*

*В это время зашел полковник, я к нему:*

*– Товарищ полковник, спасите, что это за дело мне шьют!?*

*– А вас в Москве кто-нибудь знает? Кто-нибудь может за вас поручиться?*

*И меня осенило: мой двоюродный брат – начальник первого*

*отдела главной военной прокуратуры РКК СССР.*

*– Брайнер Лев Маркович.*

*Полковник вышел, а минут через сорок зашел снова:*

*– Я его на себя беру.*

*Выводит меня в сени, а там стоит мой Петька. Обнялись мы, расцеловались:*

*– Данька, стервец, как же ты на меня наклепал?*

*– Да что ты, Петя?*

*– Зачем ты сказал, что во Франкфурте-на- Одере нас завербовали?*

*– Петя, мне сказали, что это ты сознался...*

*Короче, нас довезли до Москвы. На Белорусском вокзале меня и Петю милиция подняла на руки и понесла в общий зал. Было так приятно, что «моя милиция» меня несет. Нас определили в госпиталь, и через два дня поезд примчался на Урал, в Верхнечусовские Городки, где я лечился полтора месяца и вышел раньше Пети.*

*Как-то среди ночи меня разбудили:*

*– Вас вызывает главный врач.*

*Прихожу, в кабинете сидит Александра Александровна Макарова.*

*– Знаете, наблюдаю за вами и вижу, вы – интеллигентный человек, может, самый интеллигентный из тех, кто у нас лечится. Вы мне нравитесь и как личность, и как мужчина. Давайте поговорим откровенно и серьезно: у меня есть муж, но мы давно уже не ладим, хотя у нас общая дочь. Я его от армии освободила, он – начальник отдела снабжения нашего госпиталя. Не мой он человек, чужой! Хотелось бы рядом теплого и чуткого ко мне и моей жизни человека.*

*Сначала я не понимал, к чему этот разговор, слушал дифирамбы и не понимал. Тогда она присела рядом со мной и, навалившись на меня своей немалой грудью, оказала лично, так сказать, знаки внимания и любви... Не я ей, а она мне. Мы сблизились. Она меня долго держала при себе:*

*– Шура, выписывай, я должен быть на фронте, все мужики воюют, а я здесь, под твоей юбкой...*

*– Не торопись, у тебя отчетливо прослушиваются хрипы в*

*легких!*

*Наконец, я собрался. Шура дала на дорогу наволочку с десятью пачками махорки, и я поехал в Пермь, чтобы найти там эвакуированный из Москвы свой строительный трест. Но нашел я его в Башкирии, в деревне Аргаяш.*

*Была уже ночь, когда я пришел в барак. Все вскочили, как же, Данька приехал с фронта раненый, инженер Данька...*

*И вот тут возникает много раз повторяющаяся в моей жизни – мистика встреч...*

*Наш управляющий Семен Иваныч говорит:*

*– Данька, знаешь, у нас твоя сестра работает.*

*– Какая сестра?*

*Он называет фамилию.*

*– У меня такой сестры нет.*

*– Как же нет, когда она здесь живет.*

*Открывается дверь, входит женщина и с криком «Данька!» бросается мне на шею.*

*– Простите, – я отбрасываю ее руки, отстраняюсь и вежливо спрашиваю, – может, я вас где-то видел, но не помню... Кто вы?*

*– Да я Галька!*

*– Боже мой! – глазам своим не верю. Галька, ты?! Мы ведь не встречались лет десять, наверное... И она мне рассказала, что мои родители живы, хотя квартиру разбомбило, но сами они успели эвакуироваться на Урал, и она дала мне их адрес. Боже, вот так встреча! Вот так счастье!*

*Дальше я поехал в Ялуторовск, где сформировали дорожно-строительный батальон. Я стал исполняющим обязанности начальника штаба батальона. Через три недели нас повезли на Север, куда-то в направлении Архангельска. Когда проехали город Беломорск, все поняли, что едем на Мурманск... Между Кемью и Кандалакшей нас пробомбили, но без потерь. В Мурманске нас бросили сразу поближе к передовой, и мы, не успев обжиться и вырыть себе землянки, начали строить и ремонтировать мосты и дороги.*

*В дальнейшем мы переехали в Кандалакшу, там меня назначили начальником квартирно-эксплуатационной части госпиталя. Пробыл там полгода и к празднику подготовил концерт. После концерта подходит ко мне генерал:*

*– Вы артист?*

*– Нет, никогда не был артистом.*

*– Не может быть, вы скрываете. Вы актер! Вы природный конферансье! Эти чеховские диалоги, а рассказ «Хирургия», а разговор с собакой, – это незабываемо. Вы – мастер пантомимы! Хотите служить в штабе армии?*

*– Какой же офицер не желает служить в штабе армии?!*

*Генерал тут же распорядился:*

*– Командируйте лейтенанта ко мне.*

*Мне выписывают командировочные, я приезжаю в штаб армии, иду в отдел кадров, а мне говорят:*

*– В военную разведку!*

*– Как? В какую разведку?*

*Я хорошо понимал, что такое разведка.*

*– Генерал приказал в разведку.*

*– Но мне генерал сказал, что в штаб армии.*

*– Молчать! Не разговаривать!*

*Так я стал офицером секретной службы разведотдела штаба 19-й Армии. Мы были в 30 км от линии фронта. Слышали взрывы, но участия в войне не принимали, кроме того, что готовили разведывательные группы и собирали самую разнообразную информацию. Мы все знали о противнике, как и противник о нас.*

*На одном из участков фронта против нас стояли две дивизии. Одной из них командовал генерал фон Дитмар, а другой – генерал Рюбель. Фон Дитмара отозвали в Берлин, там он женился на родной сестре Магды Геббельс. Вместо него прислали генерала Ратши. Так вот, генерал Рюбель – это был важный генерал, который признавал только офицеров, а солдат за людей не считал. А генерал Ратши (его прозвали «Ратши-бум» – шаровая молния) внезапно приезжал с инспекцией частей и, прежде всего, посещал туалет, потом столовую и разносил всех, если находил недостатки. Солдаты его на руках носили, офицеры – ненавидели.*

*Итак, на каком направлении фронта надо было наступать? Конечно, там, где солдаты не любят командира и не отдадут за него свои жизни.*

*А с генералом фон Дитмаром мы имели интереснейшую встречу! Генштаб запросил его характеристику, но, главное, нужна была фотография. Наши поиски результатов не дали. Пленные солдаты о нем говорили охотно: «Да, был такой генерал. Он богатый помещик». Но не более. Взводом разведки 152-й Стрелковой дивизии командовал лейтенант Кобец Иван Лукич, теперь – полковник, мой дорогой друг. Кобецу дали задание взять языка. Разведчики зашли в глубокий тыл, оседлали дорогу, идущую к фронту из города Алакурти, и там взяли повозку с семью немецкими солдатами, которые, возвращаясь из отпуска, спьяну играли на губных гармошках немецкие песенки. Их связали и благополучно доставили в штаб.*

*Когда обыскивают группу пленных, страшную ошибку делают те, кто забирает документы и сваливает все в общую кучу. Тогда не понятно, кому что принадлежит: фотографии, письма. В разведке нет ничего неважного, ничего нельзя пропустить.*

*В тот раз в штаб армии привезли пленных с большим пакетом документов.*

*Я перебирал документы, смотрел фотографии, и вдруг вижу невзрачную фотографию 3x4 см, а на обороте: «Моему ординарцу от фон Дитмара».*

*Боже мой! Я кричу нашему переводчику и начальнику отдела:*

*– Сеня, Сень! Глянь! Это же генерал фон Дитмар!*

*– Где ты ее нашел?!*

*– Вот в этой самой куче.*

*– Но кому это принадлежит?!*

*– Вот теперь задача: выяснить, кому принадлежит фотография, потому что он теперь точно не сознается, – уверен я.*

*После оперативного совещания собрали пленных:*

*– Вас не расстреляют. Советские войска пленных не расстреливают. Это пропаганда вашего Геббельса, что мы якобы расстреливаем пленных. Вы поедете в тыл, в лагерь для военнопленных.*

*Они обрадовались. Я говорю:*

*– Все, что лежит на столе, ваше. Каждый забирает свое.*

*Мы вышли. Когда вернулись обратно, то не только фотографии, но и клочка бумажки не было на столе. Значит, тот, кому принадлежала фотография фон Дитмара, забрал ее. Мы каждого обыскали и нашли фото у 18-летнего парня. Он заплакал, но сознался, что был не ординарцем, а денщиком у фон Дитмара, который взял его к себе по просьбе отца, служившего в его имении садовником. Отцу хотелось, чтобы мальчик был возле генерала, сапоги чистил, ботинки и так далее... Генерал не взял его с собой в Берлин. Солдат дал подробнейшую характеристику своему генералу, которого знал с детства. Это было мое первое боевое крещение в разведке. За эту операцию я получил «Медаль за боевые заслуги».*

*Наш полковник, командир разведотдела, давно затаил на меня злобу, я это чувствовал. И однажды вызвал:*

*– Лейтенант, надо выйти на спецзадание в тыл противнику, встретиться с нашим агентом. У него сели батареи к радиостанции, связь с нами потеряна. Только ты можешь его найти.*

*Я говорю:*

*– Товарищ полковник, я владею шифром Главного Разведывательного Управления Генерального штаба. Я давал подписку, что не имею права подойти на 30 км к линии фронта; если же я это сделаю, то подлежу расстрелу тройки без суда.*

*Он:*

*– Да что ж, ты все так и расскажешь? Я тебе приказываю! Повтори приказание!*

*Я повторил. Потом пошел к его заместителю, подполковнику Ярунину:*

*– Слушай...*

*Ярунин взбеленился:*

*– Идиот! Он тебя на смерть посылает! Чем ты ему насолил? Ему ведь ничего не надо, и наши люди для него ничего не стоят. Он мстит тебе. Советую одно: все армейское оставь здесь. Придумай какую-нибудь легенду.*

*Какая легенда? Какой я военный? Какой разведчик? Я –*

*инженер-строитель, гражданский человек. Но задание надо было выполнять.*

*Ночью какие-то саами на нартах вывезли меня за линию фронта. Вывезли идеально, так вывезти могли только саами. Между немецкими опорными пунктами, которые располагались в 20-30 км друг от друга, проходила лыжня. Если патрули обнаруживали пересечение лыжни с нашей стороны, они немедленно посылали вдогонку отряды. Так вот, дважды мы приходили на то место, откуда тронулись, пересекали эту лыжню и петляли. Более того, саами останавливались, брали в руки нарты и переносили их метров на 50, потом руками на снегу маскировали эти следы. Так меня доставили до места встречи. Последние три километра я должен был идти один, и на прощанье своим проводникам сказал:*

*– Ждите здесь, обратно вернусь по своей лыжне.*

*При мне было четыре батареи БАС-80 весом по 12 (если не по 15) килограммов каждая. Я сделал себе что-то вроде волокуш, встал на лыжи, поставил эти четыре батареи, впрягся и двинулся. Когда пришел в условленный квадрат в жиденьком лесочке из неприглядных карликовых деревьев, весь взмыленный и мокрый несмотря на холод, и такой усталый… В ожидании встречи присел на пень, потом, наломав лапника, постелил себе прямо на снегу, прилег и мгновенно уснул. Проснулся оттого, что кто-то стучал по ногам. Смотрю, надо мной стоит финн с наведенным пистолетом. Почему финн? Потому что одет он был в финскую одежду. Все это молча. Я сел. Мы смотрим друг на друга. Спрашиваю:*

*– Финн?*

*Он молчит. Спрашиваю:*

*– Дойч? Шпрехен зи дойч?*

*Молчит.*

*И вдруг меня осенило, а не тот ли это человек? Называю пароль, он – отзыв, и сразу же:*

*– Какой же мудак тебя послал сюда? Да и ты хорош… По какому праву уснул? Спать в тылу врага? Здесь кто угодно проезжает, проходит. Смотри, какие лыжни и сколько! Как*

*ты мог?*

*Я говорю:*

*– Жутко устал, во-первых, а во-вторых, дико голоден.*

*Он вынул две плитки шоколада, фляжку со спиртом. Мы выпили. Он передал данные об аэродромах Варде и Тронхейме, о численности, прибытии-убытии немецких войск. Заставил меня раз пятнадцать все повторить, а потом проводил обратно.*

*Когда я прибыл в штаб, – у полковника челюсть отвалилась, когда он меня увидел живым:*

*– Ну, как ты?*

*Я говорю:*

*– Живой, несмотря на то, что вы послали меня умирать.*

*– Кто тебе сказал, что я тебя на смерть послал?*

*– Я сам понял, товарищ полковник.*

*Через два года все повторилось, когда к нам пришел мой дорогой, ныне покойный, друг, начальник разведки, полковник Антонов Николай Дмитриевич.*

*– Надо повторить то, что ты сделал, но перед этим хочу тебе создать настоящую легенду.*

*Меня отправили в Беломорск якобы на учебу шифровальному делу. В одном доме под Беломорском меня одели в одежду каторжанина: деревянные ботинки, какая-то рванина, ушанка без одного уха. Я получил на руки копию приговора Фрунзенского районного суда Москвы, в которой значилось, что меня приговорили к десяти годам заключения без права переписки за антисоветскую деятельность, пересказ антисоветских анекдотов, пропаганду против войны и так далее. Мне сказали:*

*– Едешь на Соловки. Там все приготовлено. Там пробудешь десять дней, после чего ты должен знать не только тех, с кем будешь и за что они сидят, но и как зовут собаку повара, понял?*

*Я говорю:*

*– Понял.*

*По прибытии начальник лагеря, единственный, кто знал обо мне, отвел меня в сторону:*

*- Я в курсе. Когда надо, позову.*

*Меня бросили в барак к уголовникам. Кто только там не сидел! Не было только политических, они – в отдельном бараке. Я травил анекдоты и обозначился как моряк из Одессы, с торгового флота, – у меня там были знакомые, например, Валька Косой....*

*– Как? Ты Вальку Косого знаешь? Хлопцы! А на какой же посудине ты ходил? А «Червону Украину» знаешь? Тю-ю... Была ж «Червона Украина»....*

*– Да-да была.*

*В общем, я стал своим парнем в доску и вкалывал наравне со всеми в каменоломне. Это адский труд: долбить породу молотом, зубилом или кайлом. Поскольку я знал подрывное дело, мне доверили подрывать. Задача была – добывать щебенку для дороги; а щебенку можно было рвать открытым способом, а потом собирать камни, которые уже намного легче дробить. Это облегчило труд, и урки меня зауважали. На девятый день вызвал начальник лагеря:*

*– Все готово.*

*Вышли к берегу. Он показал место:*

*– Вот здесь, внизу, лодка, в ней бочка с пресной водой и мешок с сухарями. Ты уже договорился?*

*У меня был приказ договориться с кем-то и завербовать его для побега. Я должен был иметь приличную легенду, в случае, если попаду к немцам в плен, скажу, что такой-то... А если на Соловках сидит их резидент, он подтвердит, что я там был в соответствии с приговором суда. Не заезжая в часть, в рванине страшенной, еще хуже, чем в первый раз, но с приговором в потайном кармане, я пересек линию фронта. И встретился (уже не спал на лапнике) с человеком, которого знал: Борис Борисович его звали.*

*Больше я о нем ничего не знал и никогда не слышал.*

*Я вернулся.*

*– Весной 45-го, когда мы стояли уже в Германии, в городе Кольберг, меня вызвал полковник:*

*– Люди привозят барахло, фотоаппараты, бинокли... Ты бы*

*привез мне чего-нибудь…*

*– Ну что, например?*

*– Машину мерседес-бенц, трехствольное ружье Зауэр и немецкую овчарку. Что для этого тебе надо?*

*– Дайте машину и двух автоматчиков.*

*Мне дают додж с открытым верхом и двух автоматчиков, и едем… неизвестно куда. Первый город – Штольк, но тут бои… Я, стрелянный воробей, поворачиваю машину обратно:*

*– Подождем, мало ли что может быть… Потом можем не развернуться, если наши будут отступать. Дорога узкая.*

*Вскоре все затихло. Мы вошли в город вместе с победителями. Солдатам было хорошо известно – в открытую квартиру лучше не соваться, там уже наши побывали и все ценное прибрали к рукам. В лучшем случае ты найдешь, например, на столе или на выстеганном квадратами атласном одеяле на гагачьем пуху кучу говна – назло чистоплюям немцам! Это была солдатская месть. После всех ужасов войны, после ее ада войти в дом и увидеть – какая чистота, какой порядок, какие ковры и кровати!?*

*Я поднялся на пятый этаж жилого дома и рванул дверь. Открыла женщина и прямо с порога набросилась:*

*– Чего тебе, мудаку, здесь надо?*

*– Ах, ты курва…*

*Она как закричит:*

*– Мишка, Васька!*

*Вылетели два здоровенных сержанта.*

*– Ну-ка, сбросьте этого мудака с лестницы!*

*При мне автомат, пистолет, сзади вещмешок. Они легко, как пушинку, схватили меня за руки за ноги и сбросили на лестничную площадку. Крича от боли, я катился по ступенькам. Мои автоматчики, услышав крик, прибежали:*

*– Что там за люди? Может, пристрелим их, а?*

*Я говорю:*

*– Лучше уйдем отсюда.*

*Мы шли переулками, дворами, и меня заинтересовала какая-то явно старинная постройка. Найдя калитку, я вошел во двор и увидел то, что меня поразило больше, чем архитектура: абсолютно седая фрау доила корову не в кружку, а прямо себе в рот. Ей было лет восемьдесят. Вылитая моя мать!*

*Она была так похожа на мою мать, что я задрожал. Она поняла, что я не причиню ей зла. Старая фрау едва держалась на ногах. Я сварил ей кофе и вынес во двор. Дал хлеба и масла. Она меня очень благодарила. До сих вижу ее благодарные глаза – забыть невозможно.*

*Я привез-таки своему полковнику опель-капитан вместо мерседеса, овчарку и трехствольное ружье Зауер.*

*Были случаи, когда наживались на войне. Я, кроме аккордеона, ничего себе не нажил, и то мне его пленный немец подарил. Когда недели за две до Победы немцы стали сдаваться, их расселили в лагере. Однажды проходя мимо, я услышал аккордеон. Зашел, а там сидит немец дежурный на нарах и наигрывает. Подхожу:*

*– Ну-ка, Фриц, дай аккордеон поиграть!*

*Он спокойно взглянул и так же спокойно положил инструмент в футляр. Я взял и пожал ему руку. Немец очень удивился, что я пожал ему руку. И вдруг закричал:*

*– Хер официр, зюда, зюда!*

*– Вас ист лос?*

*– Два аккордеон...*

*– Где? Во?*

*Он ткнул пальцем куда-то под нары.*

*– Давай, давай!*

*Немец достал два аккордеона. Я снял пояс, перевязал их и ушел, а в голове крутилось: если бы немец вошел в наш барак и увидел бы аккордеон у русского пленного, он бы его, конечно, отобрал. Но наш солдат не выдал бы своих товарищей, не сказал бы, что под нарами спрятаны еще два аккордеона...*

*В ночь с 8-го на 9-е мая 1945 года меня с двадцатью солдатами-подрывниками посадили на торпедный катер.*

*– Капитан, – спрашиваю, – куда?*

*– Не знаю. Сказали идти на север и пристать к земле.*

*– К Швеции что ли, если на север!*

*– Ничего не могу сказать, ничего.*

*Часов в пять утра из густого тумана проглянула полоска*

*земли. Внезапно команда:*

*– В воду!*

*Солдаты все попрыгали, а я боюсь – плавать не умею. Капитан легко поднял меня и бросил за борт. Я в воде, и мне там – с головой. Начинаю применять старый метод выпрыгивания из воды и такими «прыжками» добираюсь до берега, а катер уходит дальше.*

*Мы оказались на датском острове Борнхольм, где я прожил почти год в должности военного интенданта. В первую очередь, надо было проверить, заминировано побережье или не заминировано. Это была десантная операция и в то же время – отвлекающий маневр. Наши корабли в 10 утра уже показались на рейде. На пристани собралось больше 12 тысяч немецких войск и 17 тысяч немецкого населения, большей частью беженцев из Кенигсберга.*

*9 мая кончилась война. Немцы выбросили белые флаги. В течение трех дней мы всех эвакуировали, очистили остров от немцев. Бывший шталмейстер вручил мне фотоаппарат, а потом отдал ключи от склада и сказал, чтобы я все забрал себе... Пять мешков знаменитого датского масляного печенья и пряников! Боже мой, до сих пор ощущаю этот вкус! Мне достались и масло, и сахар, и мука, и крупа... Все, чем он кормил свою дивизию четыре или пять месяцев. Три дня я перевозил на телеге это богатство.*

*Я вернулся на Борнхольм по приглашению датской королевы Маргарет через пятьдесят лет после окончания войны, будучи уже стариком. Нас, победителей, оставалось пятеро.*

## МОЙ ПАПА – ДАНИЕЛЬ

При понятых:
аккомпаниатор, уборщица и канарейка,–
в актовом зале музыкальной школы
мне объяснили, что я – еврейка.

И всё захолонуло от стыда и срама
во мне, нечистой и будто голой,

и зажмурилась рампа,
и захлопнулась рама.

За скрипку не бралась долго,
потому что – еврейка.
Всё. Шабаш!

Вот и бабушка,
положив зубы на полку,
бухтела:
        *все евреи как евреи, а наш?*

По всему выходило, виноват мой отец,
его непроходимо черные союзные брови
и чужестранное – *Даниель?*
И я от горя слегла в постель
с подозрением
        на наследственную болезнь крови.

Но это была любовь
без межнационального раскола.

Кружила голову
биографии отцовская школа:
театр «Синяя блуза» и бледный ребе,
худо выросший на маце (если б на хлебе!),
чьи галоши папа прибил к полу…

Где дядя Мориц, певший в Ла Скала?
Где кантор – тезка царя Соломона,
и прадед Мойша 111 лет,
                                        и 13 его детей
из местечка Прянички?
Я на карте искала
в черте оседлости во время оно,
но даже косточек не собрать, хоть убей!

На первомайской демонстрации. Москва, 1955 г

С внуком Ярославом. 2000 г

Предпочитая трудящийся дух,
отец из-под палки учился на тройки,
на ветер пустил свой абсолютный слух,
оттрубил лет двадцать прорабом на стройке.
А раньше старлеем штабной разведки
(южанин, всю войну – в Заполярье),
рисковый Даня по партзаданию
королевским жестом освободил Данию,
чуть не женившись на местной шведке,
на Лизе-Лотте с острова Борнхольм.
Ее фото – в день конфирмации –
на попа ставит весь наш семейный альбом.

Отец не знал языка предков,
законопослушный советский еврей,
он не терпел плохо закрытых дверей,
запаха газа и на тарелке объедков.
Зато знал Гамсуна и даже Блейка,
«Двенадцать» Блока – коронный номер!
К чарльстону, извольте, свежая байка,
а как голосил *тум-балалайка*
его трофейный немецкий «хоннер»!

В переходном возрасте после 85 годов,
налегке залетев ко мне, – ранняя птица,–
в воздух выпалил:
*ну, я готов!*
*Доча, я готов креститься.*

И в последнюю пускаясь дорогу,
не дотянул, как пращур, до 111 лет,
уйдя от товарища Сталина,
приблизясь к Богу,
будто впервые родился на свет.

Вера ЗУБАРЕВА

# ЛЮБОВЬ И ВОЙНА

*По военным дневникам отца*

*Памяти моего отца Кима Зиновьевича Беленковича (1923-1999), капитана дальнего плавания, старшего лоцмана одесского и ильичёвского порта, журналиста и писателя.*

Отец никогда не рассказывал мне о войне. Война была на экране, в песнях фронтовых лет, на орденах пожилых мужчин, в учебнике истории, наконец. Мой папа не имел к этому никакого отношения. В этом я была настолько уверена, что никогда и не расспрашивала его. Да и он не рассказывал. И понятно почему – с девочками на военные темы не говорят. А сына у него не было. Так я полагала, пока не оказалось, что и сын был (намного старше меня, от первой жены), и война была.

Война открылась мне только после смерти отца. Тогда, разбирая его вещи и не видя ничего от слёз, я наткнулась на пачку потрепанных тетрадок. Открываю первую. Прочесть ничего не могу. Вытираю слёзы. Всё равно не могу – всё расплывается. Кажется, что страница тоже плачет вместе со мной. Я несу её к свету и начинаю разбирать написанное. Боже мой… Это самая первая запись в его дневнике после того, как в его корабль попал снаряд.

Это случилось накануне его совершеннолетия, 13 ноября 1941 года.

***Из дневника 1941 года:***

*Я начинаю новую тетрадь своих заметок. К сожалению, предыдущие с друзьями погибли при условиях довольно неблагоприятных (слова размыты – В.З.), так что ... (слова размыты – В.З.) спасении тогда бы меня не было и мы… (слова размыты – В.З.) Быть может, когда-нибудь я вспомню об этом и допишу ту небольшую тетрадочку ... Сейчас мне* *было бы очень трудно просмотреть «дела давно минувших дней» и снова вспомнить пережитое. Но пока пора кончать моё вступление и начать, наконец. <...> День накануне моего совершеннолетия мне, кажется, запомнится навсегда. Это было тринадцатое число. Как же ненавижу я эту цифру! Поневоле становишься фаталистом, хотя осознаёшь, что это абсолютный абсурд. Я хорошо запомнил эти бледные, перепуганные, растерянные лица, рука, держащая пистолет у виска, густые клубы пара, заволакивающие всю эту картину, и судно, медленно погружающееся в воду... Картины* (слова размыты – В.З.) смерти (слова размыты – В.З.).

Спасся он и ещё один человек по фамилии Лавренко. Об этом мне уже позже рассказала мама, которая тоже ничего не знала о дневниках.

Та первая запись заканчивается мыслями о семье:

*Меня волнует отсутствие всякой связи с матерью и сестрёнкой. Связь с отцом была потеряна с момента его взятия в армию. Где они? Что с ними?*

Семья же в это время переправляется с обозами беженцев, прочь от дома. Бегут почти налегке – самый тяжёлый груз не в руках, а на сердце, поскольку незадолго до эвакуации получены были две похоронки – одна на моего дедушку, папиного отца, который воевал в пехоте, а другая – на моего отца. Похоронки пришли в один день, и моя бабушка, трясущимися руками раскрыла обе. Её мать, моя прабабушка, взяла их у неё, внимательно посмотрела и сказала: «Мужа не жди, а Ким вернётся. Не смей оплакивать его!».

Они едут, думая о нём, о пророчестве бабушки, а он едет, думая о них, не ведая о похоронках, и пути их не пересекаются, пересекаются лишь мысли где-то в пространстве дум.

***Из дневника 1941 года:***

*Скоро Новый Год. В течение двух недель я имел небольшой так называемый отдых, которым сменилось путешествие*

*Тамань – Джимэтэ до Новороссийска на грузовике. Этот сравнительно небольшой участок пути мы прошли в течение трёх суток. Как с первого взгляда кажется просто, но когда вспомнишь длинную, однообразную дорогу, метель и небольшой морозец, за спиной котомку чуть меньше двух пудов и на ногах порванные сапоги, а впереди и сзади тебя идут ещё тринадцать таких же, как и ты, то поневоле становится грустно. Как длинна и однообразна зимняя дорога! Впереди и сзади по дороге, насколько может видеть глаз, столбы и столбы. Столбы без конца... Сколько мыслей приходит в голову в течение этого пути! Мысли набегают друг на друга,*

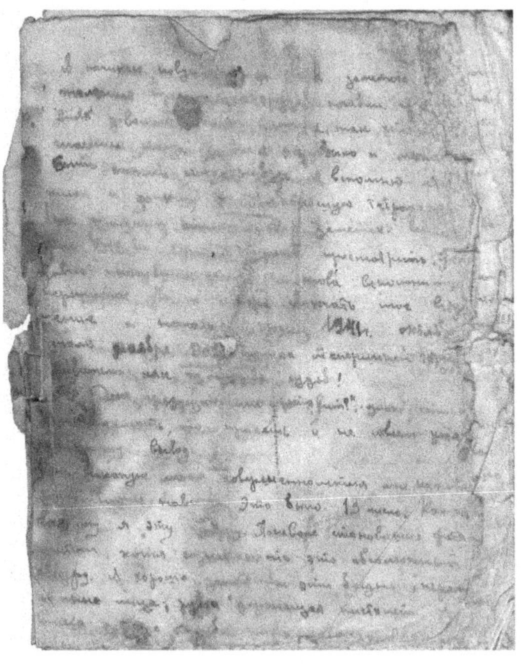

*и так же быстро как приходят, тут же и улетучиваются из головы... Но они никак не могут заглушить основную мысль, основной вопрос, когда же дойдём, когда же конец пути?*

## ЧЁРТОВА КЕРЧЬ

На потоплении его судна в 1941-м игры со смертью не закончились. В дневнике 1942 года следующая запись:

*Снова начались дни, которые я испытывал в ноябре в немного больших масштабах. Эта чёртова Керчь, наверное, никогда не изгладится из памяти. Нет дня, чтобы не было налётов. Ежедневно налетают по 4-5 раз в день группами от 4 до 12 самолётов. Уже скоро кончатся снаряды для наших пушек, хотя мы начали вести огонь экономно. В это время отпадает всякое желание работать. Уже дней десять как я не брился, не снимаю даже рабочей робы до самого сна. Вчера вечером был массовый налёт. Мы стояли (уже четвёртые сутки!) на внешнем рейде. Весь Керченский канал был освещён прожекторами и взрывами снарядов. В воздухе стоял сплошной вой от летящих снарядов, осколков, свистящих и рвущихся бомб. Мы были в центре этого содома. В ста – ста пятидесяти метрах упали и разорвались в воде три бомбы, которые легли параллельно правому борту. Они, вероятно, предназначались для нас.*

Какую роль играл этот теплоход, выставленный для обстрела на внешний рейд, можно только догадываться. Но каким чудом уцелело судно, груженное боеприпасами, оставленное на виду у всех, как приманка, атакуемое беспрерывно в течение десяти суток?

*Сегодня, после небольшого перерыва «Фриц» сделал очередной визит. Сегодня прилетело двенадцать «Фрицев». Я побежал на бак к пушке. Там кроме командора никого не было, и мы начали вдвоём стрелять. Мне показалось, что один наш снаряд попал в крыло «Фрицу», но он почему-то продолжал лететь дальше. Во всяком случае, этот самолёт мы подбили. Через некоторое время с другой стороны тоже прилетели самолёты. Очень много бомб они сбросили на город, на приморскую часть. Я не понимаю, из каких соображений держат судно, груженное боезапасом, на виду у всех на внешнем рейде, более десяти суток? Но мы – маленькие люди и «не должно сметь своё суждение иметь», хотя больше всех достаётся нам.*

Лично он спасался мыслями о любви.

*Вчера на моих глазах сбили один самолёт. Лейтенант сказал, что в этот день сбили ещё одного «Фрица». Два лётчика спустились на парашютах. Сегодня наш «ишак» (так называют у нас И-16) сбил тоже одного двухмоторного бомбардировщика. Однако не смотря ни на что, ни на какие бомбардировки, я всё время вспоминаю о моей любимой, славной девчурке. Как хотелось бы мне снова её увидеть! Мы уже не виделись с ней целых двенадцать дней. Это, мне кажется, целая вечность. Даже во сне она мне часто снится. (Даже сейчас, несмотря на туман, прилетел «Фриц», и я вынужден был прекратить временно свою писанину.)*

Девушка Л. Так она значится у него в дневнике. Они познакомились незадолго до его отправки в Керчь, и роман их развивался стремительно и вместе с тем целомудренно. Этому посвящены многие страницы его военных записей. А началось всё так…

## ПРЕВРАТНОСТИ ЛЮБВИ

***Из дневника 1941 года:***

*Теперь жизнь моя пошла немного более спокойно, сравнительно, конечно. Правда, это никак не назвать нормальной жизнью, но что-то приближающееся к этому. С 3–го числа я поступил работать на «В». Часто бываю в клубе на танцах и в кино, иногда езжу в город.*

*Некоторое время я встречался с Ш. Я познакомился с ней на танцах. Она небольшого роста, быстрая и хорошенькая девушка, к тому же хорошо танцует. Иногда после танцев или прогулок я провожал её домой и у дома садились на скамеечке и болтали о всякой всячине. В один из таких вечеров мы пошли в турецкий сад и взобрались немного выше – в лес. Там она призналась мне в любви. Мне было неприятно осознавать, что я не испытываю подобного чувства к ней, и я, отшучиваясь, замял этот разговор. Многие парни хотели бы встречаться с Ш. Для меня же Ш. была только приятной собеседницей и хорошим партнёром в танцах. В дальнейшем она поняла это. Мы с ней ещё до сих пор не потеряли дружественных отношений, хотя она и встречается теперь с другим парнем. Точка и Ш.*

Читаешь это и понимаешь, что в условиях, когда каждый час может стать последним, желание испытать любовь является чуть ли не самым сильным. В особенности, когда тебе только восемнадцать… Может, и девушка Ш., утешившаяся вскоре кем-то другим, боялась уйти из жизни, так и не став ничьей возлюбленной. А может, объяснение с моим отцом было преддверием другой, настоящей любви… Наверное, 18-летний курсант морского училища, познавший близость смерти, мог бы этим воспользоваться. Но не в его правилах было притворяться.

А потом пришла и его пора…

***Из дневника 1942 года:***

*The 1942! The zone (light) is in the blue sky. Very well! This morning is beautiful. This is my lay off. Редко бывают у меня такие хорошие дни, но когда они бывают я стараюсь их использовать так, чтобы после не жалеть о пропавшем дне, чтобы это действительно был выходной день в полном смысле слова. Часто мне это удаётся достигнуть. К вечеру выходного дня я иду или в кино, или к другу поболтать, а иногда на танцы. За последнее время они очень надоели. Меня абсолютно уже не тянет на танцы. Танцевальный идеал сменился другим. В это время, подходит, вероятно, период, когда я должен расстаться с работой. Мне уже надоело вечное ворчание этого старого дурака капитана. Время от времени я не выдерживаю и огрызаюсь, а однажды даже поругался с ним в присутствии всей команды.*

* * * *

*Наше бревно превратилось в общежитие для «бичей»! Первым у нас поместился экипаж... Устроили печку, привели в порядок койки и выдали постельное бельё. Кубрик принял вполне жилой вид. По вечерам собираются отдельными группками и начинают рассказывать анекдоты и вообще разводят «травлю».*

*Пару дней назад сюда приехала группа радисток из Баку. В этот же день со мной случился небольшой конфуз – я отморозил себе правое ухо и даже не заметил, как это случилось. Ухо приняло огромнейшие размеры и немного издали напоминает блин в масле. Придётся мне с ним повозиться в течение некоторого времени.*

*Среди радисток, которые приехали на практику есть пара хорошеньких, вернее, средненьких, девочек. Одна из них чёрненькая, небольшого роста, не знаю, правда, её имени, мне немного понравилась. Если судить по внешнему виду, она должна быть ветреной или, быть может, она ни с кем не встречается и ради проведения времени – сегодня с одним, а завтра с другим.*

* * * *

*Познакомился, т.е. разговорился с Л. Интересно, как быстро мы сблизились! Ещё вчера она была для меня почти совсем посторонним человеком, а сегодня я чувствую, что она близка мне. Это та, о которой я мельком упомянул выше. До нашего разговора я не думал, чтобы она могла быть такой, какой она показалась мне теперь. Постепенно она мне всё больше и больше нравится. В первый вечер я мог её только уважать, она мне немного понравилась, а теперь – «Люблю ли тебя я – не знаю, но, кажется мне, что люблю». Да, это так. Пусть она казалась мне ветреной, пусть это даже окажется впоследствии истинной правдой, но всё же несмотря ни на что I love her! Мне кажется, что и она меня немного любит. Она мне говорила об этом.*

* * * *

*Вот я уже на другом пароходе, то есть, извиняюсь,*

*теплоходе. Я окончательно рассчитался со своим «дубком» и пошёл на теплоход. Мне с первого разу он не очень понравился. Каютка наша небольшая. При желании она может быть уютной. Через день, наверное, идём в рейс. Сегодня заскочил проведать Л. Хотя я был там и недолго – обеденный перерыв, но всё же увидел её. Вечером мы с ней встретились. Она зашла ко мне... Была в каюте. Поболтали немного, и я её проводил назад. Я окончательно в неё влюбился, и если придётся мне с ней расстаться, то мне будет очень тяжело это сделать.*

* * * *

*Снова зашёл на «дуб». Меня встретили ребята (они уже знают, что я встречаюсь с Л.) с неприятной для меня вестью. Она как бы подтвердила моё первоначальное мнение о Л. Мне стало грустно и чего–то жаль, что я познакомился с ней. Я решил не подходить к ней, хотя она была в шести шагах от меня. Внешне я не подавал виду, что расстроен, что у меня камень на сердце, и всецело был занят каким–то пустяковым разговором.*

*Я уже собирался уходить, когда мне кто-то сказал, что она просит меня подойти. Я подошёл. Произошёл небольшой разговор. Я ей сказал об услышанном, но она сказала, что это ложь. Короче – мы с ней помирились...*

* * * *

*Утром я ушёл на судно. Мы ушли в Камыш–Бурун. Я с ней простился у парохода, когда ещё шла погрузка.*

*Наутро я вспомнил о ней, и мне захотелось её увидеть. Я сел у столика и начал что-то чертить карандашом. У меня ничего не выходило. Только почему–то рука моя писала букву «Л», хотя я чертил, сам не зная что.*

*Я решил написать ей письмо, но из этого ничего не вышло. Я написал только первые два слова, а потом не знал о чём писать дальше. И как-то само собой, не замечая этого, я начал писать что-то похожее на карикатуру стихотворения. В смысле литературы оно не представляет никакого интереса, но интересно то, что я первый раз, можно сказать, нечаянно высказал свои мысли в «стихотворной» форме. Вот то, что у меня вышло.*

*Совсем случайно*
*мы встретились с тобою:*
*Был тихий вечер, я подсел к тебе,*
*И это тихой вечернею порою*
*Я полюбил тебя.*
*Всё было, как во сне…*

*Я помню вечер временной разлуки.*
*Шептали оба нежные слова;*
*Потом пожали мы друг другу руки,*
*И я ушёл, пока не навсегда.*

*И снова встретились.*
*Я прилетел на крыльях*
*Увидеть милую,*
*услышать милый глас,*
*Но показалось мне,*
*что ты уж всё забыла,*
*Что эта ночь разъединяет нас…*

*Но нет, клянусь, тебя я не забуду –*
*И как забыть мне милую любовь?*
*Я наши встречи вечно помнить буду*
*И взгляды нежные, понятные без слов.*

* * * *

*Может быть, за это время ничего не происходило, о чём можно было упомянуть в моих записках? Нет, было много такого, о чём я в другое время непременно вписал в свою «летопись», но главное всё же составляла тогда (да и теперь) моя любовь к Л. Иногда мне приходилось много из–за этого переживать. Даже ночью, стоя на баке впередсмотрящим, я думал о ней. Она не выходила у меня из головы. Однако из этого не стоит делать вывода, что я потерял голову. Ничуть нет. Наоборот, я решил самостоятельно продолжить свою учёбу. Оставаться в дальнейшем матросом для меня было бы очень обидно. Разве для этого я 8 лет учился в школе и потратил два года в техникуме? Но пока такое время, что с этим считаться не приходится. После войны это всё уладится. При благоприятном случае это может уладиться и до конца войны.*

*В последнее время я потерял почти всех своих знакомых девушек. Они меня абсолютно перестали интересовать. Даже к старым знакомым я перестал заходить. Если бы я перестал встречаться с Л. или долго бы её не видел, я был бы совершенно одиноким. Завязывать новые знакомства мне абсолютно не хочется.*

* * * *

*На море сильный ветер от NO и мы стали на якорь из Кабардинки. В каюте тепло, и никого кроме меня нет. Воспользовавшись этим, я продолжаю записывать всякую ерунду в мою терпеливую тетрадь. Как приятно лежать в это время в тёплой каюте, читать газету или какую-нибудь книжонку под свист ветра – равномерное покачивание судна, стоящего на якоре!*

*Скоро наступит весна. Ещё месяц–полтора и распустятся почки на деревьях, и зацветут цветы. И теперь иногда выпадают хорошие, тёплые деньки. Хорошо в такие дни пройтись в парк или забраться куда–нибудь в лес, полежать на травке или загорать на солнце. Но это летом. Сейчас только начало, и об этом пока нечего и думать.*

Так развивались их отношения вплоть до того момента, когда его судно отправили в Керчь.

## «ПОДАЛЬШЕ ОТ ЭТОЙ КЕРЧИ…»

***Из дневника 1942 года:***

*Мы стоим на рейде. Уже двадцатые сутки, как мы вышли из Новороссийска и, признаться, до того надоело стоять тут, что пешком бы пошёл, кажется, в ... куда–нибудь подальше от этой Керчи. Дня четыре – пять фриц не летал над нами, и мы за это время немного отдохнули. Погода преимущественно стояла хорошая, солнечная. Мы начали красить свой теплоход. Изредка солнечная погода сменялась туманами, которые шли из Азовского моря, и тогда все были уверены, что «Фриц» не прилетит. За это время мы в Керчи достали байдарку и покрасили её. Скоро сделаем весло и будем кататься на ней, если будут соответствующие условия. Но всё это ерунда, это проза – поэзия ещё впереди.*

Увы, и в этом он был прав: «поэзия» грядущей бомбёжки была впереди с её дьявольским запрограммированным ритмом падающих снарядов и обилием рвущихся из глоток зениток проклятий.

*И грустно, и скучно... Неужели я больше не увижу мою любименькую Л.?*

*Хотел бы в единое слово*
*Я слить свою грусть и печаль*
*И бросить то слово на ветер,*
*Чтоб ветер унёс его вдаль.*

*О, если б то слово печали*
*К тебе, дорогая, дошло!*
*Ты б вспомнила, как мы встречались.*
*Придётся ль увидеться вновь?..*

* * * *

*Да, ужасно хотел бы её увидеть. Интересно, о чём она*

*сейчас думает. Думает ли... она обо мне... или, быть может, уже встречается с другим... Мне кажется, что пока этого быть не может. Хочет ли она видеть меня так, как я хочу видеть её? Чёрт возьми! Я действительно влюблён в неё по уши, если не до макушки.*

*Опять уже хоть и десять часов вечера, «Фриц» навестил Керчь. Одного поймали прожектора, но сбить его не смогли, и он себе преспокойно улетел спать, наверное, до завтрашнего утра. Весело. Ну пока всё. Лягаю спочивать до ранку. Надобраніч, моя люба!*

* * * *

*Иногда вспоминаешь своё детство и школьные годы. Это было сравнительно недавно, но настоящее никак нельзя сравнить с прошлым. Я помню, как в нашем большом, залитом асфальтом, доме собирались мы тёплым летним вечером и болтали обо всём. Тут были и анекдоты, и Шерлок Холмс, и Нат Пинкертон с их ужасными и увлекательными путешествиями. Особенно в рассказах отличался Михаил Тернов, мой друг, с которым я дружил более семи лет. Он был высокого роста, немного сутулый и уже в очках от бесконечного чтения книг, которые он читал запоем. Интересно рассказывал анекдоты Володя Брейман, мой сосед, одноклассник, паренёк среднего роста, плечистый. Он очень увлекался рисованием, и все рисунки нашей стенгазеты были сделаны им. Вовка Коваленко был непрочь подшутить над девчатами, весёлый паренёк, любитель футбола тоже часто рассказывал, но рассказы его были из действительной жизни, и он им часто придавал юмористический оттенок. Два брата – Адольф и Эмиль – здорово отличались друг от друга. Эмиль был серьёзный, хороший паренёк, часто любил играть в шахматы, домино и волейбол, а Адольф – наоборот – замкнутый, хмурый, его во дворе почему-то недолюбливали.*

*Много было в нашем дворе ребят и девчат (двор имел двадцать четыре квартиры), но это были основные, костяк двора. Приятно иногда вспомнить, что было хорошего совсем недавно! Эти дни уже никогда не вернутся, и я не жалею об этом. Сейчас другие дни, и если мне удастся их пережить, то тогда будет много о чём вспомнить. Ну и всё пока. Уже поздно – часов десять – пора ложиться спать: завтра снова утром на работу. И, послав из Керчи в Новороссийск воздушный поцелуй любимой, я начинаю укладываться спать. Good bye!*

## ГДЕ ТЫ, Л.?

Так шли дни за днями, приравненные по напряжению к годам мирного времени. Наконец, показался Новороссийск.

***Из дневника 1942 года:***

*Город Новороссийск встретил нас не по–праздничному. 1 Мая провели в Анапе. Впервые за 22 дня мы вступили на твёрдую почву спокойно. Час спустя после прихода теплохода на судне не было половины команды, после двенадцати кроме вахтенных и нескольких человек администрации на судне не было ни одного человека. Баланс дня: четверых забрали в милицию, пятеро еле дошли до трапа, а остальные, за небольшим исключением, изрядно подпили. Весёлый день 1–го Мая!*

* * * *

*В Новороссийск еженощно прилетают «Фрицы». Много разрушенных зданий, но это преимущественно небольшие домики. В Новороссийске Л. не увидел. Она пока находится в Батуми. Придётся ли ещё её увидеть? Хотелось бы увидеть её, и чтобы она уехала в Баку, домой. Тут плавать опасно. Ежедневно неприятные новости: «Восток», «Пушкин» и другие – покойники. Хотя и хотелось бы быть вместе, но лучше одному рисковать, чем двум. Может, после войны (если жив останусь, в чём сомневаюсь) мне удастся снова её увидеть и принять остаточное решение. В управлении записался на курсы штурманов малого плавания, которые будут в Ростове. В списки уже занесли, но зачислят ли? Выгорит ли номер? Получил дубликат комсомольского билета. Ну, пока спешу кончать. Сейчас писал и спешил, поэтому грязно и безграмотно написано. Куда спешил и не знаю.*

«Не знаю»… Этот глагол появляется и в конце следующей записи, знаменуя собой наступление неопределённости. Серой изморосью стелется она, распространяясь на всё, чем полна его жизнь, от службы до отношений с Л.

*Ещё прошла неделька. Как много новостей произошло за это время! Нет, я вру – прошло уже около двух недель с момента последней записи. Писать ли обо всём? И хочется, и колется. Это заняло бы много времени, и, к тому же, некоторое мне не хочется, вернее, боюсь даже доверять моей молчаливой тетради. Первое – это наша встреча с Л. Как я ждал её, и как всё это просто вышло! Потом они (я подразумеваю её пароход) стояли рядом с нами, и она иногда заходила ко мне. Все практикантки уже уехали в Баку, она осталась одна. Быть может, она поедет в Ростов, куда её хотят направить. Дальше видно будет. Тут часто попадаются знакомые. Некоторые мои бывшие соученики уже тоже многое пережили. Один из них, Н.Ш., награждён орденом Красного Знамени, другой – Г.З. оторвало руку, трое занимаются в Батуми, двое сидят, некоторые плавают, некоторые в Армии.*

*Наш теплоход переходит, вероятно, в военное ведомство. В общем, в ближайшем будущем должны быть большие перемены, может быть, даже решающие в дальнейшей жизни. Что именно – не знаю.*

«Не знаю»… Расползаются буквы по странице, растекаются

капли по стеклу. Всё труднее разбирать его почерк… Наступление неопределённости.
А потом что-то произошло. Но что? В дневнике он пишет:

*Итак, я продолжаю. Пишу 25 Мая. Это первая дата во всей моей летописи. Сижу на старом месте и пишу откуда же и в прошлый раз. Я не знаю уже, т.е. не помню, когда у меня было хорошее настроение. Это было, кажется, во время последнего свидания с Л. да и отчего могло быть хорошее настроение? Вспоминаю: хорошего мало; настоящее – ничего хорошего; будущее – в ближайшем ничего хорошего. Немного поддерживали настроение письма от матери и встречи с Л., но сегодня это отсутствует. Сегодня получил от мамы письмо, которое меня очень взволновало – первая новость, и потом узнал что Л., вчера только выехала в Ростов. Я не знаю, чем можно объяснить, что она не пришла ко мне попрощаться. Этим может кончиться наша история. Я её очень любил, и она меня любила не меньше. Каждый вечер первое время мы с ней встречались. Чаще всего она заходила ко мне, и мы оставались в каюте вместе. Как хорошо было тогда! Потом она оставалась у меня ночевать, и мы спали вместе. У нас не было друг от друга секретов. Всё шло так хорошо и вдруг сломалось. Вчера уехала в Ростов. Быть может, это и есть конец.*

*Четыре месяца прошло одним мгновеньем,*
*Настал разлуки грустный час.*
*И вот теперь – с каким-то сожаленьем –*
*Я чувствую – даль разлучила нас…*

*Завтра думаю писать письмо матери и немного ободрить её. Жду письма от Л. Пока всё. Писал уже только об одном. Уже 25-ое мая 1942 г. Может быть, это начало.*

* * * *

*Сколько уже времени прошло с того дня! Сегодня 11 сентября, т.е. уже прошло три с половиной месяца. За это время произошло очень много перемен.*

Дождался ли он письма от Л.? Следующая запись датирована 1944 годом, о чём он попутно, вскользь упоминает в середине записок. Там, в мире его дневников, время по-прежнему не дробится.

Девушки Л. уже нет, но грусть то ли по ней, то ли по пережитому всё ещё витает на страницах, неразделённых датами. Любил ли он её, была ли она просто той кромкой берега, тем пристанищем души, оглушённой разрывами бомб и требующей отдохновения в мечтах – навсегда останется предметом наших догадок. Как они расстались – не доверено страницам дневника. Известно только, что он потерял свою первую любовь. Жизнь, как война, не обходится без потерь.

### *Из дневника 1944 года*

*Вчера было грустное настроение. Всё время вспоминал о матери, сестре и захотелось мне просмотреть мой дневник, вернее, записки, которые я писал в 1941-1942 г. Они навеяли на меня воспоминания. Вспомнились бомбёжки, обстрелы, рейсы, уходя в которые часто не надеялся возвратиться в родной город. И в нём же я снова прочёл, что неразлучно со мной во всех невзгодах, во всех скитаниях была семья, в особенности, славная, постаревшая, наверное, за это время, но в тысячу раз ставшая ближе ко мне за время разлуки, мать.*

*Дорогая мама! Образ твой всегда стоит у меня перед глазами. Как хочется увидеть тебя счастливой среди нашей семьи. Пароход уходит в рейс. Таможенный досмотр окончен. Формальности также. Я сижу за столом в небольшой, но уютной каютке. Вокруг полная тишина и тараканы ласково улыбаются на потолке. Сейчас вечер, поздний мартовский вечер 1944 г. Если хватит терпения, буду записывать всё интересное. Уже давно хотелось начать, но никак не мог решиться. Сегодня получил два письма. Стало очень больно от мысли, что, может быть, в то время, когда я не знаю недостатка, родные голодают. Ходим узнавать, на счёт вызова, но пока результата нет. Что будет?*

А в 70–е годы появляется его повесть «Золотистый Головастик», посвященная первой военной любви. Открываю, читаю. Главная героиня погибает в результате потопления судна. Повесть написана исключительно эмоционально, захватывает всё – и герои, и сюжет, и лирические отступления. И только один – самый главный, поворотный, момент в повести передан как скупая выписка из судового журнала: «14.50 к борту подошёл сторожевой катер и сообщил, что машинное отделение затоплено, работает аварийная партия. С "Чауды" сняты на катер тяжело раненный старший помощник и погибшая при бомбёжке практикантка-радистка».

Была ли это девушка Л.? Теперь уж не узнать.

## Игорь ПОТОЦКИЙ

* * *

Из августа с его размеренной
жарой, как жрицей на заклание,
тебе пишу опять я медленно
антипонтийское послание.
Из карусели дней просроченных,
простроченных мечтою злою,
я, натыкаясь на обочины,
стремлюсь машиной поливною.
Я вновь провинциальным трагиком
морочу собственную душу,
когда плыву к тебе корабликом
заоблачным, минуя сушу.
От императорской божественности
вновь, как и прежде, толку мало –
все длится сумрачное шествие
и без конца, и без начала.
И вновь из крови ахиллесовой,
что каплями течет из пятки,
все шире сумрак над Одессою,
а ведь с него и взятки гладки.
Но я опять живу без Августа,
не веруя в его империю,
хоть змей беседует с ним запросто,
но змею душу не доверю я…

Пишу тебе письмо из августа…

* * *

Я устал от самого себя – от своей печали,
от бессонных ночей и коварства черни,
от друзей предательств – они достали,
а еще тревожит меня мрак вечерний.
И сгущаются тени, как будто тучи,
словно убийцы на поле брани пируют и дальше,

будто трагическая масса созвучий
одна только не имеет фальши.

В черном городе, наращивающем свои всхлипы,
я тяну недели, как алкоголик пиво;
по этому городу ходят мрачные типы
и ширятся слухи, набегая вновь суетливо,
как волны Черного на декабрьские пляжи,
где пусто и страшно, а душе одиноко,
где никакой Пенелопе не прясть своей пряжи
и не звучать Ходасевичу вкупе с Блоком.

Все Одиссеи уплыли искать спасения,
поставив в консульствах визы, простившись с родными.
Город опустел, потеряв настроение,
город растворил себя в Нью-Йорке и Риме.
Богач-юморист выступает с привычным апломбом,
проститутка женит на себе новоявленного богача,
и тринадцать ангелов тихо бредут за гробом,
не покинувшего Одессу талантливого скрипача.

* * *

Возникнет женщина, как слово,
как ликование толпы,
как сад, где все так бестолково
в минуту скорби и мольбы.
Рисуй ее скорей, художник,
бросай ей вызов сгоряча,
волос изображая дождик,
что скроет линию плеча.
Пускай она играет плотью,
заполненною до краев
высокой музыкой в полете,
что достигает облаков.

# ОКРЕСТНОСТИ ГЕНИСА

*Интервью ведут*
*Ирина Маулер и Михаил Юдсон*

Начитавшись вдосталь, начнем вглядываться в проступающие громады – каменные томища–небоскребы, взирать на канувшую самоварную Атлантиду, русский литературный Нью–Йорк 80–х. Он представляется порою бисерной игрой в азбучные классики: Аксенов, Бродский, Вайль, Генис, Довлатов...

Александр Генис – писатель незаурядной прозы, знаменитый эссеист, создатель стиля «текст и окрестности». Живет неподалеку от Нью–Йорка. Ну, раз нам повезло – поговорим.

**– Сейчас вы приезжаете в Израиль по линии «Лимуда» – семинар на Кинерете по просвещенческим поводам (воистину, Генисаретский лекторий!). Давно не бывали на Обетованной?**

– Двадцать лет. В 1995 году я приехал в Израиль с Библией и 17–летним сыном. Втроем мы объехали страну и навсегда ее полюбили. Лучше всего мне было у Стены плача, и я до сих пор пытаюсь понять – почему.

**– У вас одна за другой – на радость и благо верным почитателям – выходят новые книги. Расскажите немного о них.**

– Книгу “Уроки чтения” с полуприличным подзаголовком “Камасутра книжника” я писал четыре года, а мечтал о ней с тех пор, как научился читать. Это – интимная биография страстного читателя, который рассказывает о своих романах с разными книгами, жанрами, авторами. Я десятилетиями оставлял ее на потом, но вот “потом” пришло, и я грущу по тому времени, когда писал свою “1001 ночь”.

Другую недавно вышедшую книгу составила путевая проза. Я долго выбирал для нее название, потому что, как мне сказали, в России слово “космополит” всегда означает “безродный” и переводится “жидовская морда”. Но теперь я доволен, что оставил первоначальное название. В нынешней России оно звучит как лозунг.

Что касается содержания, то я вставил в книгу все, что отличает путевую прозу от путевых очерков и приближает её к стихам. Кстати, там есть глава и об Израиле – “Кровь и почва”.

**– Генис, так сказать, «на ранних поездах» наверняка отличен от позднего путешественника. А вы могли бы разделить вашу прозу на годовые срезы, смысловые периоды: «вайльийский», «текст–стильный», далее везде?**

– У меня все делится до сорока и после. В первом периоде много стёба, оправданием которого служила звериная серьезность как советской, так и антисоветской словесности.

Когда наступила свобода, я потерял интерес к тому, что делают все, и в следующие 20 лет писал, стараясь спрятать, а не выпячивать то, что я больше всего люблю в тексте – юмор, остроту, тихий взрыв и тайный аттракцион.

Написав к 60–ти все, что собирался, я выполнил план жизни и, освободившись от сладкого бремени, пишу то, что взбредет в голову, не зная конца и не загадывая сроков.

**– Ваш давний друг Сергей Довлатов письменно признавался, что появись у него деньги, он сроду бы больше не писал, а странствовал по свету. А вы?**

– Нашли кому верить! Сергей ненавидел путешествия, и как раз за страсть к ним обзывал нас с Вайлем Ганзелкой с Зигмундом. Он действительно говорил о тщете литературы, но только до тех пор, пока не начал новый сборник “Холодильник”, для которого успел написать два рассказа. Я не верю в писателей на пенсии. Все мы каторжники, прикованные к тачке, которые больше всего боятся, что ее у нас отберут.

**– Каким вам видится небольшое множество «идеальный читатель» – это два–три «я», жена, близкие друзья?**

– “Я”, автор, точно не являюсь идеальным читателем. Меня можно убедить в чем угодно. Однажды самый чуткий редактор в моей жизни, Юра Сафронов из “Новой газеты”, выделил в тексте некоторые места жирным. Я тут же их выбросил, а потом оказалось, что он подчеркнул то, что ему больше всего понравилось. Бывает, правда, что сам захихикаешь над написанным, но это – редкий подарок. А так я первым делом полагаюсь на вкус и глаз жены–сокурсницы. Она 40 лет читает мои опусы и сразу поймает лишнее, лень или скуку. Раньше я её специально дразнил, чтобы злее читала. Теперь и без того боюсь.

**– Вам не хотелось бы написать роман (оглядываясь, скажем, на набоковский «Дар») со множеством персонажей и брожений – про русский Нью–Йорк 80–х?**

– Роман не роман, Набоков не Набоков, но нечто подобное я сейчас и пишу.

– Кстати, как выживает–выплывает сегодняшняя русская литература в США? Челнок еще потихоньку расшатывается или мертвая зыбь?

Понятия не имею. Моя «Третья волна» – Бродский, Довлатов, Аксенов, Лосев – ушла с арены, а новых я мало знаю и еще меньше понимаю.

**– Интернет тернист, дик, чертополошен – но именно он сегодня наверчивает «круги чтения». Критерии размыты, критики в загоне, читатели слепошаро бредут гуськом, брейгелевским шагом – и как увидеть, что именно это хорошо? Где поводырь и, скажем больше, поводок?**

– Интересен опыт Фэйсбука, который позволяет каждому создать себе журнал по вкусу. Я не большой знаток этой практики, но вот Татьяна Толстая внимательно читает и отбирает лучших, на которых я лишь случайно натыкаюсь. Недавно, например, открыл зарисовки Джона Шемякина. Смешные и тонкие.

**– Вам необходимы в быту стихи? Кто из рифмующих люб?**

– Стихи, как водка, не на каждый день. Бывают, впрочем, запои. Когда ураган Сэнди оставил нас без света, мы с женой семь дней читали Мандельштама, пока не кончились свечи. Иногда мне кажется, что это была лучшая неделя в жизни.

**– Старые добрые толстые литературные журналы завершают свой жизненный цикл, уходят на покой в глянцевый «Дом и усадьбу» – или возможно возрождение?**

– Я всегда любил некоторых “толстяков”, в первую очередь московскую “Иностранную литературу” и питерскую “Звезду”. Но боюсь, что будущее за литературно–публицистическими еженедельниками. Мелкие динозавры пережили больших.

Правда, ненадолго.

**– По мнению Дмитрия Быкова, у нынешнего читателя просто отсутствует орган восприятия сложных текстов – как отрезало! Куда же катимся – к азбуке Морзе, первичному перестукиванью?**

– Я бы сказал, что у нынешних читателей отсутствует орган восприятия не сложных, а длинных книг. Борхеса или Павича прочли, да еще как. Сегодня нельзя писать томами, как это можно и даже нужно было делать вчера. Именно поэтому я читаю только старые толстые книги. Сейчас, например, в третий раз "Волшебную гору".

**– Как по–вашему, кого из пишущих на кириллице (ушедших и здравствующих) стоило бы «продинамитить», позвонив из Стокгольма?**

– Мертвых слишком много – всех не перечислишь. Из живых – Искандер, выдумавший своей мир, на манер Макондо Маркеса. Его преступно обходят шведы. Еще – Сорокин, который создал целую библиотеку посттоталитарной литературы, причем – дважды.

**– У вас постоянная страница в московской «Новой газете». Се – эссеистика, утонченная, замечательная, причем без примесей. А безбашенные вопросы мироустройства и злободневности вам малоинтересны?**

– Редактор "Новой" Дмитрий Муратов 10 лет назад благородно предложил мне чрезвычайно соблазнительную должность "писателя в газете". С тех пор «Новая газета» стала не работой, а образом жизни. Я пишу в ней уже пятую книгу – главу за главой, на глазах читателя, то есть, под куполом без сетки.

Для актуального и больного у меня есть «Радио Свобода», где я могу говорить и писать, не боясь никого подвести в России.

**– Для нас доисторическая «родина, родинка, родники» – Москва и Волгоград, Воробьевы горы да Мамаев курган – в фаворе и поныне. А как вам нынешняя Латвия, Рига, откуда есть пошла ваша эмиграция?**

– Поскольку я не совсем понимаю значение слова "родина", то Россию, хотя мне  и довелось родиться в Рязани, я осторожно решил считать родиной моего языка. Рига, Балтика, мне близки чисто физиологически. Мне там хорошо дышится – влажно, прохладно, свободно и земляника пахнет детством.

**– В какой земной точке вам наиболее комфортно душевно?**

– В любой, где есть базар, музей, лес, горы, на худой конец – Венеция.

**– Вот мечтается порой прочесть «Поминки по Финнегану», книжку переворошить – да где там! Куды!.. Вы никогда не грустили, что не родились «на английском»?**

– Да, бывает, я жалею, что не родился англичанином. С евреями это бывает, думаю, из–за противоположности темпераментов. Холерики часто завидуют флегматикам. Колумнист «Нью–Йорк таймс» Дэвид Брукс говорил, что родители его учили так: "Think Yiddish, behave English". А с "Финнеганом" я тоже боролся – за полгода прочел до 11–й страницы. В "Камасутре" подробно рассказывается история нашей борьбы. Утешает меня только то, что выучить английский несравненно проще, чем русский. Хотел бы я послушать, как полиглот Джойс выговаривает "выкарабкивающиеся".

**– Каковы ваши творческие планы–семидневки – какую книгу начинаете заканчивать?**

– Я в третий раз взялся за мемуары, когда понял, что ничего другого писатели вообще не пишут. Разница только в жанрах. На этот раз в ней нет цитат, зато много людей и пейзажей. Первую часть – о рижской юности вплоть до отъезда, я уже почти закончил. Она будет называться "Янтарный трактор". Это не только метафора, но и реальная вещь редкого идиотизма, которая хранится в музее янтаря в Паланге.

**– И напоследок: что бы вы пожелали добрым израильтянам и всем, всем, всем**?

– Совсем недавно я вдруг понял, что отношусь к Израилю с такой нежностью и заботой, которых раньше в себе не подозревал. Нельзя любить всех евреев, но можно – есть за что – любить один Израиль, как, скажем, древнюю Грецию. У них много общего: остров цивилизации в архипелаге варваров. Поэтому пожелать могу только одно: держитесь.

рис. Ирины Френкель

Сайт РУССКОЕ БЕЗРУБЕЖЬЕ

помещает материалы, связанные с русской литературой и культурой:

http://litved.com/

РУССКОЕ БЕЗРУБЕЖЬЕ – проект, который включает в себя три основные сферы, связанные с русской литературой и культурой: художественно-публицистическую, научную и мероприятия. Все три отражены в работе трёх сайтов – Гостиная, ОРЛИТА и ЛитВед.

Журнал «Гостиная», который выходит в сети и в печати, публикует как художественную литературу, так и эссе философского и научного содержания, а также публицистику и интервью.

Объединение ОРЛИТА помещает на своём сайте информацию о текущих событиях культурной и литературной жизни русской диаспоры в США и других странах.

Журнал «Гостиная» в сети:

http://gostinaya.net/

Литобъединение ОРЛИТА в сети:

http://orlita.org/

www.ingramcontent.com/pod-product-compliance
Lightning Source LLC
Chambersburg PA
CBHW071241170626
46809CB00001B/36

* 9 7 8 0 9 8 6 1 1 0 6 1 0 *